KB187434

서른 살이
재테크에
성공의 길을 묻다

박연수 지음

도서
출판 **청 연**

머리말

성공에 대한 길을 잃었다. 우리는 성공하고 싶다는 열망으로 열심히 노력하며 살았지만 우리는 여전히 가난하고 행복하지도 않다. 무엇이 잘못된 것일까? 분명히 우리는 더 잘 살기 위해 더 많이 일하고 자기개발에도 힘써왔다. 그러나 우리의 처지는 어떤가? 통장은 비여있고, 무한경쟁에서 오는 피로감에 지쳐만 간다. 속도와 경쟁을 부추기는 사회에서 살면서 우리는 어느 순간부터 경쟁에서 이겨아만 성공이라고 믿게 됐고 경쟁은 피할 수 없는 것이라고 생각하여 살아왔다. 그러나 우리의 미래는 여전히 불투명하다. 지금 청년세대를 깊은 수렁에 빠트리고 있는 가난의 문제는 그가 특별히 게으르거나 나태해서 빚어지는 현상이 아니다. 잘못된 사회구조가 만든 결과물이다.

그래서 청년들에게 왜 가난한가를 묻기 전에 사회정의를 먼저 세워야 하는 일이 우선 되어야 한다. 돈이 성공의 기준이 되는 시대는 지났다.

현재 우리가 사는 세상에서는 이 일이 더이상 가능한 일이 아니기 때문이다. 그럼에도 우리가 포기해서는 안 되는 것이 돈이라는 것이 성공을 뛰어넘어 개인의 행복에 절대적인 영향을 미치기 때문이다. 모순이다.

인생이라는 긴 여정에서 30대만큼 돈에 대한 열망이 크고 돈을 가장 필요로 하는 때가 있을까?

30대는 인생의 소중한 것들을 지키기 위해 구체적인 목표를 세우고 실행해야 할 때이다. 이런 목표를 달성하는 데 돈은 싫든 좋든 절대적인 도구다.

돈은 살아 있는 생명체다. 돈의 경제학적 표현은 유동성이다. 이 유동성이라는 놈은 누가 어떻게 돈의 가치에 생명력을 불어넣는가에 따라 그 규모가 크게 달라진다. 버는 돈이 적다고 실망할 필요는 없다. 시작은 미약해도 어떻게 관리하고 운용하는가에 따라 돈의 크기는 얼마든지 달라질 수 있기 때문이다.

사회공동체의 연대가 사라진 사회에서 개인이 믿고 의지할 곳은 돈 뿐이다. 경제정의가 실종된 사회에서는 더 그렇다. 이것이 현실이다.

돈이 인생 목표가 되는 시대다. 돈은 인생의 성공과 행복을 위한 도구의 하나에 불과하지만 지금은 돈 그 자체가 목표가 되는 시대다. 그렇다. 우리 시대의 돈은 전지전능한 '괴물'이 되어버렸다.

부정하고 싶지만 서른 살 경제행위의 종착지는 결국 돈이다. 학교에서 열심히 공부하고 자신의 목표를 위해 고군분투하는 것도 돈 때문이다. 물론 돈을 넘어서 공익적 가치를 추구하는 사람들도 많다는 것을 잘 알고 있다. 그러나 우리가 사는 시대에 일상적으로 벌어지는 불행한 일 가운데 대부분은 돈에 그 원인이 있다. 가난 탓에 벌어지는 불행한 일들이 얼마나 많은가.

서른 살, 20대의 자유분방한 생활에서 벗어나 인생의 중요한 목표들을 실천하고 이루어나갈 때다. 경제적 동물인 인간은 죽을 때까지 돈을 피해갈 수 없다.

서른 살은 돈에 대한 주춧돌을 놓는 시기이다. 안정된 소득기반이 주춧돌이라면 기둥을 세우고 지붕을 얹는 일은 경제지식 풍부한 사회경험이 필수적이다. 개인이 재테크로 돈버는 것은 경제흐름에 능통해야 한다. 재테크는 경제흐름에 종속되는 위치에 있기 때문이다.

2016년 6월 기준으로 한국은행 금융통화위원회에서 발표한 기준금리가 1.25%다. 기준금리에 절대적으로 영향 받은 은행 예금이자는 세금 떼고나면 1%도 안 된다. 금리가 낮아도 너무 낮다. 문제는 이 혹독한 저금리 흐름이 30대에게는 치명적인 독이 되고 있다는 점이다. 월급은 오르지 않는데 금리마저 낮아지니 30대의 가처분소득이 줄어드는 건 당연한 일이다. 그리고 이 혹독한 저금리 흐름이 30대가 사회생활을 하는 동안 내내 계속된다면 문제는 더욱 심각하다. 현재 30대의 소득은 줄어들고 있고 제대로 된 직장을 잡기도 어려워진 시대다. 취업의 대안으로 창업에 나선다지만 창업 시장은 업종을 불문하고 '레드오션'으로 변한 지 꽤 오래됐다.

내수 시장이 불황이라는 것은 누구나 아는 사실이다. 그런데도 창업 행렬에 뛰어드는 사람이 여전히 많다. 똑같은 업종을 창업해도 성공하는 사람이 있고 실패하는 사람이 있다. 무엇이 이 차이를 불러오는가? 바로 재테크 능력이다. 재테크는 자산을 효율적으로 관리함으로써 사업의 성공 가능성을 높이는 일이다.

지금 30대가 흔들리고 있다. 이것은 지금의 30대가 이전 세대보다 특별히 게을러서가 아니다. 우리 사회의 구조적 문제, 이를테면 흔히 얘기하는 신자유주의의 영향으로 발생한 과격한 아웃소싱 생산 시스템으로 인해 비정규직이 증가하고 개인의 부에 절대적으로 영향을 미치는 임금이 줄어든 데서 비롯한 일이다.

30대, 당신이 아무리 노력해도 임금은 크게 오르지 않는다. 임금이 오르지 않는다면 가처분소득이라도 증가해야 한다. 임금이 정체된 상태에서 가처분소득을 늘리는 방법은 이자, 임대소득을 늘리는 것 외에 다른 방법이 없다.

사업도 마찬가지다. 시장에서 사업의 성패를 가르는 중요한 두 가지 요소인 가격과 품질은 더는 경쟁 요소가 아니다. 대량생산, 대량소비가 이뤄지는 현재의 소비 패턴에서 과연 자본력이 미약한 30대가 성공할 확률이 얼마나 될 것 같은가. 사업 경험이 있는 사람 대부분은 창업의 성패를 가르는 것은 아이템도 아니고 자본력도 아니라는 데 동의한다. 대신에 그들은 이렇게 말한다. 실패 원인은 돈 관리 능력이 부족하고 돈 관리의 중요성을 간과한 데 있다고 말이다.

돈 관리의 기본은 재테크다. 재테크는 돈에 공학을 접목시켜 효율화시켜 돈의 가치를 키우는 과정의 모든 것이다. 따라서 재테크에 강한 사람이 돈 문제에 있어서는 성공의 확률이 높다.

무슨 업종이든 사업에는 경기 사이클이라는 게 있다. 불황기에 고정비를 비롯한 제반 경상비용을 잘 관리해서 버티면 호황기에 성공 기회를 잡을 수 있지만, 돈 관리를 효율적으로 못해 실패하는 사례가 많다. 결국 사업의 경우도 돈 관리에 강한 사람이 반드시 성공한다고 말하기는 어려울지 몰라도 성공할 확률이 높은 것은 분명한 사실이다.

우리가 회사에서, 자신의 사업장에서 열심히 일하는 이유도 돈을 벌기 위함이다. 돈을 벌어야 저축도 하고 투자도 해서 자신이 소망하는 가치들을 이룰 수 있고 새로운 미래를 꿈꿀 수 있는 것 아닌가. 돈이 많다고 해서 반드시 행복한 삶을 사는 것은 아닐 것이다. 하지만 너무나 젊은 나이에 돈이 없어 자신이 원하는 삶을 살지 못한다면 불행한 일 아닌가.

전통적으로 부자학에서는 버는 돈이 얼마이든간에 시간의 차이가 있을 뿐이지 버는 돈의 절반을 저축할 수 있다면 누구나 부자가 된다고 말해왔다. 그러나 월급은 오르지 않고 금리마저 바닥을 치는 시대에 이는 가능한 일이 아니다.

사람에게 이루지 못할 희망은 차라리 고문이다. 서른살 우리는 성공을 위해 잠자는 시간도 아껴 자기개발에 열중하고 휴일에 일하는 것도 마다하지 않고 열심히 살고 있다. 그러나 이렇게까지 열심히 살았음에도 내게 돌아온 것은 텅빈 통장잔고 미래에 대한 회의감 뿐이다.

지금까지 우리사회를 지배해온 성공의 방식은 개인의 희생을 전제로 한 것이다. 그러나 이 시대는 열심히 하는 것만으로 성공이 가능한 시대가 아니다.

서른 살의 성공. 이제 그 방정식을 새롭게 써나가야 한다.

저자 박연수

차 례

서른 살 왜 돈은 나만 피해갈까

피가 되고 살이 되는 금융의 기술

1

서른 살 재테크에
강한 사람이 성공한다

1.

돈 없이 행복을
말 할 수 없는 세상

애 어른할 것 없이 누구나 돈 돈 돈 하는 세상. 매우 불행한 말이지만 돈이 계급이 된 사회에 우리는 살고있다. 돈은 이제 먹고 사는 문제를 넘어서 사람의 자존감까지 결정한다. 물적 토대가 인간의 영혼까지 지배한다. 불행한 시대다.

사회경제의 급격한 변화를 가리켜 패러다임이라고 부른다. 패러다임은 쉽게 말해 사회경제 흐름에 적응할 것인가, 아니면 도태될 것인가의 양자택일을 강제하는 말이다.

우리가 사는 이 시대의 경제는 이전의 경제와는 다르다. 경제는 흐름이다. 우리가 하는 경제행위 중에서 돈 관리는 경제와 종속될 수밖에 없다. 모든 것이 변했다. 그래서 30대의 재테크는 이전 세대와는 다른 방식으로 준비되어야 하고 시작해야 한다.

나는 전형적인 오프라인 시대에 사회생활을 시작했다. 그러다 근본적으로 패러다임이 다른 시대를 맞게 됐다. 1990년 후반부터 인터넷 전용선이 내 사무실 책상 위 컴퓨터에 연결되기 시작했으니 20년 전의 일이다. 이제는 인터넷을 이용해 사람들과 소통하고 온갖 세상 정보를 접하고 있으니 내 개인적으로도 혁명적인 변화를 겪은 셈이다.

처음에는 내 사업 파트너들과 사업적 얘기를 이메일로 나누기 시작하면서 차츰 인터넷에 적응해 나갔다. 인터넷으로 소통하면 굳이 오프라인에서 많은 시간을 할애하면서 만나 얘기할 일이 많이 줄어든다. 이것만으로도 인터넷은 효율성을 중시하는 사업하는 사람 입장에서는 꽤 유용한 도구였다.

그러다 인터넷의 긍정적 측면과 사업적 가능성을 알게 되면서부터 나는 인터넷을 이용한 새로운 비즈니스를 꿈꾸기 시작했다. 인터넷이 본격적으로 등장한 이후 당시 청년 사업가들은 인터넷을 이용한 전자상거래, 인터넷에 기반한 웹 솔루션, 모바일 게임 등의 비즈니스 모델을 가지고 사업에 뛰어들었다.

당시의 2030세대에게 인터넷은 꿈의 비즈니스였고 희망이었다. 그러나 그 꿈은 얼마 가지 못했다. 청운의 꿈을 안고 테헤란 밸리에 몰려든 청년 사업가들은 그 꿈을 제대로 한 번 펼쳐보지도 못한 채 세상으로부터 사라져갔다. T-밸리라 불리던 테헤란 밸리에서 벤처기업은 다 떠나고, 이제 그곳은 대부업체, 기획부동산 사무실 같은 것들이 차지하고 있다. 무엇이 잘못된 것일까.

우리는 인터넷의 순기능만 생각했지 사업적 측면에서 인터넷 비즈니스의 한계를 몰랐다. 인터넷으로 말미암아 사람과 사람이 소통하는 공간은 확장되었고, 인터넷을 통한 사업은 시공간을 초월하는 것이었다. 그리고 유능한 웹 기술자와 몇 대의 컴퓨터만으로도 사업을 시작할 수 있다는 점에서 시장 진입 장벽도 낮았다. 그러니 너나 할 것 없이 인터넷을 기반으로 하는 사업에 뛰어든 것 아니겠는가.

그런데 딱 거기까지였다. 인터넷은 기본적으로 인터넷이라는 거대한 단일 마켓만이 존재하는 'One-to-One 마켓'이다. 다른 판매 채널이 존재하지 않는다. 단일 시장으로서 인터넷 장터의 특징은 모든 거래 정보가 온라인상에 공개되기 때문에 동일 상품의 가격과 품질 비교를 한 눈으로 알 수 있다는 점이다. 이에 견주어 오프라인 시장은 다양한 판매 채널이 존재하기 때문에 소규모 업체도 살아남을 수 있는 공간이 존재한다. 하지만 인터넷에서 이루어지는 상거래는 규모의 우위를 가진 독점기업이 시장을 독식하는 구조다.

벤처 열풍 초기에 설립된 그 수많은 기업 중에서 살아남은 기업이 얼마나 되는가?

우리는 한때 이런 생각을 했다. 앞으로 출판시장은 온라인 서점이 장악할 것이고, 따라서 전통적인 오프라인 서점들은 다 사라질 것이라고. 그런데 현실을 보라. 국내 출판 시장을 장악하고 있는 곳은 여전히 교보, 반디앤루니스, 영풍 등 대형 프랜차이즈 서점들이다. 이들이 전문 온라인 서점들과 거의 같은 품질의 온라인 서점을 함께 운영하면서부터 이들의 출판 시장 지배력은 더욱 강화되고 확장되었다. 출판 시장에서 독점적 지위를 갖고 있는 프랜차이즈 서점들이 지역의 독자 구매력까지 독식하게 되면서 동네 사랑방 구실을 하던 전국의 지역 서점들은 거의 고사해버리고 말았다.

인터넷이 일자리를 빼앗고 지역 상권을 죽인다는 말이 거짓말이 아니다. 온라인 서점의 시장 경쟁력은 어느 기업이 더 빠르게 독자가 주문한 책을 배송하느냐의 결과에 달려 있다. 이는 결국 각 지역에 거대 물류센터를 이미 갖추고 있는 오프라인 서점이 온라인 서점과 비교해 원가 관리 측면에서 절대적으로 유리한 구조를 갖추고 있다는 것을 의미한다. 특히 배송 속도가 고객 만족도 1순위 기준이 되는 유통 시장에서 비교우위에 있는 기업이 성공하는 것은 당연한 일이다.

어디 서점 사업뿐이겠는가. 대기업이 운영하는 온라인 대형 쇼핑몰들은 거의 자체 내 대형 물류 배송 시스템을 갖추고 있다. CJ만 해도 국내에서 가장 큰 물류회사인 CJ 대한통운을 계열사로 두고 있다. CJ 인터넷과 홈쇼핑에서 팔리는 제품의 배송은 바로 이 회사가 전담한다. 소규모 업체는 가격도 가격이지만 배송 속도에서 대기업을 따라잡을 수 없다.

요즘 소셜 커머셜 비즈니스를 주도하는 쿠팡도 외부에서 1조원 원 이상의 막대한 자금을 펀딩 받아 가장 빠른 물류 시스템을 갖추기 위해 수천 억 원 이상의 돈을 쏟아붓고 있다. 이는 자본의 우위가 없이는 불가능한 일이다. 가격과 품질이 더 이상 차별적인 요소가 아닌 시장에서 고객을 만족시키는 서비스는 빠른 배송밖에 없다. 이것이 예전처럼 아이템 하나로 성공하는 시대가 아니라는 것을 상징적으로 보여주는 사례다.

사람들은 말한다. 왜 너희들은 창업에는 나서지 않고 안정된 직장만 원하냐고. 이렇게 생각한다면 이것은 번지수를 잘못 찾은 것이다. 현재와 같은 대기업 독식의 산업 현장에서 소자본을 갖고 젊은 혈기로 창업을 했다가는 꿈도 한번 펴보지 못하고 경제적 사망 선고를 당하기 십상이다. 그래서 우리는 이 시대를 얘기할 때, 인터넷 발달로 사람간의 소통 도구는 매우 진화했지만 세상에서 내가 할 일은 사라졌다고 하는 것이다. 요컨대 내가 하고 싶은 얘기는, 요즘 30대가 창업을 못하는 것은 용기가 없어서가 아니라 성공 확률이 너무 낮아져 그 위험을 감내할 수 없기 때문이라는 사실이다.

요즘의 창업 세태를 보면 개인의 자발적 의지에 따르기보다 어쩔 수 없어 등 떠밀려 창업하는 경우가 크게 늘었다. 왜 안 그렇겠는가. 그러나 등 떠밀려 하는 창업이라도 실패의 결과는 한 사람의 인생을 뒤흔들 정도로 그 파급력이 너무 크다.

창업, 어떤 이유에서 시작했든 쉽게 생각해서는 안 된다. 막연한 성공을 꿈꾸기 전에 절대 사업에서 망하지 않는 방법을 먼저 생각하라. 사업을 시작하기 전에 저비용의 사업자금을 마련하고 저리의 정부기관 지원 자금을 받을 수 있도록 페이퍼 작업에도 만전을 기해야 한다.

우리는 왜 성공을 꿈꾸는가? 경제학에서 말하는 개인의 행복만족도는 돈으로부터 자유로운 상태에서 자신이 하고 싶은 일을 하며 사는 것이다. 우리가 성공을 꿈꾸는 것도 바로 이것을 이루기 위함이다. 우리가 돈없이 행복을 말할 수 없다고 하는 것도 돈은 성공, 행복을 위해 필요충분조건인 시대에 우리가 살고 있기 때문이다.

2

서른 살
그대 무엇을 꿈꾸고 있나

가보지 않은 길을 가는 길은 언제나 두렵다. 그러나 우리 인생은 새로운 길을 가야만 하는 운명이고 이는 피할 수 없다. 이것이 우리의 인생이다. 군대, 사회생활 모두 두려웠다. 과연 내가 잘해낼 수 있는가. 결과적으로 잘 적응해왔다. 내가 뛰어나서가 아니다. 인간에게는 누구나 낯선 환경에 적응하는 유전자를 갖고 있다. 두려워하지마라.

우리 세대는 우리 부모가 그랬던 것처럼 마치 정해진 순서라도 있는 듯 나이가 차면 결혼을 해야 했고, 누구나 결혼과 동시에 내 집 장만하는 것을 당연한 일로 삼았던 세대다. 이렇게 한 것은 내가 원해서가 아니라 그렇게 하지 않으면 사회 부적응자라고 보는 세상의 눈이 무서웠기 때문이다. 서른살 우리세대가 살았던 세상은 국가 또는 사회가 개인의 자유의지와는 무관하게 단선적인 집단의 가치체계를 강요하던 곳이었다. 그래서 사회 구성원 모두가 이에 따르는, 예를들어 나이가 찼는데도 결혼을 안 하고 있으면 거의 예외 없이 '저 사람 뭐가 문제 있어' 라고 보는 시각이 일반적이었다.

그러나 요즘의 30대는 이 대목에서 많이 자유로워졌다. 결혼을 안 했다는 이유로 이상하다고 말하면 그런 말을 하는 사람이 오히려 이상한 사람으로 여겨지는 시대로 변했다. 그래서 요즘의 30대를 두고 일부 언론에서는 '포 미(for me) 세대' 라는 표현을 쓰고 있다. 또는 '달관 세대' 라는, 다분히 악의적인 의도가 담긴 표현을 쓰기도 한다.

확실히 요즘 30대는 예전의 30대와 달라졌다. 그것이 부정적이든 긍정적이든 말이다. 그런데 나는 이런 변화를 긍정적으로 본다. 왜냐면, 이를 통해 우리가 결혼이라는 것에 대해 진지하게 다시 한번 생각해볼 수 있게 되었기 때문이다.

결혼 자체가 중요한 것이 아니라 결혼을 해서 더 행복해지는 것이 중요하다. 결혼에 대한 니즈가 없는데 등 떠밀려 하는 결혼이 과연 행복할 수 있을까? 우리 세대는 다들 그렇게 결혼을 했다. 결혼의 진정한 가치를 깊이 따지지 않았다. 그러나 중요한 것은 결혼하는 것이 아니다. 결혼을 통해 자신이 원하는 행복한 삶을 사는 것이 진실로 중요한 것이다.

지금의 30대는 누구에게도 구속 받지 않고, 결혼보다는 자신의 삶에 우선적인 가치를 두는 세대다. 물론 30대는 인생에서 가장 역동적일 때이고, 해마다 새롭게 변화하는 때이기도 하다. 때문에 같은 30대라 해도 이미 어느 정도는 사회적 기반을 갖춘 30대 후반과 이제 막 20대에서 30대로 진입한 사람 사이에는 삶을 대하는 가치관에서 꽤 넓은 간극이 존재한다. 어떻든 지금의 30대가 과거의 30대와는 다른 가치관을 가진 세대인 것만은 분명하다.

인생에서 30대는 20대의 자유분방함과 이별해야 하고 현실과 타협해야 할 나이다. 하지만 사실 이런 말은 교과서적인 얘기다. 30대라고 자유분방하게 살지 말란 법은 없다. 이것이 나쁜 것도 아니다. 하지만 대체로 30대가 되면 우리 삶이 얼마나 각박한지를 현실적으로 느끼고 받아들이게 된다. 그것이 인생이기 때문이다.

같은 문제를 두고 단선적으로 생각하다가도 나이 서른이 넘어서면서부터는 미래에 대한 구체적인 계획과 장기적인 안목을 바탕으로 그것을 구체화시키는 실천력을 갖게 된다. 이처럼 서른 살이란 나이는, 세상에 대한 경험이 적어 인생을 이상적으로만 보던 20대를 뒤로 하고 인간과 세상의 여러 측면을 새롭게 이해하게 되는 때이다.

사회 경험과 인생 경험이 쌓이다 보면 세상을 바라보는 시각 자체가 한쪽으로 치우치지 않게 된다. 좋은 말로 하면 어른이 되는 것이고, 달리 표현하면 현실과 적극적으로 타협하게 된다는 것이다. 30대는 인생에서 그런 때다.

지금 대한민국 서른 살 청년의 영혼을 지배하는 것은 돈이다. 서른살 청년이 생각하는 돈에는 여러가지 요소가 함축되어 있다. 성공, 야망, 미래에 대한 희망 등 이 모든 것이 돈이 있어야 가능하다고 믿고 있다.

정말 그럴까. 돈이 없으면 미래도, 희망도 꿈꿀 수 없는 것일까. 우리가 쩐의 전쟁의 시대에 살고 있는 것은 맞다. 그러나 돈이 인생의 모든 것이라고 생각하는 순간 내 인생은 얼마나 삭막해질 것인가. 역설적으로 내 삶의 귀중함을 지키기 위해서라도 가난의 늪에 빠지지않는 재테크는 그래서 의미가 있다.

3

무엇이
돈을 만드는가

돈의 재무용어 표현은 자본이 다. 자본이란 언제든 '현금화할 수 있는 돈'을 말한다. 그러니까 현금 이외에 주식, 채권, CP(Commercial Paper, 기업어음), 받을 어음, 매출채권 등 현금화할 수 있는 모든 유가증권의 매출채권을 포함하는 말이다. 그러나 이것뿐일까? 어쩌면 눈에 보이지는 않지만 한 인간이 사회생활을 해 나가면서 수행하게 되는 여러 활동과 이로부터 얻어지는 경험도 자본이 아닐까? 어쩌면 오히려 이것이 눈에 보이는 자본보다 더 큰 의미의 자본이 될 수 있다.

30대는 눈에 보이지는 않지만 돈 이상의 가치가 있는 경험 자본을 본격적으로 쌓아야만 하는 시기다. 개인의 신용 상태도 자본이라고 할 수 있다. 개인의 신용 상태에 따라 매우 낮은 금리로 자금을 조달해 이보다 수익률이 좋은 상품에 투자해 자본이득을 얻을 수 있기 때문이다.

기업은 단기 자금을 구하기 위해 일종의 융통어음이라 할 수 있는 CP를 발행해 자금을 조달한다. 공신력있는 신용평가 기관이 인정하는 일정수준 이상의 신용이 없으면 CP를 발행해서 자금을 조달하는 일이 가능하지 않다. 개인이나 기업이나 신용은 담보물없이도 자금을 조달하는 유일한 방법이다. 이런 측면에서 신용은 돈이다.

개인사업자가 신용으로 자금을 조달할 수 있는 방법은 신용보증기금을 통해 지급보증서를 발급받는 것이다. 이때 신용보증기금의 가장 중요한 평가 지표가 되는 것은 사업 주체의 개별적 신용 상태와 그동안의 사회적 업적 등이다. 이렇게 해서 신용보증기금에서 지급보증서를 발급받아 이를 주거래 은행에 제출하면 담보 없이도 신용대출을 받을 수 있다.

자본은 현재 내가 쥐고 있는 현금만이 전부가 아니다. 그러므로 지금 사업을 준비하고 있거나 미래에 사업을 꿈꾸는 사람이라면 의당 개인 신용을 잘 관리해둬야 한다. 그야말로 신용은 또 다른 이름의 돈이기 때문이다.

우리는 회사를 다니든 개인 사업을 하든 사회생활을 하면서 자신에게 주어진 수많은 미션을 감당하게 된다. 미션을 수행하는 와중에 실패를 할 수도 있다. 그러나 분명한 것은, 설사 실패하더라도 이전 경험을 바탕으로 더 완벽하게 미션을 수행할 수 있는 능력을 갖추게 된다는 사실이다. 세상일이라는 건 어찌 보면 같은 일의 반복이다. 같은 일이라도 누가 더 완벽하게 해내는가에 따라 성공과 실패가 결정된다. 사실 성공과 실패는 종이 한 장 차이다.

시간이 지나면서 이런 경험들이 쌓이고 쌓여서 실패의 오류를 줄이고, 실패에 따르는 소모비용을 줄일 수 있게 된다. 바로 이것이 경험자본이라는 눈에는 보이지 않는 자본이다.

인생이라는 긴 여정에서 30대는 바로 이 경험자본을 본격적으로 쌓아야하는 시기다. 경험은 단순히 시간을 보낸다고 얻어지는 것이 아니다. 같은 일을 하더라도 누가 더 성실하고 진지하게 그 미션을 수행하는가에 따라 경험자본의 질이 달라진다.

내가 필드에서 일할 당시 우리 부서의 에이스들은 30대 초반의 입사 3~5년차 직원들이었다. 뒤에서 컨트롤 타워 역할을 하는 중간 간부들은 필드에서 직접 일하지는 않더라도 직원들의 퍼포먼스를 정확하고 냉정하게 평가할 뿐만 아니라 향후 방향을 제시할 줄 아는 능력의 소유자들이었다. 그들이 이런 내공을 갖추게 된 것은 그들이 필드에서 활동을 하지 않더라도 이미 같은 일을 해본 경험자본을 갖고 있기 때문이다. 30대여, 무엇이 됐든 열정적으로, 성실하게 일하라. 이것이 훗날 그대들에게 피가 되고 살이 된다.

왜 수많은청년들이 대기업만을 선호하고 죽기 살기로 공무원이 되려고 청춘의 그 귀중한 시간을 허비하는지, 그 이유를 이해한다. 하지만 꼭 그 길밖에는 없는가 하고 반문하고 싶다. 중소기업의 환경이 열악하다는 것을 모르는 사람은 아무도 없다. 그러나 중소기업에서 쌓은 1년 경력이 나의 또 다른 미래를 위한 기회가 된다는 것은 왜 모르는가.

사회에 나와 보면 알게 되는 사실이지만, 사회생활에서 스펙이니 레퍼런스니 하는 것들은 학벌의 사다리 타기에 성공한 상위 1%의 관공서에 취업한 사람들에게나 해당되는 얘기다. 현실에서는 사회생활을 하면서 성취한 퍼포먼스로 개인의 능력을 평가하기 마련이다.

어느 대학을 나왔는가. 집안이 어떤가 하는 것은 중요하지 않다. 금수저, 흙수저 논란이 사회쟁점화 되는 것은 우리 사회의 잘못된 제도, 정의로운 게임의 법칙이 없기 때문에 발생하는 것이다. 그거나 이는 본질의 문제는 아니다. 근대역사는 가진자와 가난한자간의 유리한 제도를 쟁취하기 위한 투쟁의 역사였다. 따라서 잘못된 제도, 관행은 정치적 연대를 통해 바꾸면 된다.

학벌이니 집안 배경이니 하는 것은 상품을 감싸고 있는 포장지에 불과하다. 포장지가 아무리 화려한들 상품이 보잘것 없으면 그냥 쓰레기통에 버려지는 폐지의 신세가 되고 만다. 주요기업의 인사 담당자라면 다 아는 얘기지만, 지금은 소위 레퍼런스가 뛰어난 사람들의 이력서가 넘쳐나고 있는 시대다. 물론 연줄로 원하는 회사에 들어가는 사람도 있기는 할 것이다. 하지만 이는 소수다.

서른 살 청년들이여, 스펙이 떨어진다고 기죽지 마라. 내가 살아온 경험으로 말하건대, 나를 포함해 자기 분야에서 성공했다는 사람들은 스펙이나 학벌과는 관계없이 묵묵히 자기 능력을 쌓아온 사람들이다.

그래서 하는 말인데, 무슨 일이든 먼저 경험하는 사람이 성공할 가능성이 높다. 돈은 바로 쓸 수 있는 현금만 돈이 아니다. 지금 당장은 눈에 보이지는 않지만 돈보다 더 큰 가치를 지닌 것이 경험이라는 자본이다. 30대는 바로 그 경험이라는 자본을 축적해야 하는 시기다.

마치 대기업 회사원이나 공무원이 아니면 세상이 무너질 것처럼 굴지 말라. 그렇게 늦은 나이까지도 그 좁은 문을 통과하기 위해 인생을 낭비하지 말라. 세상은 무엇을 하든 열심히 하는 사람에게 보상을 해준다. 물론 이 비정상적인 세상에서 이런 정상적인 말이 현실감이 떨어진다고 생각할 수도 있을 것이다. 그러나 돌아보면, 역시 세상을 정직하게 열심히 사는 사람이 성공도 하고 인생을 풍요롭게 산다.

서른 살 지금 돈이 없다고 미래를 포기하지마라. 부단한 노력, 자기개발을 지치지 않고 지속할 수 있는 실천력을 갖고 있다면 미래의 어느 순간 성공과 돈은 당신을 따라온다.

4.

돈 없이 돈을 버는
재테크의 마법

　　　　　　　　　　　　　돈 없이 돈을 번다. 과연 이것
이 가능할까. 가능하다. 돈은 눈에 보이는 손에 장비를 현금만이 돈
이 아니기 때문이다. 당신의 열정, 재능, 지식, 정보, 경험, 신용, 인
적네트워크가 다 돈이다. 결론은 누가 이런 자산을 얼마나 구체화
시키는가에 따라서 돈의 사이즈가 달라질 뿐이다. 우리가 사는 세
상은 거의 모든 것이 돈에 의해서 움직이고 사람의 가치마저 돈으
로 평가하는 곳이다. 우리는 이를 거부감 없이 당연하게 받아들인
다. 이런 세상을 살면서 '나는 돈에 지배받지 않으면서 살 거야'라
고 말한다면 십중팔구 사람들은 '웬 또라이 다 보겠네'라고 비아냥
거릴 것이 분명하다.

　돈은 이제 그 가치를 넘어 한 인간을 평가하는 기준이 되어버렸

다. 사랑도 돈으로 살 수 있다고 생각하기까지 한다. 우려할 만한 일이다. 하지만 그렇다고 이런 현실을 대놓고 무시할 수도 없다. 성공이란 가치도 개개인에 따라 다 다를 수 있음에도 무엇을 하든 돈이 없는 사람은 실패한 사람으로 규정짓는 것이 오늘날 현실이다.

이제 돈이 인간의 생사고락을 좌지우지하는 지경에 이르게 됐다. 돈이 최고 존엄이 된 세상에서 패자는 되기 싫고 어떻게든 존재감은 나타내야겠는데 돈은 없으니 몸에 걸치는 것만이라도 돈 있는 티 좀 내자 하는 마음이 명품 열풍으로 번진 게 아닐까?

명품이라면 사족을 못 쓰는 사람들은 이렇게 말한다. "명품은 허영심으로 구입하는 게 아니에요. 명품은 가격은 비싸도 내구성이 튼튼해 같은 가방을 사도 열 배는 오래가요. 그리고 명품은 소비재가 아니에요. 명품은 시간이 오래될수록 빈티지로서 가치도 상승하기 때문에 실속 있는 재테크란 말이에요. 우리가 명품에 사족을 못 쓴다고 여기는 건 당신의 편견일 뿐이라고요."

과연 그럴까. 봉제 쪽에서 일한 사람이라면 다 아는 얘기다. 최근에는 원단이 좋아져서 박음질을 1년 이상 한 숙련공이 만든 제품은 명품과 구분하기 어렵다고 한다. 실제로 A급 짝퉁과 명품을 구분할 수 있는 일반인은 거의 없다. 그리고 시중에서 판매되는 명품 대부분이 OEM 방식으로 중국이나 동남아시아의 생산 공장에서 만들어지고 있지 않은가. 그런데도 내구성이 뛰어나거나 실속 있는 구매를 하려고 명품을 산다고? 이건 말이 안 되는 얘기다.

또 설사 그런 얘기가 맞다고 한들 월급이 200만원에 불과한 사람이 자신의 한 달 치 월급을 몽땅 다 바쳐서 겨우 팔에 걸치는 핸드

백 하나를 사는 행위를 이해할 사람이 얼마나 될까. 가난한 사람들이 명품을 구입하는 것은 스스로를 위로하려는 행위라는 걸 왜 모르겠는가. 돈은 없는데 남에게 과시는 하고 싶고, 그럼으로써 남들로부터 높은 평가도 받고 싶은 게 명품 구입의 진짜 속내가 아니겠는가. 어떻든 문제는 사람의 경제적 능력으로 사람을 평가하는 우리 사회의 가치관이다.

그러나 사실 이보다 더 큰 문제가 있다. 이제 성공의 가치마저 명품 구입의 논리처럼 변하고 있다는 게 그것이다. 즉, 성공의 가치가 나를 위한 게 아니라 남에게 주목받고 과시하기 위한 전리품으로 전락하고 있다는 것이다. 더구나 성공 또한 그 내용이 무엇이든 반드시 돈으로 평가받는다. 이것은 정말이지 끔찍한 일이다.

이런 현실에서 정말 심각한 문제는 아무리 노력하고 열심히 일해도 경제적 무능력자로 낙인찍히는 사람의 숫자가 계속 늘고 있다는 점이다. 같은 공장에서 같은 일을 같은 시간 동안 일해도 사내 하청이나 도급으로 일하는 사람들은 정규직의 절반에도 못 미치는 월급을 받는다. 이들이 가난한 것이 게으르거나 노력하지 않아서가 아닌 것이다. 그러므로 임금 불평등을 낳는 경제 시스템을 비판하고 이것을 제도적으로 개선하는 것이 사회정의다. 그럼에도 우리 사회는 이런 사실에 눈을 감고 있다. 이 피해는 우리의 미래인 청년 세대에게 고스란히 돌아간다.

지금의 경제는 과격한 아웃소싱 생산 시스템과 이로 인한 비정규직의 확산, 소득 양극화 등이 주요 특성이 되었다. 사회생활을 시작하는 서른 살 청년에게는 이것이 현실의 세상이다.

현실을 무시하고 가난의 책임을 개인에게 묻는다면 이는 매우 부조리한 일이다. 많은 사람이 세상은 부조리하다고 말한다. 정의로운 자는 이런 잘못된 구조를 개혁하기 위해 저항한다. 하지만 대부분 사람은 운명론에 귀속되어 현실을 받아들이거나, 그래도 신만은 나의 처지를 알고 나를 불쌍히 여겨 구원해 줄 거야 하는 심정으로 종교에 자신의 운명을 맡겨버리기도 한다. 부조리한 사회일수록 종교가 만개하는 법이다. 그러나 종교는 신도를 그들의 밥벌이 대상으로 생각할 뿐 신도를 위해 어떤 사회정의도 실천하지 않는다.

이 지점이 우리가 깊이 고민해야 할 부분이다. 사회가 이 모양으로 미쳐 돌아가는데 나만 열심히 일하면 뭐해, 라는 식으로 체념할 수도 있다. 그러나 미쳐 돌아가는 사회의 거대한 부조리에 맞서 함께 연대해 싸울 것은 싸워야 하지만, 내가 해야 할 일은 그것대로 열심히 해나가야 한다. 이것은 어찌 보면 모순이다.

이 모순된 세상을 만드는 데 이론적 토대를 제공한 경제학은 그럼에도 이렇게 말한다. "무릇 경제라는 것은 개인의 노력과 헌신에 대해 정당한 대가를 지불해야 한다." 참 현실과는 안 맞는 얘기다. 그럼에도 이 말의 진정성을 나름대로 찾을 수 있는 것이 재테크라고 생각한다. 그나마 개인의 노력에 대한 보상이 정직하게 주어지는 것이 재테크이기 때문이다.

재테크는 큰 그림을 그리지 않더라도 당장 오늘부터 지출을 줄이고, 그것을 적어도 한 달 이상 계속하면 그 성과가 가시적으로 나타난다. 그리고 이런 행위가 나비효과를 가져와 불안한 미래에 대한 두려움을 떨쳐내고, 무엇이 됐든 성공을 계획하는 힘으로 다가

온다. 분명히 말하건대, 재테크가 서른 살 그대에게 오늘 당장 성공을 불러오는 힘은 미약할 수 있으나 그 가능성을 커지게 하는 힘은 될 수 있다. 성공이라는 것은 로또에 당첨되는 것처럼 아무 노력도 하지 않았는데 하늘에서 뚝 떨어지는 것이 아니다. 성공은 매일 매일의 일상에서 행하는 작은 실천과 노력이 합해져 일정 시간이 지나야 비로소 열매를 맺는다.

지치지 말고 그 꿈을 향해 의미 있는 도전을 시작해보자. 그렇다고 독하게 인생을 살 필요는 없다. 우리가 일상에서 행하고 있는 경제활동 중에서 은행에 약점을 잡히는 대출금, 신용카드 언체 등의 행동은 절대하지 말고 대신에 얼마가 됐든 통장 평균 잔액을 늘리고 고금리 신용대출을 피하는 것 등 우리가 조금만 신경쓰고 노력하면 가능한 일들을 지속적으로 해나가는 것만으로도 성공은 가까와진다.

5

금리 1%시대
돈 버는 투자

금리가 계속 떨어지고 있다. 2016년 6월 한국은행 기준금리는 1.25%다. 한국은행의 기준금리는 은행을 포함한 거의 모든 금융회사에서 판매하는 확정금리 상품의 금리에 절대적 영향을 미친다. 지금 은행에 예금하느니 5만원 권으로 바꿔서 집안 금고에 묻어두는 것이 낫다는 얘기까지 나올 정도로 예금금리가 형편없다. 이자에 대한 세금, 물가상승률을 감안하면 실질금리가 0%대인게 현실에서 이 얘기를 흘려들어서는 안 된다. 이제 우리는 싫든 좋든 우리의 투자방식에 변화를 주어야 한다.

금리가 모든 투자 상품의 가치를 결정한다고 해도 틀린말은 아니다. 금리가 떨어지면 당장 은행이나 보험사의 예금과 저축금리가 떨어진다. 그리고 떨어진 금리로 인해 은행권에서 이탈한 자금, 개인의 쌈짓돈까지 주식과 부동산에 몰려들어 펀더멘털 (fundamental, 경제적 기초여건)에 변동이 없음에도 주가와 부동산 시장이 들썩인다. 한마디로 정리해서 한국은행의 기준금리 인하가 내 지갑에 미치는 영향은 절대적이다.

한국은행 기준금리는 계속 낮아지고 있다. 영국의 EU 탈퇴를 말하는 브렉시트가 현실화되면서 한국은행은 추가금리 인하카드를 매만지고 있는 중이다. 기준금리는 더 떨어질 가능성이 커졌다. 기준금리가 낮아진다는 것은 은행권 금융상품으로 자산을 운용하는 사람에게는 앉아서 돈을 까먹는 일과 다름이 없다. 한국은행이 기준금리를 내리면 모든 시중은행들은 즉각적으로 이를 반영해 예금과 적금금리를 내리기 때문이다. 왜 그럴까? 한국은행 기준금리는 'RP 7일물'을 기준으로 하기 때문이다. 이게 무슨 소리인가?

풀어서 설명하면 이렇다. 기준금리가 인하된다는 것은 한국은행이 갖고 있는 환매조건부채권(RP, Repurchase Agreement)의 금리를 인하한다는 얘기이기 때문에 당장은 금융회사 간 자금 이동시에 기준이 되는 콜금리에 영향을 미치고, 이는 은행의 여·수신 금리에 변동을 가져올 수밖에 없다. 그래서 기준금리가 낮아지면 은행의 예금금리도 낮아지는 것이다. 따라서 한국은행 기준금리가 1.25%까지 떨어졌다는 것은, 물가상승률을 감안한 실질수익률 측면에서 보면 은행에 예금해봤자 마이너스 금리를 받을 수밖에는 없다는 뜻이다. 이런 얘기가 금융 초보자에게는 좀 어려울 수도 있겠다. 내용을 이해하기 어려우면 그냥 한국은행 기준금리가 낮아지면 이와 비례해서 은행 예금금리도 낮아진다고 이해하면 된다.

현재 예금이자는 낮아도 너무 낮다. 지금의 예금금리로 투자한다면 원금이 두 배가 되는 데 걸리는 기간은 무려 40년에 이른다. 게다가 그동안 물가는 안 오르겠는가. 아마도 물가상승률을 감안한다면 이런 금리로 은행에 예금을 한다는 것은 바보나 하는 짓이다.

살기도 어려운데 예금금리까지 이 모양이니 누가 은행에 예금을 하겠는가, 라고 생각할지 모르겠다. 하지만 의외로 이 금리에도 은행에 예금하는 사람이 많다. 원금 보장은 된다는 생각에서다. 참으로 게으른 투자자라고 아니할 수 없다. 찾아보면 그보다 많은 이자를 받을 수 있는 투자 상품이 없는 것도 아닌데 말이다. 경제가 안 좋다고들 하는데도 주가가 들썩이고 부동산이 꿈틀거리는 것 또한 너무 낮은 금리에 그 이유가 있다. 주식시장에서 가장 큰 장은 낮은 금리 탓에 시장의 유동성이 증권시장에 몰리는 금융 장세라는 말도 있지 않은가.

그럼, 이쯤에서 왜 기준금리 변동이 우리 지갑에 영향을 미치는지를 상세하게 알아보도록 하자. 개인의 재테크에서 금리만큼 자산의 증감에 미치는 영향이 큰 것은 없기 때문이다.

기준금리란 한 나라의 금리를 대표하는 정책금리를 말한다. 여기서 키포인트는 기준금리가 시장금리가 아니라 정책금리라는 점이다. 그렇다면 기준금리와 시장금리는 어떻게 다른가? 기준금리는 정부의 경제정책 또는 금융시장에 대한 인위적인 개입에 의해 크게 달라진다. 이에 비해 시장금리는 말 그대로 증권시장 내 각 투자세력 간의 수요/공급 논리에 따라 결정된다는 측면에서 살아 있는 생물이라고 할 수 있다.

예전에는 보통 시장 실세금리를 기업이 발행하는 우량 회사채를 기준으로 정했다. 그런데 회사채는 발행하는 기업과 시점에 따라 발행 금리가 뒤죽박죽이 되어 전산화하는 과정이 너무 복잡하고 시간도 많이 걸린다. 그래서 지금은 채권 표준화가 상대적으로 용이하고 전산화 작업도 쉬운 국고채를 정부가 재정자금을 조달하기 위해 발행한다. 국고채 3년물을 기준으로 한다.

따라서 우리가 금리가 올랐다거나 떨어졌다고 표현하는 것은, 정확하게 말하면 증권시장 내에서 국고채 3년물의 유통 수익률을 기준으로 해서 말하는 것이다. 다만 한국은행 기준금리는 은행의 예·적금 상품에 직접적으로 영향을 미치기 때문에 '체감 온도'가 더 민감할 뿐이다.

한국은행 기준금리는 한국은행과 금융통화위원회가 매월 둘째 주 목요일에 결정한다. 기준금리는 은행 간 초단기 콜금리에 영향을 미치기 때문에 당연히 은행의 예?적금 및 대출금리에 영향을 미친다. 기준금리를 정하는 것은 한국은행이 시중에 풀린 돈의 양을 조절하려고 인위적으로 금리를 결정하는 행위다. 정책금리라고 부르는 이유가 여기에 있다. 이것은 중앙은행이 갖고 있는 고유기능 중 하나인 통화 조작 정책의 한 방법이다.

한국은행은 시중에 단기자금이 풍부할 때는 시중은행에 RP를 팔아 시중 자금을 빨아들이고, 반대로 단기자금이 부족할 때는 RP를 사들여 시중에 자금을 푼다. 이때 콜금리는 시장에 즉각적이고도 직접적인 영향을 미치기 때문에 RP 7일물을 기준금리로 하는 것이다.

금리라는 것은 우리가 알고 있는 경제 상식에 기초한다. 그러니까, 금리가 오른다는 것은 금융시장에서 돈의 공급보다 수요가 많다는 것이고, 금리가 떨어지는 것은 그 반대 경우다. 문제는 금리가 이렇게 단순한 원리에 의해서만 결정되는 건 아니라는 점이다. 금리는 경제 주체 각각의 위험 가중치, 환율 변동, 정부의 인위적 시장 개입 등 다양한 요인에 의해 결정된다.

금본위 제도가 무너지면서 각국 중앙은행들은 통화량 조절을 위해 채권 등을 매입하여 금리를 인위적으로 조정하는데, 이를 우리는 통화 조작이라고 한다.

명목금리 또는 표면금리라고 부르기도 하는 것은 실질금리에 물가상승률을 더한 것이다. 이것이 경제학 교과서에서 말하는 피셔 효과 이론이다. 그런데 이 피셔 효과를 현실에 적용하기에는 무리가 있다. 그래서 현재는 명목금리는 실질 경제성장률에 기대 물가상승률을 더해야 정확하다고 보는 시각이 우세하다. 즉, 중앙은행 기준금리는 실질 경제성장률과 기대 물가상승률을 기초로 해서 결정해야 하지만, 정부가 이렇게 하지 않고 심지어는 물가상승률보다도 낮게 기준금리를 유지하는 이유는 인위적인 경기부양 등을 노린 정치적 의도가 개입하기 때문이다.

결론적으로 말하면, 한국은행의 지속적인 금리 인하는 시장 흐름보다는 정부의 인위적인 시장 개입의 영향을 크게 받고 있다는 얘기다. 이처럼 낮은 기준금리가 지속된다고 가정하면 많든 적든 금융자산 가운데 은행권 상품의 경우는 빨리 발을 빼는 것이 현명하다.

여러분은 나에게 물을 것이다. 그래 당신 말대로 은행 예금, 보험사 저축형 상품을 해약했다. 그렇다면 당신의 대안은 무엇인가? 이 질문에 답하기 전에 여러분에게 말하고 싶은 것이 있다.

"투자상품의 가치에는 절대적인 것이 없다. 다만 경제흐름에 따라서 상대적인 가치가 있을 뿐이다."라고. 따라서 투자의 3요소인 안정성, 수익성, 환금성을 기준으로 현재의 경제환경에서 상대적 가치가 높은 상품에 투자를 검증하면 된다. 투자의 변동성이 큰 주식, 펀드를 제외한 확정수익률 상품중에서 상대적으로 가치가 높은 상품이 기업이 발행하는 회사채, CP와 독신 가구의 급증으로 경제적 가치가 높아진 소형 원룸주택을 매입해 임대를 놓아 월세를 노리는 것이다.

현재 이들 상품의 수익률은 은행예금이자의 5배에서 10배이다. 금리가 너무 낮다고 비관만 하지말고 그 대안을 적극적으로 찾아나서라. 정기예금도 은행에서 하는 것보다 저축은행에서 하면

표 주로 저축은행예금금리

저축은행명	금리(기준;연,%)
IBK	1.8
KB	2.1
드림	2.59
스마트	2.35
예가람	2.0
조은	2.1
조흥	2.38

(2016년 6월 27일 기준)

0.5%~1.0%까지 금리를 더 받을 수가 있다.

2016년 6월 27일 기준 주요 저축은행의 정기예금금리는 1.8~2.59%로 은행예금보다 0.5%~1.0%이상 높다. 저축은행과 은행 간의 예금금리 차이가 발생하는 이유는 저축은행의 대출금리가 은행보다 높기 때문에 저축은행의 예금금리가 은행보다 높다. 어찌보면 이유는 단순하다. 저축은행의 예·적금은 1인당 5,000만원까지 예금보호가 된다.

4인가족의 경우 식구수대로 나눠서 예금한다고 가정하면 2억원까지 예금보호를 받을 수가 있다. 0.5~1.0% 금리가 옛날 고금리시대를 생각하면 별것 아닐 수가 있다. 그러나 예금금리 0.1%만 더 줘도 거래하는 금융회사를 옮기겠다고 하는 무한금리경쟁시대에 1% 금리라도 더 챙겨야 하지 않겠는가?

이 혹독한 저금리시대를 극복하는 재테크는 내 지갑을 합법적으로 털어가는 나쁜 상품은 쓰레기통에 버리고 기준금리 보다 적게는 1%에서 많게는 그 열 배가 되는 회사채, CP, 후순위채권 등에 투자를 집중하는 일이다.

6

경제흐름에 맞는
재테크를 하라

경제 흐름이 투자를 말한다.
나는 이 말에 전적으로 동의한다. 경제라는 놈은 살아있는 생물이
다. 어디로 튈지 모른다. 그러나 이 변화무쌍함 속에서도 일정한 법
칙이 존재한다는 것은 다행한 일이다. 일반적으로 금리가 떨어지면
부동산, 주가가 오르고 금리가 오르면 확정금리의 가치가 상승한
다. 또 금융위기가 오면 금리가 폭등하고 주식, 채권의 가격이 폭락
한다. 또 금융위기가 펀더멘달에 의한 것이 아니라 단지 일시적으
로 발생한 유동성에 의한 것이라면 일정기간이 지나면 주식, 채권
의 가격이 정상화 될 것이기 때문에 금융위기는 주식, 채권을 헐값
에 투자할 수 있는 기회가 되기도 한다. 따라서 경제흐름, 사회변화
에 대응하는 투자전략을 갖고 있다면 경제, 사회변화에서 오는 위

험은 기회의 이름이 될 수 있다.

재테크 책이라는 게 없던 희망도 만들어내고 '뻥도 좀 쳐야' 되는 것인데 연식이 오래된 사람이다 보니 그러기는 싫고, 되도록이면 시장의 객관적 현실을 전달하는 역할에 충실해야 한다는 생각으로 글을 쓰니 이해해주기 바란다. 사실 개인의 허황된 성공담을 일반화하는 책들을 읽다 보면 당장 그 순간은 마치 나 자신이 시공간을 초월해 힘을 발휘하는 무협지의 주인공이 된 것 같은 통쾌함을 맛볼 수 있다. 하지만 현실로 돌아오면 거기서 오는 공허감은 삶을 더 괴롭게 만들 뿐이다.

우리의 모든 경제 활동은 결국 좋고 나쁘고를 떠나 당대 우리 사회의 사회경제적 토대에서 벗어나기 어렵다. 따라서 이런 사실을 받아들이고 환경에 대응하는 방법을 강구하는 것이 현실적이다.

지금의 경제 환경을 살펴보면 돈을 벌기가 더 어려워진 것도 문제지만, 여유 돈을 투자해서 돈을 버는 것도 어려워졌다는 게 문제다. 이런 여러 가지 이유 탓에 요즘 개인의 실질소득은 생각보다 많이 줄어들었다.

그런데 이에 반해 지수 함수적으로 변하는 IT 기술의 발전으로 하루가 다르게 최신 기기들이 등장하고 국민의 절반 이상이 스스로 '얼리 어답터(early adopter)' 임을 자임하는 나라에서 통신비 지출 비중은 식료품비 비중보다 더 커졌다. 여기에다 남성의 절반이 흡연자인 나라에서 담배 값이 두 배나 과격하게 인상됐다. 이것은 적은 돈이 아니다. 담배를 끊을 수 없는 사람은 갑자기 엥겔지수가 팍 올라가는 것이 현실이다. 더구나 30대 직장인이 가장 민감하게 여기는 연말정산 비과세 혜택 축소도 빼놓을 수 없다.

한마디로 소득은 정체되거나 줄고 있는 데 반해 지출은 늘고 있다.

오르지 않는 게 있다면 오히려 그것이 이상한 일일 정도다. 물론 예외는 있다. 하루가 다르게 은행이자는 낮아지고 있는 반면 신용이 낮은 사람의 대출금리는 예금금리의 10배가 넘는다. 이래저래 돈 없는 서민만 죽게 생긴 것이다. 오죽하면 지금의 저금리가 서민을 두 번 죽이는 일이라는 말까지 나오겠는가. 그렇다. 지금 서민들은 저금리로 은행이자는 더 적게 들어오는 반면 대출이자는 오히려 높아 이중으로 고통을 당하고 있다.

개인의 재테크는 아무리 발버둥을 쳐도 경제 흐름에 종속될 수밖에 없다. 지금도 시대착오적인 성공론을 앞세우는 책들이 서점가에 즐비하다. 하지만 이는 그런 책을 쓴 사람들의 특출한 능력에서 비롯한 성공담이지 일반적으로 통용될 수 있는 건 아니다.

3인 가족 기준으로 월 소득이 200만원 조금 넘는 30대의 처지를 생각해보자. 이 돈으로는 저축은커녕 생활비를 빼고 나면 아이들이 상급 학교로 진학할 때 사교육 한번 변변히 시켜줄 수 없다. 이처럼 저축을 거의 하지 못하는 사람이 어떻게 부자 되기를 꿈꿀 수 있는가.

공지영의 소설 〈우리들의 행복한 시간〉에서 주인공 사형수는 이런 말을 한다. "희망을 갖고 싶지 않습니다. 그건 지옥입니다." 우리는 지금까지 열심히 살면서 저축하면 누구나 부자가 될 수 있다는 희망을 가지고 살아왔다. 그래서 그 고단한 일상을 묵묵히 참으며 최선을 다해 살아왔다. 그러나 결과는 어떤가.

우리는 이제 우리가 사는 시대에서는 경제구조가 근본적으로 바뀌지 않는 한 부자가 되는 게 가능한 일이 아니라는 것을 알아야 한다. 돈이 너무 없어 정상적인 경제생활을 못하는데도 나는 행복하다고 하는 것도 문제이지만, 돈이 모든 행복을 대신할 수 있다고 여기는 배금주의 역시 문제가 있다.

한국전쟁 이후 우리 경제는 속도와 경쟁에 몰두한 결과 약 360배나 성장했다. 현실적으로 셈을 해보면 옛날과 비교해 엄청나게 물질적으로 풍족한 국가가 되었다. 그러나 여전히 사람들은 허기져 있고 분노에 가득 차 있다. 우리 경제에 적신호가 켜진 것이다. 왜 사람들은 놀라운 경제성장에도 불구하고 분노하고 있는가.

외형적인 경제 규모는 선진국 수준에 도달했는지 몰라도 경제정의는 실종됐고, 사회복지 수준을 나타내는 거의 모든 지표는 OECD 국가 중 최하위인 것이 현실이다. 현재 대한민국은 세상에서 가장 비참한 자본주의 국가로 조롱당하고 있다. 이런 식의 성장 방식은 이제 임계점에 다다랐다. 지금 한국 사회는 승자나 패자 모두 삶에 지쳐 있다. 자비심이 없는 사회는 존재할 수 있지만 정의가 사라진 사회는 멸망한다.

우리는 이제 개인의 삶이 공동체의 건강성에 좌우된다는 것을 깨달아야 한다. 그래서 개인의 재테크도 탐욕에서 벗어나 합리와 이성이 지배하는 방향으로 가야 한다.

재테크 능력에 따라 우리의 생활이 얼마나 달라지는가에 대해서는 아무리 말로 떠들어도 실감이 나지 않을 것이다. 개인의 재테크라 하면 소득 관리, 금융상품 활용, 투자와 관련한 모든 것을 포함한다. 소자본 사업자라면 사업자금 조달, 금융비용 절감, 매출채권 활용, 투자 등이 주요 내용이 될 것이다. 그럼, 지금부터 개인의 재테크에서 중요한 부분을 구분해 그것이 무엇을 목표로 하는지를 먼저 알아보도록 하자.

첫째, 개인의 재테크에서 가장 중요한 부분은 지속적인 소득의 발생과 관리다.

지속적인 소득이 없으면 재테크라는 게 필요하지 않다. 투자의 시각에서는 소위 레버리지를 노리고 빚내서 그 이상의 이익을 얻는 것이 가능할 수도 있겠지만, 일상적인 재테크는 지속적인 소득이 없으면 할 수 없다. 바로 그래서 개인의 재테크에서는 안정적인 소득 이상으로 중요한 것이 없다는 말을 하는 것이다.

감속경제의 시대다. 감속경제의 재테크 특징은 '벌기가 힘들다면 지출을 통제하라'는 말에 함축되어 있다. 소득은 늘지 않고 오히려 줄어드는데 지출이 늘고 있다면 지출을 통제하는 수밖에 없다. 그래서 개인의 재테크도 기업 회계처럼 매월 지출할 돈을 정하고, 그 범위 안에서 쓰는 것을 본인 스스로에게 강제해야 한다.

지출의 범위가 정해지면 지출의 우선순위에 관심이 가고 꼭 필요하지 않은 부분은 줄이게 된다. 상투적인 말 같지만, 재테크에 실패하는 것은 대부분 상식적으로 알고 있는 내용들을 실천하지 않기 때문이다.

소득이 얼마가 됐건 소득의 20%라도 저축하는 것을 생활화해보자. 물론 지금 같은 환경에서 이조차도 실천하기가 아주 어려운 일이란 걸 왜 모르겠는가. 그래도 이런 생각으로 사는 자세는 매우 중요하다. 실제로 지출을 통제하면 줄일 수 있는 여지가 많다. 지혜롭게 가계부를 쓰는 것도 좋은 방법이다. 그리고 한 가지 더 얘기하고 싶은 것은, 이제 내 지갑 안의 골드카드가 나의 경제적 신분을 나타내는 시대는 지나갔다는 사실이다.

선불 개념의 신용카드는 소비의 독이다. 선불이라는 것 때문에 고가의 소비재도 겁 없이 사는 것이고, 술 한 잔 먹었다고 기분 내는 것도 다 신용카드가 지갑 속에 있기 때문이다. 현금으로 계산한다면 돈이 눈에 보이니 그렇게 쉽게 돈을 쓸 리가 만무하다. 일시적으로 불편하더라도 빨리 체크카드로 바꾸는 게 좋다. 물론 가장 좋은 방법은 은행 입출금만 되는 카드로 바꾸는 것이다. 술자리로 인맥 넓히고 네트워크 다진다고 해서 사업이나 직장에서 내 지위가 올라간다고 여기는 것은 시대에 안 맞는 후진 생각이다.

경제력이 없는 대학생마저도 고가의 백을 살 수 있는 용기가 어디서 나오겠는가. 할부로 사서 나눠서 갚으면 된다는 생각에서 나온 것 아니겠는가. 소득이 적은 젊은 남자들이 고가의 외제차를 할부로 구입하는 것도 마찬가지다. 물론 젊을 때니까 '폼생폼사' 한다는 것, 그 나이 때니까 그런 행동을 하는 것이라는 걸 그 시절을 경험한 내가 왜 모르겠는가. 너무 철이 빨리 드는 게 꼭 좋은 것만은 아니다. 하지만 이런 소비생활을 즐기는 사람보다는 그래도 적은 소득이나마 아껴 쓰고 저축하는 사람이 더 많다는 사실을 알아야 한다.

청년 사업가들이 망하는 대부분 이유는 사업 아이템이나 비전이 없어서가 아니다. 결국 비용 관리에서 실패하기 때문이다. 소사업자에게 가장 무서운 적은 고정비 관리다. 고정비 관리만 잘하면 불황이 와도 버틸 수 있고 다음 기회를 노릴 수 있는 여력이 생긴다. 유심히 살펴보면 개인적으로 돈 쓰는 습관이 사업으로 연결되는 경우가 많다. 한 푼을 쓰더라도 계획성 있게 쓰는 사람과 그렇지 않은 사람은 사업 결과도 크게 다르다. 소비 방식이 사업에 미치는 영향이 매우 크기 때문이다. 재테크는 습관이다.

둘째, 금융상품의 활용이다.

개인의 재테크에서 일상적이고 반복적으로 오류가 저질러지는 것이 바로 금융상품 활용이다. 우리가 금융상품을 활용하는 가장 큰 이유는 가처분소득을 늘리기 위함이다. 문제는, 우리가 주로 거래하는 은행이나 보험사의 저축상품은 그것이 무엇이든 저축금액이 늘어날수록 가처분소득은 오히려 줄어든다는 점이다. 이와 관련해 특정 금융회사를 비난할 생각은 없다. 그러나 '객관적인 사실'을 숨겨서는 안 될 것이다. 이런 측면에서 현재 당신이 은행과 보험사의 프레임에 갇혀서 하고 있는 금융상품 활용은 당신에게 전혀 도움이 되지 못한다고 말해주고 싶다.

아무리 저금리 시대라고는 하지만 이는 상대적인 것이다. 지금도 은행이나 보험사의 저축상품을 대체할 수 있는, 비교우위에 있는 상품이 충분히 있다.

금융상품의 활용법, 투자의 플랫폼만 바꿔도 저금리를 돌파하는 금융상품을 만날 수 있다.

셋째, 투자 상품의 운용에 관한 부분이다. 부동산은 한물 지났고,

주식은 여전히 리스크가 높다. 목돈은 있는데 투자할 곳은 마땅치 않다. 이것은 빈약한 노후자금으로 긴긴 노후생활을 해야 하는 퇴직자들에게는 매우 심각한 문제다.

부동산은 이제 고정비 덩어리에 불과하다고 폄하하는 시각이 대세지만, 이는 주택시장에만 맞는 얘기다. 부동산 시장 전체가 다 '맛이 간' 것은 아니다.

조금 늦은 감이 있지만 부동산 버블이 본격적으로 붕괴하기 시작한 10년 전부터 소위 독신가구를 대상으로 하는 임대시장은 오히려 활성화됐다. 그 기간에 독신자를 대상으로 하는 소형 아파트, 소형 임대주택, 다가구 주택은 계속 오르기만 했다.

이처럼 소형 임대주택이 각광받았던 이유는 독신가구가 급증했기 때문이다. 이런 현상을 주목했다면 당신은 이미 안산, 시흥, 중동, 일산 신도시 등의 대규모 오피스텔 단지 내의 저가 오피스텔에 투자해서 연 10%가 넘는 수익을 올렸을 것이다.

스마트폰이 일상화되면서 스마트폰을 기반으로 하는 게임 시장의 파이가 급격하게 커졌다. 스마트폰 전용 게임 앵그리 버드가 세계적으로 히트를 칠 때 당신은 그 게임을 이용하기 전에 국내의 휴대폰 기반 게임 개발회사 컴투스에 투자했어야 했다.

투자는 쓰레기통에서 피는 장미처럼 최악의 경제흐름에서 조차 돈벌 기회는 있다. 이렇게 되기 위해서는 항상 깨어있는 투자의 감각을 갖고 있어야 한다.

개인의 투자에 대한 큰 그림을 그려보면 이렇다. 전체의 70%는 우량 회사채, 유동화 상품에 집중하고 30%는 리스크는 조금 있더라도 주식과 '메자닌'이라 부르는 주식 연계 채권에 직접 투자하는 방법과, 소형 임대주택에 투자한 다음 여기서 발생하는 월세를 가지고 장기간 우량 주식에 저축하듯이 투자하거나 채권에 투자해 이전소득을 늘리는 방법이 기본 방향이 되어야 한다.

개인사업자의 재테크에서 강조하고 싶은 것은 사업자금 조달과 매출채권 활용에 관한 것이다. 사업은 규모나 업종을 불문하고 사업자금 조달에서 시작된다. 사업자금 조달을 자신이 갖고 있는 유동성으로 하느냐, 아니면 담보물건으로 하느냐, 또는 선의의 투자자로부터 소위 펀딩을 받아 하느냐에 따라 향후 사업의 안정성 확보는 크게 달라진다.

또 사업자금을 충분히 준비하지 못했다고 해서 사업을 할 수 없는 것도 아니다. 사업 주체의 신용에 문제가 없으면 신용보증기금, 기술보증기금에서 다양한 조건으로 자금 지원을 받을 수 있다.

소자본 사업자가 망하는 데는 여러 가지 이유가 있다. 그러나 통계적으로 볼 때 가장 흔한 이유는 고정비를 감당하지 못해 적자가 쌓이는 것이다. 조금만 버티면 사업이 정상궤도에 올라설 것이 확실한데도 말이다.

따라서 사업 시작 단계에서부터 되도록 저금리로 사업자금을 마련하는 것은 매우 중요한 일이다.

소자본 사업자의 경우 거래처에 결제할 때는 현금을 주고 결제를 받을 때는 어음으로 받는 일이 다반사다. 이렇게 되면 결제 시점 간의 미스 매칭으로 매출채권을 현금화하는 기간이 길어져 운전자금 회전에 문제가 발생한다. 자금을 쌓아놓고 사업을 하지 않는 한 소자본 사업자들은 매출채권을 빨리 현금화시켜 운전자금을 마련해야 한다. 그러지 않으며 소위 흑자 부도가 나게 되는 것이다.

건설업을 예로 들어보자. 하나의 종합건설사에는 전기, 토공, 철근 콘크리트, 설비, 비계 등과 같은 수많은 전문 시공사(외주업체)가 있다. 이들 회사는 종합건설사가 발주한 공사에 참여해 일을 하고 공사대금을 받는다. 문제는 공사대금의 상당액을 현금이 아니라 만기일이 3개월에서 6개월인 어음으로 받는다는 데 있다. 그런데 이마저도 지급받지 못하는 경우가 종종 발생한다.

받은 어음을 현금화하려면 은행권에서 어음할인을 해야 되는데, 이때 현금으로 결제 받으면 나가지 않을 할인이자를 부담해야 한다. 그래도 이 경우 어쨌든 어음할인을 통해 운전자금을 확보할 수는 있다. 그러나 이런 어음조차 결제 받지 못하면 어떻게 운전자금을 확보하겠는가. 이것은 원청회사에 떼를 쓴다고 해결될 문제가 아니다.

이런 문제는 사업을 하다 보면 늘 있는 일이다. 이 경우에는 그동안의 공사 내역을 확인해 이를 매출채권으로 해서 은행권으로부터 자금을 지원받을 수 있다. 이것이 소위 말하는 팩토링 금융이다.

건설업만 그런가. 출판업이나 광고업도 업종은 다르지만 자금 이동 경로는 같다. 광고업도 하나의 종합광고 대행사에는 많은 외주기업이 있고, 이 기업들 역시 종합광고 대행사의 일을 하고 여기서 발생하는 매출채권을 활용해 운전자금을 조달하는 것은 건설업과 같다.

사업자의 경우 매출채권 활용과 관련한 자금 관리 기법에 능통하다면 큰 도움을 받을 수 있다.

이 밖에도 소자본 창업자가 알아야 할 자금 관리 기술은 많다. 소자본 사업자는 대기업처럼 자금 부서가 회계 부서로부터 독립해 전문화되어 있지 않다. 대부분은 회계업무, 특히 기장업무는 세무사 사무실에 맡기고, 사장이 자금업무를 거의 전담한다. 소자본 창업자에게는 본업보다 자금을 관리하는 일이 더 부담스럽다.

개인이든 사업자가 됐든 자금 관리를 아느냐 모르느냐에 따라 그 성과는 크게 달라진다. 자금 관리에 강한 사람이 꼭 성공하는 것은 아니겠지만 성공 가능성이 높은 것만은 확실하다.

소자본 사업자에게 꼭 해주고 싶은 얘기는 사업으로 성공을 꿈꾸기 전에 사업을 안정적으로 끌고 갈 수 있는 방안을 먼저 생각하라는 것이다. 사업 초기부터 매출이 급신장하는 사례가 종종 있다. 그런데 일정한 시간이 지난 뒤 다시 가보면 사업장이 사라지고 없다. 왜 이런 일이 발생한다고 생각하는가. 매출이 단기간에 급신장해도 영업이익이 발생하지 않으면 그만큼 외부차입이 늘고 금융비용이 늘어난다. 외부차입마저 여의치 않은 순간이 오면 사업을 접는 수밖에 다른 길이 없다.

우리는 일반적으로 영업이익은 매출과 비례한다고 생각한다. 그러나 소자본 사업자의 경우 매출이 늘어도 금융비용, 인건비, 사업장 관리비 등의 고정비를 줄이지 않으면 영업이익이 발생하기 어려운 구조다. 소자본 사업자는 사업 구상 단계부터 저비용으로 사업자금을 조달하는 방법을 생각하고, 최대한 고정비 지출을 줄이는 것이 최고의 경쟁력이 된다는 사실을 명심해야 한다.

7

흔들림 없는
부의 공식

성공하고 싶다면 1만 시간의 법칙을 따르라는 말이 시대상황과 맞물려 우리 청년들에게 "열정페이"를 강제하는 것처럼 들려 위악적인 요소가 다분하게 느껴지기는 하지만 무슨 일이 됐든 집중하고 시간을 투자하다 보면 긍정의 효과가 있다는 것만은 인정해야 한다. "사랑하면 알게 되고 알게 되면 보이나니 그때 보이는 것은 전과 같지 않으리라."

조선 정조 시대 문장가 정암 유한준 선생의 글이다. 이 글이 세상에 널리 퍼지게 된 계기는 〈나의 문화유산 답사기〉를 쓴 유홍준이 그의 책에서 인용하면서부터다. 그렇다. 세상의 모든 일은 사랑하지 않으면 관심사에서 멀어지고 곧 잊힌다. 반면에 관심을 가지고 들여다보면 예전 그대로인 것 같지만 전혀 새로운 것으로 다가

온다.

서른 살 사랑앓이는 필수과목이다. 서른 살 사랑의 열병으로 수 많은 밤을 지샌 경험이 없다면 이는 청춘이 아니다. 사랑하면 그 사람에 대한 생각이 일상을 온통 지배한다. 밥을 먹을 때도, 잠을 잘 때도 그 사람에 대한 생각밖에는 떠오르지 않는다.

"지금 그 사람은 뭘 하고 있을까? 혹시 그도 나처럼 서로에 대한 생각으로 하얗게 밤을 지새우고 있을까? 그 사람이 자주 가는 카페는 어디이고, 그 사람이 좋아하는 음식은 뭘까? 혹시 그 사람이 나를 만나기 전에 다른 사람을 만나 사랑을 나눈 적은 있을까? 그 사람의 부모는 어떤 사람일까? 그 사람의 친구는, 그 사람의 형제들은?" 그 사람에 대한 관심은 꼬리를 물고 이어진다.

사랑의 또 다른 이름은 관심이다. 그래서 사랑하면 알게 되고 알게 되면 그 사람에 대한 이해의 폭이 커진다. 천하의 명화가 눈앞에 있어도 작가의 의도를 알지 못하고 명화를 감상하는 행위는 길거리 간판 그림을 보는 것과 다르지 않다. 이런 사람의 눈에는 둘 다 하얀 백지에 물감을 칠해놓은 것에 불과할 뿐이기 때문이다. 하지만 갤러리를 가기 전에 작가의 포트폴리오와 그림에 담긴 작가의 철학을 공부했다면 그 그림은 그의 눈에도 명화의 가치를 알게 해줄 것이다.

우리가 하는 일도 그렇다. 자신이 좋아하는 일에 만 시간을 투자하면 해당 분야의 전문가가 될 수 있다고 한다. 재테크도 마찬가지다. 많건 적건 매일 자산 현황의 증감을 기록하는 일을 하루 30분씩 1000일을 반복해서 한다면 이는 습관이 되어 미래를 계획하고 목표를 이루는 일에 큰 도움이 된다. 자금 관리 1000일 동안 사랑하라. 어느 순간 그 사랑은 당신 인생에서 영원한 사랑이 될 것이고, 그 사랑이 깊어갈수록 당신의 인생도 풍요로워지리라.

우리가 사는 세상에 완벽한 계획이란 존재하지 않는다. 인생은 너무나 복잡한 이해관계와 변수로 얽혀 있다.

영화 제작사는 제작비를 아끼기 위해 영화 촬영을 진행하는 중에 발생할 수 있는 사고들을 미연에 방지하고 스케줄을 차질 없이 소화하기 위해 시나리오를 철저하게 분석하여 사전에 완벽한 영화 콘티를 만든다. 그럼에도 영화가 사전에 계획된 콘티대로 진행되기는 어렵다. 고작 한 편의 영화 만들기가 이러할진대 영화보다 수십 배, 수백 배나 변수가 많은 우리 인생사에 완벽한 계획이란 있을 수 없다. 그러나 재테크는 실천만 밑받침된다면 경제 부분에서 인생의 불확실성을 크게 줄일 수 있다. 이런 측면에서 재테크는 위험이 상수로 존재하는 인생살이에서 최소한의 안전장치를 마련하는 역할을 한다고 할 수 있다.

재테크는 알고 하는 것과 모르고 하는 것은 천양지차다. 다음 기사를 주목해 보자.

"업계는 모두 알고 있었던 휴짓조각 동양 CP를 개인 투자자들이 무더기로 사들인 이유는 무엇인가. 높은 금리의 유혹이 컸을 것이다. 은행 예금금리가 연 3~4%인데 3개월 만기 CP를 눈 딱 감고 네 차례 정도 돌리면 연 9~10%의 높은 금리를 받을 수 있었던 것이다."(《아시아경제》)

"우선 회사채 CP에 투자한 경험이 두 번 이상이거나 (주)동양, 동양 레저 등 여러 계열사에 투자한 경우엔 불완전 판매 판정을 받기 쉽지 않을 전망이다. 25일 금융당국 관계자는 "금감위에 접수된 동양그룹 관련 민원을 보면 회사채, CP 등 투자 경험이 두 번 이상인 경우가 60%에 달한다"며, 이 경우 어떤 상품인지 잘 모르고 투자했다는 식으로 불완전 판매를 주장하기는 어려울 것으로 본다고 말했다." (〈조선비즈〉)

위에 기사는 재테크에서 모르고 하는 것과 알고 하는 것의 차이가 얼마나 다른 결과를 가져오는지를 극명하게 보여주는 대표적인 예다. 또 이들 기사에 언급된 내용을 보면 지금의 저금리가 얼마나 심각한 문제인지를 잘 알 수 있기도 하다. 이들 기사 내용을 정리해 동양증권이 판매한 자사 계열기업 발행 회사채, CP의 문제점을 알아보도록 하자.

첫째, 기사 내용 중 틀린 부분을 우선 말해 보겠다. 위 기사에서 현재 은행 예금금리가 연 3~4%라고 했으나, 이 기사가 나온 시점의 은행 정기예금 평균금리는 세후 수익률이 한국은행 기준금리인 2.5%에도 못 미치는 초저금리였다. 그리고 CP 만기는 최장 180일로 얼마든지 리볼빙이 가능하다는 점에서 3개월 만기 CP를 네 차례 돌려 투자한다는 말도 틀렸다. 또한 기업 발행 CP의 수익률이 모두 9~10%인 것은 아니다. 수익률은 발행 기업의 신용상태, 발행 시점의 시장금리 동향, 기업의 재무능력에 따라 얼마든지 달라질 수 있다. 예를 들어, 신용 등급이 가장 우수한 삼성과 현대자동차 그룹 계열사는 시장금리를 고려하여 국고채 수준의 금리로 CP를 발행할 수 있다.

둘째, 〈조선비즈〉 기사는 금감원 당국자가 불완전 판매의 책임 소재에 관해 말한 대목을 전하고 있다. 문제의 CP에 투자한 사람들은 두 차례 이상 회사채나 CP에 투자한 경험이 있는 사람으로서, 투자 책임에서 자유로울 수 없다고 밝히는 내용이다. 인간적으로 피해 당사자인 개인 투자자의 처지를 동정하는 것은 당연하지만, 결과적으로 이 사태의 책임을 개인이 져야 하는 것은 맞다.

물론 자사 계열사의 유동성 위기를 타개하기 위해 자사 계열 기업 발행 회사채와 CP 판매를 독려한 것에 따른 도덕적 책임을 면할 수는 없다고 해도, 기업이 발행 주체가 되는 다양한 투자 상품, 이를테면 자산 유동화 증권에 속하는 후순위 채권, 기업이 자금 조달을 위해 발행하는 채권인 회사채, 단기 투자 상품에 속하는 CP, RP(Repurchase Agreement, 환매조건부채권) 그리고 주식 연계 채권이라 부르는 CB(전환사채), BW(신주인수권부사채), EW(교환사채) 등을 은행권 상품처럼 예금보험공사가 예금 보호를 해주는 상품으로 알고 투자했다는 것은 말이 안 되는 것이다.

투자와 관련한 격언 가운데 "높은 위험에는 높은 수익률이 따른다"라는 말은 높은 수익률에는 원금 손실 위험이 따른다는 뜻이기도 하다. 우리가 주식 투자를 하면서 소위 쓰레기 종목에 투자하는 것은 해당 종목이 좋아서가 아니라 혹시나 모를 요행을 기대하기 때문이다. 마찬가지로 우리가 신용 등급이 나쁜 기업이 발행하는 회사채, 후순위 채권, CP에 투자하는 이유 또한, 위험도 높고 예금 보호도 안 되지만 그래도 투자만 하면 확정 수익률로 적어도 은행 예금금리의 3~5배 이상 수익률을 기대하기 때문이 아닌가.

이와 유사한 사례를, 저축은행이 발행한 고금리 후순위 채권이 저축은행이 파산하면서 대거 부실화된 경우에서도 찾아볼 수 있다. 이런 일이 일어난 것이 불과 얼마 전이다. 그럼에도 똑같은 문제가 계속 되풀이해서 일어나는 것은 투자자들이 무지하거나, 문제를 알면서도 고금리의 유혹을 이겨내지 못했기 때문이다.

재테크에서 여유자금으로 가처분소득을 늘리는 행위는 매우 중요하다. 이를 제대로 하지 못하면 아무리 소득이 높아도 부자가 될 수 없다. 그래서 돈의 거래가 이뤄지는 현장인 금융시장의 흐름을 알아야 한다. 이걸 모르니 CP가 예금자 보호가 안 되는 상품인지도 모르고 투자했다고 여론에 호소하는 일들이 비일비재로 벌어지는 것이다. 제발 자신이 투자하는 상품이 어떤 것인지는 완전히 이해하고 나서 투자하도록 하자.

무엇이 됐든 사랑하면 알게 되고 알게 되면 보이지 않던 것이 보이는 법이다. 재테크로 부자가 되고 싶다면 우선 공부를 많이 해야 한다. 그래야 투자의 주체로서 복잡하게 얽혀 있는 아수라 시장에서 자신의 권리를 지킬 수 있다. 파블로 피카소가 그린 세계적인 명화 〈게르니카〉를 스페인 내전의 역사를 모르고 감상한다면 그저 선과 면이 기이한 형상으로 구성된 추상화에 지나지 않는다. 이처럼 알고 보는 것과 모르고 보는 것의 차이는 매우 크다.

우리는 지금의 금융시장 환경을 두고 은행권 정기예금의 세후금리가 물가상승률을 넘지 못하는 실질금리 제로 시대라고 말한다. 그러나 금융시장에서 소위 시장금리가 어떻게 결정되는지를 아는 사람이라면 절대 이 논리를 수긍하지 않는다. 왜냐하면 초저금리로 인해 금융 소비자 대부분이 '멘붕'에 빠져 있는 이 순간에도, 고정 금리로 얼마든지 은행권 상품보다 최소 두 배 이상 수익률을 올리는 것이 어려운 일이 아니라는 것을 잘 알고 있기 때문이다. 과연 재테크에 관심이 없는 30대가 이런 사실을 알까? 이러니 별 영양가 없는 은행권이나 보험사의 저축상품에 올인 하고 있는 것이다.

왜 이런 흐름이 항상 반복되고 있는것일까?

그 이유는 현재 재테크 시장에서 어떤 형태로든 정보를 공급하는 사람들 대부분이 본질을 보는 깊이가 없거나, 특정 금융회사의 영업활동을 위해서 아니면 금융회사에서 단 한 번도 일해 본 경험이 없는 아마추어들에 의해 정보가 공급되기 때문일 것이다.

우물에 앉아서 하늘을 보는 사람은 자신이 보고 있는 하늘이 세상의 전부인줄 안다. 지금 우리의 투자가 바로 이런 모습이다. 세상은 넓고 투자할 곳은 여전히 많지만 우리는 금융시장을 독점적으로 지배하는 거대 금융회사의 프레임 안에서 그들이 이익에만 이로운 투자를 하기 때문에 투자방향을 잃고 있다. 자 이제부터라도 그들이 만든 투자의 프레임에서 벗어나라. 그리하면 이 혹독한 저금리 시대에도 내돈 꽉꽉 늘려주는 상품이 보일 것이다.

회사채 CP 신용등급 기준

― 투자적격채권 신용등급

AAA	원리금 지급 확실성이 최고수준으로 투자위험도가 가장 낮다.
AA (AA⁺, AA, AA⁻)	AAA 등급에 투자위험도는 낮지만 투자위험도 거의 없음.
A (A⁺, A, A⁻)	투자위험도는 낮지만 시장환경변화에 따라 다소 영향을 받음.
BBB (BBB⁺, BBB, BBB⁻)	투자 적격으로 분류되지만 시장환경변화에 따라 원리금지급 저하될 가능성이 있음.

회사채는 지급능력의 정도에 따라 AAA부터 D까지 10등급으로 분류된다. AAA부터 BBB 등급까지는 원리금상환능력이 안정된 투자적격 채권 등급이다.

BB~CC까지는 시장환경에 따라 크게 영향받는 투지등급이다.

D등급은 상환불능상태의 채권을 말한다.

채권 신용등급중에서 AA~B등급까지는 +, ― 부호를 부가하여 동일등급내에서의 우열을 나타낸다.

증권시장에서 보통 BBB 등급까지 적격투자등급 채권으로 평가한다.

― CP 신용등급 분류

신용등급	내 용
A1	상환능력최상, 투자위험 거의 없음
A2(A₂⁺, A₂, A₂₋)	상환능력우수
A3(A₃⁺, A₃, A₂₋)	상환능력양호
B(B⁺, B, B₋)	산환능력은 적정하지만 단기적인 여건변화에 따라 투자위험성이 높아질 가능성이 큼.
C	상환능력 및 투자안전성에 투기적인 요소있음.
	상환능력 불능
D	상환능력 불능상태임.

기업 CP의 신용등급은 A1~D까지 6개월 등급이다. A1~A3까지는 투자안전성이 보장되는 등급이고, B와 C는 금융환경에 따라 언제든 투기등급이 될 수 있는 투자위험성이 높은 등급이다.

기업이 발행하는 회사채, CP는 투자시점의 발행기업의 재무안정성에 비례하여 수익률이 변동되기 때문에 수익률만 보고 덥석 투자했다가는 원금손실의 발생 가능성이 높아진다. 높은 수익에는 높은 위험이 있다는 사실을 항상 명심하고 상품을 선택해야 한다.

8.

그들이 말하지 않는
재테크 거짓말

연금의 영어적 표현은 "Pension"이다. 우리는 팬션을 놀러갔을 때 숙박하는 장소로만 생각한다. 팬션이란 말의 유래는 서유럽에서 은퇴자들이 퇴직후 시골에 들어가 숙박시설을 운용하면서 발생하는 돈으로 노후생활을 하는 것에서 시작됐다. 연금은 노후생활을 위한 생명줄 같은 돈이다. 노후복지빈곤국가인 우리나라 실정에서는 연금의 의미는 실로 크다. 그런데 지금 민간금융회사에서 운용하는 개인연금저축, 퇴직연금이 한 푼의 이익도 못내면서 우리의 연금이 줄줄이 새고 있다. 심각한 문제이다.

다음은 〈조선비즈〉에 실린 기사 내용이다.

"변액 연금 보험 46개 중 18개가 10년 후 해약해도 원금이 손실되는 상품이다. 공정거래위원회가 최근 발표한 K-컨슈머 리포트를 둘러싸고 생명보험협회와 진실 공방전을 벌이고 있는 금융소비자연맹이 이 같은 내용의 변액 연금 보험에 대한 비교평가 결과를 추가로 발표했다.

금소연에 따르면 변액 보험의 사업비용은 평균 11.61%(설계사 판매료)다. 이는 보험료 납입과 동시에 보험사가 사용한다. 보험사가 내세우는 보장금액(변액 연금 500만원 수준)에 들어가는 비용(위험보험료)은 납입보험료의 1.17%(납입보험료 20만원 중 2333원, 설계사 판매상품의 평균)에 불과한 수준으로 공제금액의 90.9%가 사업비용으로 집행된다.

금소원 보험국장은 "변액 보험의 펀드 수익률이 연평균 4%라고 가정한다고 해도 10년이 지나서 해약 환급금이 원금 수준이라는 것은 소비자들이 정확히 알고 가입해야 할 것"이라고 말했다."

보험사의 설계사 중심 오프라인 영업이 위축되면서 최근 급성장하고 있는 것이 홈쇼핑, 콜센터의 텔레마케팅이다. 특히 보험사의 텔레마케팅은 제한된 시간에 설명이 가능한 소액 저축성 보험에 집중된다. 사람들은 몇 만 원 단위의 소액이고 금리도 은행예금보다 높다는 말에 솔깃해 이 보험에 가입한다. 그러나 막상 가입하고 나서 실제로 받게 되는 금리를 은행금리로 환산해 계산해보면 속았다는 것을 곧바로 알게 된다.

보험사 저축성 보험의 금리계산법에 따르면 보험료에서 사업비를 공제하고 난 후 금리가 계산된다. 그런데 여기서 사업비용은 보험 가입 초기에 집중적으로 공제되기 때문에 보험 가입 후 1년 이내에 해약하는 경우는 원금의 절반도 찾기 어렵다. 아무리 보험사의 마케팅 방식이 안하무인격이라고 해도 계속 이들에게 속는다면 그렇게 속는 개인에게도 문제가 있다.

더 큰 문제는 노후 준비를 위한 상품으로 보험사 은행의 연금저축 상품을 선택하는 사람이 70%(복수 응답)가 넘는다는 사실이다. 그러나 이런 상품들로 노후 준비를 한다는 것은 스스로 노후를 포기하겠다는 것과 같다. 금리가 물가상승률을 넘지 않는 초저금리 시대에 은행이나 보험사의 저축상품으로 노후를 준비하는 사람은, 내 노후 자금을 포기해 은행과 보험사 임직원을 먹여 살리겠다는 박애주의자가 아니라면 멍청한 사람이다.

은행, 보험사의 저축성 상품만이 아니다. 펀드, 은행, 증권, 보험사의 연금 상품은 정도는 다르지만 우리 노후를 가난하게 만든다.

그런데 왜 우리는 이런 잘못된 금융 거래를 반복하는 걸까? 인간은 천성적으로 객관성을 입증하지 못하는 자기 판단을 과신하는 경향이 있다. 하지만 이것은 결과적으로 경제적 파산으로 이어질 수 있다. 또 인간은 어떤 면에서는 비관주의보다는 낙관적 태도를 더 높이 평가한다. 인간은 그것이 무엇이든 절대적 파워가 있다고 믿는 존재에 대해 충성스럽다. 개인들에게 현재의 금융회사는 울트라 파워가 있는 것으로 인식되고 있다. 설사 그것이 조작의 결과라 하더라도 말이다.

이것이 금융시장에서 메가 뱅크들이 독점적 지위를 유지하는 이유이기도 하다. 독재가 존재하는 이유는 항상 우리가 독재자 앞에서 스스로 무릎 꿇고 독재자를 보기 때문에 독재자가 커 보이기 때문이다. 금융시장에서 독재자는 펀드회사, 메가 뱅크다. 스펙으로 무장한 수많은 펀드 매니저 군단은 우리가 근접하기 어려운 존재로 인식되고, 그 결과 우리는 그들에게 스스로 지갑을 내놓고 싶어 한다. 그들이 우리의 지갑을 두둑하게 채워줄 것이라는 근거 없는 믿음이 있기 때문이다.

그러나 펀드 매니저들을 대상으로 한 주가 예측 실험 결과를 보면 이들의 정확도는 47%에 불과했다. 이 결과는 동전 던지기를 하면 나오는 결과인 50%보다 못하다. 그럼에도 펀드 매니저들은 자기 예측의 정확성에 대해서는 65%의 신뢰도를 보였다. 그들은 자기들의 판단 능력을 과대평가함으로써 결과를 좌지우지할 수 있다는 착각에 빠져 있을 뿐만 아니라 위험을 과소평가하게 만듦으로써 잘못된 결과를 초래한다.

이들은 어떻게 해서든 고객의 충성도를 이끌어낸다. 하지만 이들은 고객의 이익을 챙겨주기보다는 고객이 내는 수수료로 연명하는 잉여집단일 뿐이다. 그럼에도 우리는 그들이 우리 지갑을 채워줄 것이라고 믿으며 매번 당하면서도 펀드 투자를 고집한다. 이 정도로 당하고도 펀드에 투자하는 사람에 대해서는 어떻게 말해야 할까?

세상의 모든 일에는 정성이 있어야 한다. 일에 정성을 들이면 보상을 받게 되어 있다. 여러분이 지금 봄철 채소인 알타리무로 김치를 담근다고 해보자. 김치를 담그는 과정은 매우 복잡하고 어렵다. 우선 채소를 소금에 절여야 하고, 다시 채소의 소금기를 제거하는 과정을 거친 뒤, 찹쌀로 쑨 풀을 그 위에 얹고, 멸치액젓을 사다가 붓고, 온갖 양념으로 버무려야 겨우 작업이 끝난다.

이렇게 힘들고 시간을 낭비하느니 손쉽게 동네 마트에서 김치를 사먹고 싶은 마음이 간절해진다. 그러나 김치를 담그는 과정은 어렵지만, 그 과정에서 내 몸에 좋은 재료를 내가 직접 선택할 수 있고 적은 비용으로 많은 양의 질 좋은 김치를 먹을 수 있다. 마트나 시장에서 손쉽게 김치를 사먹을 수는 있지만, 김치에 들어간 재료가 무엇인지 나로서는 알 길이 없고 가격도 높다. 결론적으로 말하면, 김치를 직접 담가 먹는 것은 그 과정은 결코 쉽지 않지만 종국에 가서는 내 몸에도 좋고 무엇보다 적은 비용으로 질 좋은 김치를 많이 먹을 수 있다.

현재 우리가 간접 투자하는 금융상품은 사먹는 김치와 같다고 할 수 있다. 겉보기에는 화려하지만 정작 어떤 재료가 들어갔는지도 모르고 원가가 얼마나 되는지도 모른다. 현재 금융시장에서 판매되는 금융상품은 마트에서 파는 김치와 같다. 어떤 재료를 썼는지도 모르고 원가가 얼마나 되는지도 모른 다. 손실이 발생하면 그 책임은 투자자가 모두 져야 한다. 이렇게 부당한 상품이 세상에 어디 있는가. 그런데도 지금 당신은 금융회사의 거짓말에 속아 그들의 이익에만 기여하는 금융상품에 투자하고 있다.

여기, 음식점 창업을 꿈꾸는 사람이 있다. 그는 창업을 꿈꾸게 되면서 음식점 창업에 필요한 정보를 찾기 시작했다. 그리하여 얼마의 시간이 지난 후 그는 만족할 수준의 정보를 찾았고 이를 일목요연하게 정리하였다. 그의 준비는 철저한 것처럼 보였다.

그러나 그는 실제 사업을 시작하면서 인터넷으로는 절대 알 수 없는 성공 요소가 있다는 것을 깨닫게 되었다. 그는 인터넷으로 세상에 존재하는 최상의 음식 레시피를 손에 쥐었지만 결과는 실패였다. 그에게 무슨 일이 일어난 걸까. 그는 최상의 레시피만 있다면 창업으로 성공할 수 있다고 믿었다. 하지만 최상의 레시피만 있다고 해서 성공한다면 음식점 창업자 중 80%의 사람이 사업을 접었겠는가. 그 사람들 역시 그와 마찬가지로 최상의 레시피를 가지고 창업에 나선 이들이다.

음식의 맛에는 재료의 상태, 그날의 날씨에 따른 재료 변화를 고려한 음식 조리법, 지역 내 타깃 고객의 성향 등 등 실제 경험하지 않고는 인터넷으로는 도저히 알 수 없는 성공의 비밀이 담겨 있다.

재테크라고 다르지 않다. 인터넷을 통하면 재테크에 관한 엄청난 정보를 얻을 수 있다. 그러나 그것으로 성공을 위한 재테크를 알기에는 부족한 부분이 많다. 또 인터넷은 금융회사들에게는 마케팅 프로모션을 펼치는 중요한 창구다. 때문에 금융회사에 속해 있는 비정규직 영업직들의 극악한 영업활동이 객관적인 정보 유통을 사실상 불가능하게 한다. 이런 환경에서 금융에 무지한 30대는 그들의 먹잇감이 되기에 딱 좋다.

재테크에서 중요한 금융의 활용이나 투자를 하는 데 있어서는 자본의 논리에 종속되지 않는 독립적 위치에서 사물을 최대한 객관적으로 평가하고 분석하는 것이 중요하다. 그래서 지식 이상으로 경험이 중요하다.

우리는 대기업이 만든 상품이라면 무조건 구매하려는 경향이 있다. 금융시장도 크게 다르지 않다. 메가 뱅크들의 무차별적 광고 공세로 우리는 금융상품조차 메가 뱅크의 입장에서 생각하고 소비하고 있다. 무지하면 그것이 독이 든 사과인지도 모르고 먹는 것과 같다.

우리나라에서 메가 뱅크의 위치에 있는 금융지주회사들이 판매하는 금융상품들인 정기예금 및 적금상품, 연금, 방카슈랑스(은행에서 판매하는 보험 상품으로 저축성보험, 변액보험 등), 위탁판매 펀드상품 등 중에서 개인의 가처분소득을 늘려주는 것이 있던가. 메가 뱅크들과 거래하면 거래할수록 개인은 가난해진다. 결국 제도금융권, 그중에서도 규모가 큰 회사일수록 법의 테두리 안에서 합법적으로 개인의 지갑을 털어가는 회사에 지나지 않는다. 그러나 재테크에 능숙한 사람이라면 자신의 지갑을 합법적으로 털어가는 이런 상품에 투자하지 않는다. 재테크는 똑똑한 금융소비를 위해서도 반드시 필요하다.

금융에 무지한 사람은 객관적 판단을 할 수 없다. 그래서 그 많은 사람이 저축성 보험으로 자신의 생애 첫 통장을 만드는 우를 범하고 있다. 우리는 지금 우리 주머니를 털어갈 궁리만 하는 금융회사의 무제한 광고 공세에 노출되어 있다. 그중 가장 많은 광고를 해대는 곳이 어디던가. 광고를 많이 하는 것은 막대한 광고비를 지출하고도 이익이 되기 때문이다. 결국 그 막대한 광고비는 소비자의 주머니에서 나온다. 그래서 금융에 무지한 사회 초년생들은 보험회사의 영원한 봉이 되고 만다.

보험회사에서 말하는 금리는 보험료에서 그들이 정한 사업비를 공제하고 계산한 것으로, 우리가 일반적으로 알고 있는 금융권의 금리 계산법과는 매우 다른 원리로 계산된다. 즉 보험사의 금리 계산은 그들에게 이익이 되는 한도 내에서 그들끼리만 통하는 셈법으로 이루어진다. 이것을 모르고 그들의 달콤한 말에 현혹되어 저축성 보험 상품을 덥석 물었다가는 사회생활을 시작할 때부터 그들의 이익에 기여하는 봉으로 전락하고 만다.

　좋은 금융상품과 나쁜 금융상품을 구분하는 잣대는 다른 게 아니다. 해당 금융상품이 안정성에 문제가 없다면 수익률이 기준이 되어야 한다. 상품의 형식은 상관이 없다.

　문제는 이 기준을 아무리 강조해도 우리들의 투자 습관은 변하지 않고 있다는 점이다.

　현재 재테크 시장은 자본의 대중조작 공세에 완전히 무방비 상태다. 이 책이 이런 점을 바로잡는 일에 조그마한 기여를 했으면 한다. 이런 말을 해야 하는 내 마음도 편치는 않다. 배운 게 도둑질이라고 금융권에서 일하다 현직에서 물러난 지인들 가운데 보험 영업 일을 하는 사람이 많다. 보험 영업은 진입 장벽도 낮고 우선적으로 돈이 안 들어가기 때문이다. 그런 내가 그들에게 누가 되는 이런 글을 쓰고 있으니 마음이 편치 않은 것이다.

　어찌 생각해 보면 그들도 피해자다. 보험 영업은 대부분 설계사라 불리는 비정규직들이 한다. 또 이들을 고용하는 일도 리쿠르팅(recruiting)만 전문적으로 하는 세일즈 매니저라 부르는 같은 신분의 설계사들이 한다. 이들은 자신이 리쿠르팅한 설계사가 받는 수수료 가운데 일정비율을 수당으로 받는다. 이것이 이른바 '오버라이딩(overriding, 실적에 따라 성과급을 차등 지급하는 제도)'이다. 영업도, 리쿠르팅도 다 비정규직이 하고 본사의 대주주와 임직원들은 커튼 뒤에 숨어 그들이 벌어온 잉여가치로 배를 불린다. 깊이 들여다보면 금융 영업이라는 게 다 이런 식이다.

인터넷이 생산하는 정보는 물론 나름의 공익적 가치가 있다. 그러나 인터넷 정보가 특정 이익세력에 의해 대중조작의 도구로 이용되는 것을 경계해야만 한다. 세상에는 직접 경험하지 않고는 모르는 일들이 여전히 많다.

30대에게 인터넷은 절대적이다. 지금의 30대는 이전 세대와는 달리 어릴 때부터 인터넷 환경에 노출되어 살아왔다. 그래서 30대가 인터넷으로 필요한 정보를 찾고 이를 이용하는 것은 전혀 이상한 일이 아니다. 인터넷에서 얻는 방대한 정보를 거르고 걸러 최대한 객관화시키는 것은 결국 개인의 지식이 어느 정도 수준에 이르렀을 때나 가능한 일이다.

맛있는 김치는 레시피를 암기하고 있다고 해서 만들 수 있는 게 아니다. 배추를 소금물에 절일 때도 최적 상태를 제대로 맞추려면 김치 담그는 날의 기온, 물, 소금 농도를 모두 고려해야 한다. 이것은 레시피만으로는 알 수 없다. 많이 담가보는 것이 가장 좋다. 어머니가 담근 김치가 계량화된 방식이 없더라도 놀랍도록 항상 같은 맛을 내는 것은 그것이 경험의 산물이기 때문이다.

재테크라고 다르겠는가. 가계부도 한 번 써본 적 없는 사람이 결혼해서 가계부를 쓴다고 해서 제대로 쓸 수 있겠는가. 통장 만드는 일도 마찬가지다. 이 책을 읽어본 사람이라면 마을금고에 가서 적금을 들고 예금에 가입하면 3000만원까지 비과세 혜택을 받는다는 것쯤은 알게 된다. 그런데 마을금고에 가서 적금을 들었음에도 비과세 혜택이 없다는 얘기를 듣는다. 어찌된 영문인가. 분명 뭔가 잘못되었다고 생각하겠지만, 이는 당연한 일이다. 마을금고는 조합원으로 출자한 사람의 예·적금에 대해서만 비과세 혜택을 주기 때문이다. 이런 것도 역시 통장을 만드는 경험을 직접 해봐야 알게 되는 일이다.

이런 예는 숱하게 많다. 증권사에 가서 수시 입출금 용도로 CMA 통장을 만들었는데 예금자 보호가 안 된다는 것이다. 앞에서 소개한 동양증권 사건 때 동양증권 부실 CP 판매의 불똥이 동양증권 CMA 대규모 인출 사태로 이어져 가슴을 쓸어내린 사람이 많았을 것이다. 당시 동양증권의 CMA 수탁고가 단시간 내에 16조원 가운데 10조원이 인출되는 사태가 벌어지기도 했다. 이런 경우도 직접 CMA 통장을 만들어본 경험이 없으면 CMA 통장의 판매 주체가 종금사인지 증권사인지에 따라 예금자 보호가 되는지 안 되는지가 결정된다는 사실을 알긴 어렵다.

한편, 금리 계산 방식에서 복리와 단리를 구분하지 못하는 사람이 많다. 이 경우도 실제 지급되는 이자를 역산하면 단리 계산과 복리 계산의 차이를 명확히 알게 되고, 복리로 금리가 점차 늘어난다고 해도 저금리 시대에는 무조건 유리한 것은 아니라는 것도 알게 된다. 내 결론은, 자신이 직접 경험하지 않고 글로 익힌 지식은 한계가 있다는 것이다.

변액보험에 빨간 등 커졌다

변액보험은 보장성보험에 투자성과에 수익률이 변동되는 펀드형 보험이다. 보험사들이 저금리 흐름을 타고 공세적 마케팅을 벌이면서 변액보험의 적립금은 2013년말 기준 90조 2000억 원에서 2013년 104조 7000억 원으로 급증하고 있다. 그런데 생명보험과 관련된 민원 5건 중 1건이 변액보험일 정도로 고객의 불만은 계속 늘고 있다.

2015년 앞 기준으로 국민 6명중 1명인 850만명이 이 상품에 가입했음에도 사업비, 수익률에 대한 고객의 정보는 계속 "깜깜이" 상태다. 가입자수는 증가하고 있으나 변액보험 가입후 그 절반이 6~7년 안에 계약을 해지했고 이 중 대다수가 원금손실의 피해를 보고 있다. 이를 알고도 지금껏 방관해왔던 금융감독원은 소비자의 원망의 목소리가 사회적 문제도로 확대되자 칼을 뽑고 나섰다. 이에 따라 보험사는 고객의 가장 많은 민원이 발생하는 사업비 공제 내역을 가입전 고객에게 투명하게 공개해야 한다. 변액보험은 투자금에 비례해 수수료를 떼가는 펀드와 다르게 가입시점에 사업비 명목으로 왕창떼고 가입기간이 길어지면서 사업비가 주는 구조로 수수료를 받는다. 변액보험이 가입시점에 떼가는 사업비(수수료)는 8~12%이상이다. 이것을 바로 잡기 위해 금감원이 뒤늦게 나선 것이다.

이에따라 그동안 "깜깜이내액" 이라고 지적되온 보험계약서와 보험료

내역이 세분화된다. 청약서는 보험 계약체결때 보험료, 가입금액, 보장내역, 가입기간 등의 계약사항을 확정하는 문서다. 지금까지는 총 보험료만 기재하게 되었어 고객이 구체적인 사용내역을 알 수 없었다.

그러나 2016년 10월부터는 저축보험료(펀드투자용), 수익률 정보도 고객이 체감할 수 있게 현실화된다. 따라서 지금처럼 사업비를 공제하지 않는 상태에서의 수익률이 아닌 사업비 공제후의 수익률을 알 수 있게 법제화 된다.

2015년 6월 20일부터 2016년 6월까지 금융소비자연맹이 생명보험사가 발표한 변액연금보험운용공시 수익률을 토대로 소비자가 실제 납입한 보험료 대비 실효수익률을 계산한 결과 평균 12.23%의 손실이 발생했다. 이는 같은 시기 보험사들이 공시한 평균 공시 수익률 -2.83%보다 손실수익률이 10%나 더 높았다. 아무리 금리가 낮아도 그렇지 투자원금 대비 10%이상 손실이 발생하는 상품에 투자한다는 것이 말이 되는가? 현명한 금융소비가 돈 버는 일보다 더 중요하다.

9

집을 짓는다는
마음으로

한때 우리 사회에는 그 실체를 알 수 없는 3대 불가사의가 사람들 사이에 회자된 적이 있다. 북한 김정은의 속마음, 안철수의 새 정치, 박근혜의 창조경제가 그것이다. 그러나 지금부터 말하고자 하는 재테크의 창조성은 근거가 명확하다.

우리의 고정관념 속에서 돈에 관한 생각은 명확하게 둘로 갈린다. 돈이 아주 많거나, 아니면 아예 없거나에 따라 그렇게 된다. 전자에 해당하는 사람들은 자기가 갖고 있는 돈을 이용해 더 많은 이익을 창출하는 일에 관심이 많다. 후자에 해당하는 사람들은 자포자기하는 경우가 많다. 하루하루 먹고살기도 바쁜 처지에 미래를 위해 뭔가를 한다는 것이 가능하지 않다는 것을 잘 알기 때문이다.

그러나 재테크는 이 둘 사이의 경계를 뛰어넘는다. 재테크는 매우 창의적인 일이다. 그래서 돈이 없는 사람도 재테크에 능하면 사업 아이템과 비전 등 무형의 가치로 사업자금을 조달할 수 있고, 레버리지를 활용해 자기신용과 보유자산을 통해 그 이상의 투자자금을 조달해서 투자 수익을 얼마든지 늘릴 수도 있다. 전설 같은 얘기지만, 현대 정주영 회장은 이순신 장군을 들먹이며 사업 비전만으로 영국 선주들로부터 막대한 조선소 건립 자금을 조달했다는 얘기도 있지 않은가. 지금이라고 해서 불가능한 얘기는 아니다. 현실성이 많이 떨어지긴 하지만 말이다.

앞에서 얘기한 것처럼 같은 재료를 가지고도 누가 만드느냐에 따라서 음식 맛은 하늘과 땅만큼이나 간극이 크다. 이는 건축가의 집짓기와 비교할 수도 있다. 동일한 넓이의 땅, 동일한 건축 재료로 집을 짓더라도 어떤 건축가가 설계하고 시공하느냐에 따라 집의 가치는 상당히 달라진다. 그래서 건축을 예술 영역에 포함시키는 게 아니겠는가.

재테크도 이와 같다. 소득이 동일하고 종잣돈의 크기가 같아도 누가 운용하느냐에 따라서 그 차이는 엄청나게 크다. 예를 들어 사회생활을 막 시작하는 사람과 금융 전문가에게 같은 돈을 주고 수익률 예측이 가능한 확정금리 상품에 3년간 장기 투자한다고 가정할 때, 나중에 결과는 5% 이상의 수익률 차이가 발생할 수 있다.

적금을 들 때에도 이 논리는 어김없이 적용된다. 어느 30대 젊은 이가 있다. 이 친구는 매월 받는 월급에서 100만원을 우선 적금에 넣고 나머지로 생활한다. 이 친구의 저축 습관은 칭찬해줄 만하다.

30대의 박봉에 매월 100만원을 저축한다는 건 마음처럼 쉬운 일이 아니다. 그런데 이 친구에게도 문제는 있다. 적은 월급을 쪼개서 상대적으로 많은 돈을 저축하는 것은 칭찬받아 마땅하지만, 이 친구의 저축 기술 점수는 형편없다.

이 친구는 지금 100만원의 돈으로 나름대로는 포트폴리오 한답시고 은행, 보험사의 다양한 상품을 활용해 적금을 들고 있지만, 그가 가입하고 있는 저축 상품으로는 절대 세후 금리로 2% 이상 수익률을 올리는 것은 불가능하다. 이것은 마치 훌륭한 재료가 있음에도 그 가치를 살리지 못하는 실력 없는 건축가와 다르지 않다. 이 친구의 저축 상품 운용에서는 창의성이란 도무지 찾아볼 수 없다.

만약 그가 100만원을 발행어음이나 자유적립예금 등과 같은 비교적 고금리 상품에 단기로 저축하여 일단 종잣돈을 만들고, 이것으로 '메자닌'이라고 하는 주식 연계 채권, 자산 유동화 증권, CP, 증권사의 장외 거래 채권 등을 운용한다면 결과는 어떻게 될까? 매월 100만원이라는 같은 재료로 자금을 운용했지만 그 결과는 3년 후 엄청난 차이를 보일 것이다.

자금을 운용하고 관리하는 노하우는 엄청나게 다양하다. 그럼에도 우리가 금융회사의 판매 논리에 종속되어 그들의 상품에 목을 매는 것은 자신이 금융이나 재테크에 매우 무지하다는 것을 스스로 인정하는 것이다. 재테크에서 건축 재료는 단순하다. 바로 돈이다. 다만 소득의 많고 적음이 있을 뿐이다. 건축가의 집짓기처럼 바로 이 돈을 갖고 누가 어떻게 하느냐에 따라 결과가 크게 달라지게 된다.

요즘 돈 벌기가 얼마나 어려운가. 한때나마 재테크 열풍이 불었던 이유는 소득이 줄고 저금리 탓에 개인의 가처분소득 또한 줄었기 때문이다. 그런데 재테크 붐이 갑자기 한순간에 사라진 것은 재테크로 큰 재미는 못 보고 시간과 돈만 낭비했기 때문이다.

이는 서부 개척 시대의 골드러시 붐과 비슷하다. 모두가 포장마차를 끌고 나와 무작정 서부로 서부로 달려갔지만 황금은 만져보지도 못한 처지를 빗댄 밴드왜건(bandwagon, 유행에 편승하는 것) 효과처럼, 소리만 요란했지 정작 손에 쥐는 것은 없는 것과 마찬가지인 결과를 얻었기 때문이다. 고금리 금융상품을 생산하는 주체인 기업을 공부하고 과학적으로 포트폴리오를 구성해 많은 사람이 재테크한 덕을 봤다면 이처럼 재테크란 말이 무의미한 단어로 전락하지는 않았을 것이다.

늘 문제는 자기공부 없이 남의 말만 믿고 따라 하는 우리의 투자 습관이다. 만약 능숙한 투자자라면 저금리 프레임에 스스로를 가둬두지 않을 것이다.

우리는 훌륭한 건축가의 길을 포기하고 그냥 남이 그려준 도면대로 집을 짓는 건축쟁이에 불과한 투자를 해왔다. 재테크는 다양한 재료(개인의 신용, 종잣돈, 소득, 레버리지 능력, 기술 등의 유무형 자산)를 어떻게 요리하는가에 따라 그 결과가 엄청 달라진다는 측면에서 매우 창조적인 일이다.

거듭 강조한다. 재테크는 자금을 운용하는 사람의 지식과 경험에 따라 같은 재료(소득, 돈)를 갖고서도 일정 기간이 지나면 그 경제적 이득이 엄청나게 달라지는 아주 창의적인 일이다. 30대 재테크에 성공하고 싶다면 우선 경제신문의 금융기사를 꼼꼼하게 읽고 자료를 정리하는 일부터 습관화하라. 그렇게 하다 보면 금융기사 내용에 익숙해지고 어느 순간 이를 재테크에 요긴하게 활용하게 된다.

⊞ 주요 채권 상품 수익률(단위 %)

채권 종류	연중최고	연중최저
통화안정증권(2년)	2,846	2,430
한국전력공사채권(3년)	3,146	2,655
산업금융채권(1년)	2,771	2,386
회사채(무보증 3년) AA-	3,346	2,876
회사채(무보증 3년) BBB-	9,047	8,581
양도성예금증서(91일 물)	2.66	2.35
기업어음(91일 물)	2.90	2.41

(출처: KOFIA BIS, 2014년 9월 5일

아무리 저금리라고 해도 금융지식이 있으면 기준금리 몇배 이상의 수익률을 올리는 일이 가능하다. 위의 주요채권상품수익률 도표가 이를 증명하고 있다. 기업이 자금을 조달하기 위해 발행하는 회사채는 증권시장에서 유통이 가능한 투자 저격회사채간에도 신용등급에 따라서 발행금리에 큰 차이가 있다. 투자위험만 회피할 수 있다면 기준금리 1.25%에도 10%이상의 수익률을 올릴 수 있다. 극단적인 예가 되겠지만 최우 안정성에 치명적인 문제가 발생한 대우조선해양의 CP금리가 1.8%까지 승승했다.(기준일 2016년 6월 21일) CP는 기업이 단기자금조달을 위해 발행하는 것으로 회사채가 투자내용이 크게 다르지 않다. 2016년 6월 14일 기준으로 AAA- 등급의 회사채는 1.78%, BBB- 등급의 회사채는 7.82% 였다.

　내가 말하고 싶은 것은 회사채 금리동향이 아니다. 투자는 흐름이고 방향이라는 것만 정확히 알고 있고 여기에 창조성을 부여한다 투자 대안은 얼마든지 있다. 이런면에서 재테크는 건축가의 집짓기와 같다고 말을 하는 것이다.

10.

시작은
절반의 성공

　　인간 행위의 99%는 습관의 영
향을 받는다. 이것이 사유 능력을 가진 인간이 보통의 동물과 절대
적으로 다른 점이다. 여러분은 호숫가에서 유유히 유영하는 오리
떼를 본 적이 있는가? 오리는 언제부터 유영하는 능력을 갖추게 된
걸까? 어미 오리가 새끼 오리들이 알에서 부화하자마자 스파르타
식으로 단기 속성으로 유영하는 법을 가르친 걸까? 절대 아니다. 어
린 오리는 알에서 세상으로 나오는 순간부터 유영하는 능력을 유전
적으로 갖추고 태어난다. 그 덕분에 알에서 부화하자마자 바로 유
영을 할 수 있는 것이다.

　이것이 우리 인간과 다른 점이다. 인간은 유전적으로 열등한 조
건으로 태어난다 해도 자신의 노력과 헌신으로 얼마든지 불리한 상

황을 돌파할 수 있는 울트라 파워의 소유자다. 인간에게 콤플렉스는 오히려 성공의 강력한 동기가 된다.

실제로 영국에서 편모슬하에서 자란 자녀들이 통계적으로 성공 확률이 더 높다는 조사 결과가 나온 적이 있다. 콤플렉스를 개인 의지로 극복하고 성공한 사례는 너무 많아 일일이 열거하기 어려울 정도다. 우리는 너무 쉽게 성공하는 자들의 성공 공식에 세뇌되어 정작 성공의 객관적 실체를 잊고 산다.

어느 분야에서든 입지전적인 성공신화를 쓴 사람은 예외 없이 남보다 불리한 조건에서 시작해 독한 노력으로 이를 극복한 사람들이다. 물론 이런 사례가 흔치 않다는 것을 잘 안다. 금수저, 흙수저라는 단더가 우리시대의 모순을 상징하는 키워드로 떠오른 시대에 2030세대에게 얼마나 가슴에 와 닿겠는가만은 그러나 이런 전설 속의 얘기가 바로 여러분의 부모들 얘기라면 어떨까. 우리 시대 부모들은 소위 보릿고개라는 배고픈 시절을 모두 경험했다. 그런 어려움 속에서 열심히 노력하고 산 결과 오늘날의 여러분이 있게 된 것이다. 그런 점에서 이 시대의 모든 부모는 영웅이다.

일상은 힘들고 희망은 사라지고 고통은 계속되는 생활이 지겨운 사람도 많을 것이다. 그러나 고통에도 임계치가 분명히 있다. 그 순간까지 참고 견뎌라. 그리고 포기하지 마라. 현재 청년들이 처한 가난의 문제가 그가 특별히 게을러서 발생한 게 아니라, 잘못된 사회 구조 탓에 발생한 것이라는 사실을 모르지 않는다. 그러나 어쩌겠는가. 그것이 탐욕적인 인간이 만든 세상인 것을.

시작은 거창하지 않아도 된다. 소득이 얼마건 간에 소득과 지출

내역을 철저히 기록하고, 매월 지출 금액을 정해 그 한도 내에서 쓰고 초과하는 돈은 다음 달로 이월하여 초과 지출 비용을 대체함으로써 연말에는 흑자로 마감하는 것부터 습관화해야 한다. 여기서부터 시작하면 된다. 사실 이것도 말이 쉽지 독하게 마음먹지 않으면 해내기 어려운 일이다. 그러나 겨우 이 정도의 일을 어렵다고 하면 이 거칠고 험한 세상에서 어떻게 살아가고 또 어떻게 성공을 꿈꿀 수 있겠는가.

재테크 붐이 한창일 때 한때 내 사무실에는 인터넷에서 만난 청년들이 주축이 된 재테크 동호회 회원들이 많이 방문했었다. 그들이 내게 묻는 말은 항상 같았다. 어떻게 하면 돈을 많이 벌 수 있느냐고. 그때 개인적으로 그들과 대화하면서 참 답답했다.

재테크란 말은 일본에서 시작된 말로, 돈에 공학적 기술을 덧붙여 소위 대박을 노린다는 뜻이 다분하다. 그런데 이런 결과는 여유자금을 갖고 있는 사람이나 얻을 수 있다. 그래서 사실 청년들은 재테크에 관심을 가질 시간에 자기개발에 매진하여 자신의 경제적 가치를 높이는 게 더 현명한 일이다. 청년 시기에는 미래를 준비하는 단계를 충실히 밟아 그 후 소득을 만들고 관리하는 자금 관리를 습관화하는 것이 기회비용 측면에서 더 낫다. 청년들의 재테크 붐이 꺼진 것은 다행스러운 일이다. 돈을 기술로 번다는 게 가능한 일이 아니라는 걸 그들이 깨달았다고 믿기 때문이다.

사실 투자 위험이 매우 크다는 주식의 경우도 돈이 많은 사람은 그 위험이 확 줄어든다. 최근 주식시장을 보면 내수시장에서 시장 지배력이 확실한 독점적 기업에 투자하고 기다릴 수 있는 자금력만 있으면 주식으로 돈 버는 것은 어려운 일도 아니다. 주식시장의 변동성을 이기는 가장 확실한 무기가 바로 주식 투자의 실탄이 되는 돈이기 때문이다.

그러나 돈이 없는 사람이 대박을 노리는 경우 아무래도 레버리지를 해야 하는데, 이럴 경우 위험은 증폭된다. 주가가 폭락이라도 하면 깡통계좌를 피하기 위해, 시간이 지나면 전 고점을 회복하리라는 믿음이 있어도 신용 물량을 정리해야만 한다. 다 실탄, 곧 돈이 부족한 탓에 일어나는 일이다.

재테크는 여유자금 없이는 성공할 수 없다. 돈 없는 사람이 돈 없이도 테크닉만 있으면 재테크가 가능한 것처럼 말하기도 한다. 하지만 이건 말이 안 되는 소리다. 레버리지로 증폭된 리스크를 통제하고 관리하는 일은 세상 누구도 할 수 없다. 부자로 살고 싶은가? 그렇다면 욕심을 부리기 전에 자기개발에 최선을 다하고 사소한 액수라도 돈을 귀하게 여기는 마음을 가져라.

인생에서 진실은 고통을 인내하는 것과 결국은 죽는다는 것뿐이다. 죽기 전에 고통의 임계점을 경험하지 못했다는 것은 참다운 인생의 의미를 모르고 죽는다는 것과 다르지 않다. 고통의 임계점을 경험하지 못한 사람에게 성공이라는 과실은 없다. 공부로 성공하기 위해서는 남보다 압도적인 학습량이 필요한 것처럼, 경제적 성공을 꿈꾸고 있다면 소득을 만들고 관리하는 재테크를 먼저 습관화하라. 통장만 많이 만든다고 무엇이 달라지는가. 그것은 쓸데없는 자기만족이다. 재테크에 창조의 가치를 불어넣어라. 이것이 남과 같은 조건에서 시작해도 큰 차이를 만들어낸다.

소득이 적은 사람이 네 개의 통장을 만들어 사용내역에 따라 따로 관리한다고 부자가 될 수 있는 게 아니다. 지속적으로 소득을 확보하고 관리하는 것이 부자로 가는 첫 걸음이라는 것을 반드시 기억하라. 부자가 되는 길은 많은 인내심을 필요로 한다. 무슨 일이 됐든 시작이 중요하다. 처음부터 올바른 재테크 습관에 길들지 않으면 돈 관리가 제대로 될 리 없고, 그에 따른 보상 심리로 '한 방'을 기대하는 것이 인간의 심리다. 거의 모든 사람이 부자가 되려는 초심에서 멀어져 평생을 돈 걱정 하며 살고 있다.

얼마를 벌든 소득의 절반은 저축한다는 생각으로 살아라. 대형 할인점의 동네상권 장악으로 망해간다는 동네가게 주인들 중에 왜 알부자들이 많은지 생각해본 적이 있는가. 그들은 부부가 함께 일을 하면서 인건비를 최소한으로 줄이고 얼마를 벌든 소득의 절반 이상은 저축하며 산 사람들이다.

남들보다 소득이 적다고 실망하지 말기 바란다. 내 주변에는 소득은 적지만 시간이 흐르면서 누구보다 잘사는 사람이 많다. 돈은 어떻게 규모 있게 쓰는가에 따라 그 가치가 달라진다는 사실을 명심하고, 올바른 자금 관리 습관을 세우고 실천하기 바란다.

11

우리시대의
최고 투자 상품

　　　　　　　　　　　　　　여러분은 생선회를 즐겨 먹는
가? 그렇든 그렇지 않든 큰 상관은 없다. 생선회를 즐겨 먹지 않는
사람이라도 생선을 재료로 한 매운탕은 누구나 좋아한다. 누구나
한번쯤은 교외로 나가 민물고기를 재료로 한 생선 매운탕을 먹어봤
을 것이다. 민물고기 매운탕 중에서 가장 비싸고 맛있는 것이 쏘가
리 매운탕이다. 고기 마니아들은 정말 맛있는 고기는 소고기가 아
니라 돼지고기라는 말을 한다. 이 말을 왜 하느냐 하면, 생선이든
고기든 정말 맛있는 것은 아무것이나 닥치는 대로 먹어치우는 잡식
성이라는 점을 강조하고 싶어서다.

　　이 얘기를 비약해보면 투자도 마찬가지다. 은행권만 거래하는
사람은 식물성 먹이만 먹는 초식성 동물이라고 할 수 있다. 반면에

돼지나 쏘가리처럼 식물이든 동물이든 가리지 않고 먹어치우는 먹성을 가진 투자자는 잡식성(하이브리드) 투자자라고 하겠다.

은행권을 중심으로 하는 초식성 투자자는 꾸준함은 있으나 투자를 해도 별 영양가가 없다. 초식성 동물이 맛이 없는 것처럼 말이다. 그래서 잡식성 동물처럼 돈이 되는 것이라면 굳이 투자 상품에 경계를 둬서는 안 된다. 안정성이 어느 정도 이상 보장된다면 그것이 수익성 부동산이든 회사채나 유동화 증권이든 가리지 않고 투자 상품을 선택해야 한다. 왜냐하면 이들 상품은 요즘과 같은 초저금리의 시대에 적어도 은행 정기예금의 2~5배 이상의 수익률을 보장하는 확정금리 상품이기 때문이다.

지금의 저금리 구도 하에서는 은행권 상품에 투자하면 할수록 더 가난해진다. 은행권에서는 고정금리 상품 가운데 금리가 가장 높다는 정기예금도 세금 공제 후 금리가 연으로 따져 겨우 1%가 넘는 수준이다. 물가상승률을 감안한 실질금리는 마이너스다. 지금 은행권 금융상품에 장기로 가입한다면 그 손실은 더 커진다.

현재의 연금상품 금리를 기준으로 만약 여러분이 25년간 매월 40만원씩 연금에 저축하는 경우를 가정해보자. 이 경우 실제 연금 수령 시점이 되어 월 120만원을 받는다고 해도 앞으로의 물가상승률을 연 5%로 치면 120만원은 25년 뒤 현재 가치로 따지면 35만원밖에 되지 않는다. 저금리 하에서는 연금처럼 장기간 저축을 해야 하는 상품은 독이다. 돈이라는 것은 냉동고의 얼음을 꺼내놓으면 서서히 녹아 끝내 없어지는 것처럼 돈을 계속 굴려 물가상승률 이상의 수익을 얻지 못하면 시간이 지날수록 얼음처럼 (돈의 가치가)

사라지고 만다.

저금리는 월급쟁이들의 저축 기반을 무너뜨린다는 점에서 매우 심각한 문제다. 금융기술에 무지하고 은행, 보험사 같은 소매금융 회사에 적금 들고 예금하는 것을 투자의 모든 것으로 알고 있는 사람에게 현재의 저금리 추세는 투자의 방향을 잃게 만들고 있다. 하지만 금융기술에 대한 내공이 있는 사람에게 지금의 저금리는 크게 문제되지 않는다. 나는 왜 이렇게 말하는가. 그들이 가슴에 황금을 낳는 거위라도 품고 살기 때문인가? 그건 물론 아니다. 내기 이렇게 말하는 것은 아무리 저금리 시대라고 해도 투자에 대한 생각을 바꾸면 얼마든지 저금리를 돌파하는 해법을 찾을 수 있기 때문이다. 그렇다고 해서 갑자기 투자에 따른 위험이 커지는 것도 아니다.

그 방법을 우선 '맛보기'로 얘기하자면 다음과 같다.

첫째, 시장의 금리는 돈을 빌려주고 빌리는 주체들 간의 돈거래로 결정된다는 점을 꼭 기억하라.

예를 들어보자. 은행에서 개인에게 신용대출을 할 때 기준으로 삼는 게 무엇인가? 물론 일종의 정책금리로 한국은행이 발표하는 기준금리의 영향을 받지 않을 수 없겠지만, 대부분 개인의 신용등급으로 대출금리를 결정한다. 신용등급은 은행이 자기들 기준에 따라 정하는 것이다. 개인 입장에서는 부당하기도 하지만 은행은 개인의 채무이행도를 나름의 통계치를 통해 분석한 뒤 대출금리를 결정한다. 따라서 신용등급은 개인의 채무이행도에 따른 위험 가중치를 근거로 한다고 할 수 있다.

기업도 마찬가지다. 기업은 증권시장에서 자금을 조달하기 위해 회사채를 발행한다. 회사채는 3년 만기로 발행되는데, 이 기간 동안 회사에 무슨 일이 생길지 모른다. 만약 발행기간 동안 기업이 파산이라도 하면 회사채는 휴짓조각이 되고 회사채에 투자한 사람은 투자금을 잃게 된다. 그래서 기업이 회사채를 발행하기 전에 신용평가기관이 발행기업의 채무상환 능력을 평가해 회사채 등급을 매기고 이에 따라 발행금리에 차등을 둔다. 그 결과 삼성전자 같은 초우량기업이 발행한 회사채와, 이보다 채무상환 능력이 떨어지는 기업이 발행하는 회사채 사이의 유통시장(증권시장) 금리 차이는 매우 크다.

이 때문에 증권시장에서 채권 투자는 기준금리가 1.25비피(1.25%, '비피'는 bp, 곧 basis point의 약자임. 1bp는 0.01%다)라고 해도 기준금리보다 몇 배나 많은 금리를 받을 수 있는 투자 상품이 존재하는 것이다. 이에 대한 얘기는 책의 후반부에서 상세히 다루고 있으니 참고하기 바란다.

둘째, 금융상품의 쇼핑 동선을 바꾸어라.

우리의 금융상품 쇼핑은 대형 할인점에서 하는 쇼핑과 같다. 대형 할인점은 상품 구색이 다양하고 원 스톱 쇼핑이 가능해 편리하긴 하지만 개별 상품의 가격경쟁력은 떨어진다. 일례로 청과물은 청량리 경동시장, 가전이나 전자제품은 용산 전자상가 같은 전문 도매점이 훨씬 싸다. 금융상품 쇼핑에서 전문 도매시장 역할을 하는 곳이 증권시장이다. 도매시장에서 경매로 흥정이 이루어지는 것처럼 증권시장에서도 증권사가 장외 거래로 채권을 매입해 소비자에게 되판다. 증권사, 증권시장은 금융상품의 도매시장이다. 따라서 이제부터 생활용품을 소비하는 것과 마찬가지로 더 싸고 더 다양한 상품을 구매하기 위해서는 금융시장의 도매시장 격인 증권시장과 증권사로 금융상품의 쇼핑 동선을 바꾸기 바란다.

셋째, 금융상품의 정체성을 다시 생각해보라.

우리 머릿속에 있는 금융상품의 정체성은 원금 손실이 없고 안정적 수익이 발생하는 상품이다. 그러나 지금처럼 은행권 금융상품의 실질금리가 제로인 시대에 은행권 금융상품은 실질 화폐 구매력 측면에서 원금 손실이 발생한다. 그러므로 이것을 안정성이 있다고 말하면 곤란하다. 그렇다면 돈도 안 되는 은행권 금융상품에 매달리는 대신 금융상품의 범위를 넓히는 게 좋다. 즉, 안정성과 수익성 그리고 환금성을 기준으로 해서 이에 부합하면 그것이 무엇이든 금융상품이라는 생각을 가져야 한다.

현재 개인의 재무 설계에서 가장 중요한 것은 저금리를 극복하는 것이다. 지금 우리가 주로 금융상품을 소비하는 은행권 중심 소매 금융시장의 금융상품은 한 상 잘 차려진 전주 한정식 같다. 하지만 겉으로는 화려해보여도 정작 먹을 것은 없다. 화려한 맛은 없지만 한 그릇 먹으면 배가 든든해지고 원기를 충전시켜주는 곰탕 한 그릇이 우리 금융상품 선택에도 필요할 때다.

12

돈 멈추지
않게 하라

냉동고 안의 얼음을 꺼내서 탁자 위에 올려놓으면 얼마지나지 않아 흔적도 없이 사라진다. 시간이 문제지 돈도 그렇다. 시간과 비례해서 돈의 가치는 떨어지고 이 기간이 장기화된다면 이론적으로 가능한 얘기다. 돈은 굴려야 눈사람처럼 커진다. 돈을 멈추지 않게 하라. 부자를 꿈꾸고 있다면.

돈의 재무적 표현이 자금이다. 따라서 돈과 자금은 같은 말이다. 30대 청년들은 돈 없이는 사업을 못하는 것으로 알고 있다. 그러나 사업은 돈이 없어도 성공할 수 있다.

최근 청년실업이 사회문제로 떠오르면서 취업의 대안으로 창업을 꿈꾸는 청년들이 늘고 있다. 청년실업 문제가 심각해지고 정치적 부담이 되면서 정부와 각 지자체들도 각종 청년 창업 지원 정책을 내놓으면서 청년 창업을 부추기고 있다. 그러나 이것이 잘하는 일인지, 아니면 단지 정치적 이득을 얻기 위해 30대를 다시는 돌아오지 못할 수렁에 빠뜨리는 일은 아닌지 생각해봐야 한다.

창업은 사회경험이 많고 사업자금도 어느 정도 준비되어 있으며 경력이 출중한 사람도 여간해서는 성공하기 어렵다. 취업의 대안으로 쫓겨서 하는 창업이 성공하기란 확률적으로 매우 희박하다. 사업을 경험한 사람이라면 모두 공감하는 건, 사업이란 반짝이는 아이디어만 있다고 성공하는 게 아니라는 점이다.

사업을 할 때 가장 무서운 적은 사업 아이템도 아니고 외부의 사업 환경도 아니다. 사업에 실패하는 대부분 이유는 돈과 관련해 발생하는 문제다. 사업 시작 후 사업이 일정 궤도에 오르기 전까지 매월 고정적으로 인건비, 시설유지비 등의 고정비가 계속 나가야 한다. 만약 손익분기점 돌파 시점이 늦어지고 이익보다 비용이 더 많으면 금융으로 자금을 조달해 써야 하기 때문에 시간이 지날수록 금융비용의 압박은 더 커지게 된다. 창업자 대부분이 이 과정에서 도태된다. 그리고 이쯤에서 사업을 접으면 이미 개인 신용상태는 만신창이가 된 후다.

결론적으로 말하면, 사업이 일정 궤도에 오르지 못해 영업이익이 매월 나가는 고정비를 감당하지 못하면 적자는 누적되고, 이 적자를 빚으로 메워야 하는 악순환이 되풀이된다. 그 결과 금융비용은 증가하고, 결국 개의 꼬리가 몸통을 흔드는 '왝 더 독(Wag the Dog)' 현상처럼 사업의 내용이 아니라 과도한 금융비용이 사업을 망하게 만든다.

이런 난관을 극복하고 사업을 안정 궤도에 올리는 데 무슨 특별한 방법이 있을 수는 없다.

사업의 성공과 실패를 평가하는 기준은 많다. 그러나 모든 걸 떠나 회사의 돈줄이 막히면 망하는 게 사업이다. 사업을 시작해 지출과 이익의 균형점을 이루는 소위 브레이크 이븐(break even, 손익분기점) 시점에 이르기까지는, 계속 자금이 투입되어야 한다. 피가 돌지 않으면 사람이 죽는 것처럼 자금이 없으면 회사도 망하는 것이다.

그래서 이때는 물불 가리지 않고 자금을 구해야만 한다. 하지만 아무리 급하다고 해서 회사에 치명적인 독이 되는 고금리 급전을 끌어다 쓰면 일시적으로 위기를 모면할 수는 있어도 결국 회사는 생존할 수 없다. 이런 경우에 처했을 때 금융기술에 능숙한 사람은 사전에 자금 관리 계획을 세운다. 그리고 회사가 보유한 받을 채권(받을 어음, 미확정 채권 등)을 팩토링 금융을 통해 활용하면 얼마든지 위기를 해결할 수 있다. 자금 관리가 사업 성공을 위해 반드시 필요한 도구라고 말하는 이유가 여기에 있다.

사업은 시쳇말로 '간지 나는' 일이다. 한번 성공하면 세상의 모든 것을 움켜쥘 수 있다. 나라고 못할 이유가 없다. 최고의 인터넷 기업으로 성장한 네이버의 대주주들을 보라. 지금은 수천억 원을 가진 거부가 되었지만 창업 당시에는 달랑 사업계획서 한 장 들고 돈 구하러 다니던 거지에 지나지 않았다.

그러나 이것을 알아야 한다. 네이버와 비슷한 방식으로 시작한 그 수많은 인터넷 기업이 지금은 흔적조차 찾아보기 어렵다는 사실을 말이다. 네이버는 인터넷 비즈니스의 화려한 사업계획을 내세우기에 앞서 수익 모델을 현실화시킬 수 있었기 때문에 살아남아 최고의 인터넷 기업이 됐다.

만약 사업을 꿈꾸고 있다면 치밀한 자금 계획과 수익 모델의 현실성이 있어야 한다. 그리고 무조건 사업의 시작과 끝을 신용보증기금(기술보증기금 포함)과 함께한다는 생각으로, 신용으로 자금을 조달할 수 있는 유일한 창구인 보증기금의 사업자금 지원 매뉴얼을 달달 외우고 필요한 서류를 체계적으로 관리해야 한다.

돈은 현금만이 아니다. 무형의 가치, 이를테면 개인의 사회활동 경력, 네트워크, 신용에 이르기까지 오히려 현물보다 더 귀중하고 가치 있는 자산이 많다. 돈이 없으면 창업을 할 수 없다고 흔히 알고 있으나, 실제로는 돈 없이도 창업이 가능하다고 말하는 것은 바로 이런 무형의 가치가 때로는 더 큰 힘을 발휘하기 때문이다.

우리는 창업자금을 조달하기 위해 매번 신용보증가금의 창구를 두드린다. 그런데 신용보증기금이 담보로 요구하는 것은 현물(부동산 등의 가치 있는 자산)이 아니라 구체적인 사업계획서와 개인의 신용이다. 이것이 완비되면 법인으로 사업을 시작하는 경우 1억 원 이상의 신용보증 지급보증서를 받을 수 있다. 신용보증 지급보증서는 현금과 마찬가지여서, 이를 담보로 얼마든지 은행에서 저리의 사업자금을 조달할 수 있다. 돈 없이 창업하는 사람일수록 개인의 신용 관리가 무엇보다도 중요하다는 사실을 명심해야 한다.

사업을 하면 매출이 발생한다. 현금화된 매출은 반드시 통장으로 관리해라. 은행의 예금금리는 짠물이지만 은행의 거래실적은 쌓이면 돈이 된다.

2

서른 살
왜 돈은 나만 피해갈까

1.

일 또 다른
이름의 돈

일하는 것은 또 다른 이름의 돈이다. 일을 하면 소득이 발생하기 때문에 일은 가까운 미래에 현금이 되는 돈이다. 재테크에서 지속적이며 안정적인 소득을 강조하는 이유도 일이야말로 재테크로 부자되는 원천이기 때문이다.

돈버는 일에는 나만 모르는 특별한 비밀 같은 건 없다. 흔히 "부자들의 점심에는 공짜가 없다"라는 말을 한다. 하기야 투자의 달인이라고 하는 워렌 버핏은 매년 투자자를 자신의 식사에 초대한다. 공짜는 아니고 그 식사를 경매에 붙여 가장 높은 금액을 제시한 사람만이 그와 식사를 할 수 있는 영광을 얻게 된다. 이런 것을 보면 정말 부자들은 그들만이 알고 있는 돈 버는 비밀이 있을 것도 같다.

내 경험을 볼 때, 지금껏 내가 만났던 부자들은 매우 상식적이고 보수적으로 투자하는 사람들로 우리가 일상에서 마주치는 사람들과 다를 게 없었다. 그래도 특별한 것 한 가지만 말하라고 한다면, 그들 대부분은 직장을 다녔건 개인사업을 했건 사회생활 내내 마르지 않는 지속적인 소득이 있었다는 점이다. 그렇다. 부자들에게 그들만이 아는 특별한 비밀이란 없다. 만약 있다면 그것은 자신의 일을 충실해 그 분야에서 성공한 사람들이라는 점이다.

청년기의 가장 훌륭한 재테크는 자기개발에 열중해서 자신의 몸값을 올리는 것이다! 자신의 일이 무엇이 든 간에 그 분야에서 능력을 인정받으면 일자리가 보장되고 나아가 능력에 합당한 대우를 받게 될 것이 아닌가. 이렇게 하는 것만큼 안정적이고 지속적인 소득을 확보하는 길은 없다. 청년기의 재테크 방법은 자신의 일에 열중하는 것이 우선돼야 한다.

재테크에 무슨 특별한 노하우가 있다고 생각했던 사람에게는 실망스러운 얘기일지도 모르겠다. 하지만 성공을 위해 해야 할 가장 기본적이고도 기초적인 일은 바로 안정적이고 지속적으로 소득을 만들어내는 것이다. 투자는 그 다음 문제다. 돈이라는 게 어느 날 갑자기 하늘에서 떨어지는 것이던가.

인생에서 매번 만나게 되는 선택의 순간을 기회비용의 개념을 가지고 판단하라. 우리가 뭔가를 선택해야 할 경우 반드시 또 다른 대안이 있다. 그 중 어느 쪽을 선택해야 이익이 되느냐 하는 문제를 해결해주는 것이 기회비용의 개념으로 효용성을 따져 보는 방법이다.

여기 두 가지 경우가 있다. 첫 번째 경우. 현재 여러분은 여유자금으로 3억 원의 돈을 가지고 있다. 하지만 직장은 없다. 두 번째 경우. 당신은 지금은 여유자금이 없지만 매월 250만 원이 보장되는 안정된 직장을 갖고 있다. 이 두 가지 중에서 여러분에게 선택할 권리가 있다면 어느 쪽을 선택하겠는가?

당장은 3억 원이라는 돈이 커 보여 전자를 선택할 사람이 많을 것이다. 그러나 기회비용 측면에서 생각한다면 이 선택은 그리 좋은 게 아니다. 3억 원을 정기예금에 투자하면 1년 동안 받을 수 있는 이자소득은 300만 원이 되지 않는다. 그 돈으로 최근에 '핫한' 펀드 상품으로 부각되고 있는 ELS에 투자한다면 결과는 어떻게 될까? 일단 이 경우는 수익률 예측이 어렵다. 잘하면 원금의 10% 이상 수익률을 올릴 수도 있지만, 반대의 경우는 원금을 까먹을 수도 있다. 펀드 상품은 기대수익률이 높을수록 비례해서 원금 손실 가능성도 높아진다. 펀드 수익률은 전적으로 시장의 변동성에 달린 것으로, 수익률 예측이 애초부터 가능하지 않다.

여유자금이 한 푼도 없더라도 안정된 직장이 있고 매월 250만 원을 받는다면, 여러분이 매년 받는 월급 총액은 3,000만 원이다. 여기에 성과급까지 더해진다면 연간 근로소득이 4,000만 원을 넘길 수도 있다.

기회비용 개념으로 따질 때 여러분에게 어느 선택이 경제적으로 유리한가? 각자 생각이 다르겠지만, 내 생각은 후자다. 3억 원의 여유자금보다 꾸준한 소득이 보장되는 안정된 직장이 기회비용 측면에서 경제적 가치가 더 크다. 아마 이런 결과가 공무원 시험열풍에 큰 영향을 미쳤을 것이다.

개인이 부자로 사느냐 가난하게 사느냐는 절대적으로 임금 차이에서 비롯한다. 그렇다고 해서 좋은 직장에 들어갈 때까지 손 놓고 있어야 하나? 그러면 정말 가난을 벗어나기 어렵다.

서울시 9급 공무원 모집에 대기업 출신과 고학력자들이 대거 몰렸다는 기사가 보도된 적이 있다. 과거에는 9급 공무원은 박봉이고 직업적인 보람도 크지 않다는 게 일반적인 생각이었다. 그리고 예전에는 고졸이 대부분 지원했다. 그런데 이제는 잘 다니던 대기업까지 사직하고 9급 공무원에 지원하는 사람이 늘었단다.

그 이유는, 대한민국 공무원은 요람부터는 아니지만 무덤에 들어가는 순간까지 국가가 신분과 경제적 생활을 보장하기 때문이다. 그리고 예전과 견주면 사기업과 비교해 연봉(각종 수당 포함)에 큰 차이도 없다. 그들이 가입하는 특수직 연금은 현역 때와 비교해 소득대체율이 65%에 이른다. 이런 연금을 국가가 평생 보장한다. 물론 앞으로 공무원 연금이 어떻게 개혁될지는 두고 보아야 하겠지만 말이다. 일반인이 가입하는 국민연금과 달리 특수직 연금은 연금이 고갈되어도 국가가 연금 지급을 보증해준다. 공무원 신분보장법에 따라 큰 비리를 저지르지 않으면 잘릴 염려도 없다.

특수직 종사자들이 평균적으로 노후 준비에 대한 걱정을 덜 하는 이유는 많든 적든 지속적인 소득이 퇴직 때까지 보장되고 연금이 안정적으로 지급되기 때문이다. 이러니 9급 공무원이 되려는 꿈(?)을 이루려고 대학 졸업 후에도 노량진 고시촌에서 10년 이상씩 젊음을 바치는 사람이 있는 것이다. 어떤 게 옳은지는 개인이 판단할 일이지만 적성에 맞지 않고 보람도 없는 곳에서 평생을 일한다는 것은 경제적 문제를 떠나 그리 행복한 선택은 아닌 것 같다.

　용기를 주기 위한 레토릭이 아니라, 오래 살다 보니 부자가 되는 첫 걸음에서 소득의 많고 적음은 중요한 게 아니라는 사실을 알게 되었다. 지속적이고 안정적인 소득을 유지하는 것, 이것은 어느 시점에서건 현금화할 수 있는 자산이 부채보다 많은 상태를 지속하다 보면 가능한 일이다. 부자는 어느 날 하늘에서 뚝 떨어지는 것이 아니다. 지속적인 소득을 만들어내고 지출을 관리하고 투자하다 보면 일정 기간이 지나 이것이 쌓이고 쌓여 뭔가를 할 수 있는 의미 있는 목돈을 만들 수 있다. 그리고 이 돈을 다시 부동산이나 채권 등에 투자해 임대소득, 이자소득이 발생하면 자산의 확대재생산 구조가 만들어지고, 이때 비로소 부자가 되기 위한 재테크가 완성되는 것이다.

더 벌기 전에
더 적게 쓰는 법을 배워라

우리가 대단히 잘못 생각하고 있는 게 하나 있다. "인간은 이성적이며 따라서 합리적으로 소비한다"는 생각이 그것이다. 하지만 생각해보라. 인간이 이성적이고 합리적인 존재라면 어떻게 자신의 소득 이상으로 무절제한 소비를 하고, 인면수심의 야만적인 범죄가 우리를 공포에 떨게 만들겠는가. 본능에 충실한 인간이 그나마 어느 정도 이성적이고 합리적인 판단을 하게 된 것은 학습의 효과이다.

17세기에 멕시코 영토였던 캘리포니아에서 원주민 인디언을 대상으로 선교하던 예수회 소속 신부들의 선교일지를 보면, 그들의 눈에 비친 캘리포니아 토착 인디언들은 이성적인 존재와는 전혀 거리가 먼 야만적인 동물처럼 기록되어 있다. 이는 서구의 문명 우월

주의 시각에서 말하는 것이 아니다. 가장 과학적이라는 학문인 경제학에서도 원래 인간이라는 존재는 등 따습고 배부르면 가장 만족해하는 존재라고 말한다.

예수회 신부들의 눈에 비친 인디언들은 먹을 것이 있으면 일은 하지 않고 온종일 먹기만 하고, 배가 부르면 혈연관계를 무시한 채 난교를 일삼는 존재들이었다. 오늘날 대한민국에서 벌어지는 일들이 이와 크게 다르지 않다. 인간은 본래 탐욕적인 동물의 욕구를 갖고 태어났다. 이런 인간의 탐욕을 통제하고 사회 구성원 모두가 행복을 공유하게 하는 것이 국민연대에 기초한 사회 시스템이다.

나는 인간의 이성적인 힘을 믿고 싶다. 선한 인간은 미래를 계획하는 존재이며, 그 계획을 실천하는 존재다. 인간에게 목표는 일상의 즐거움을 기꺼이 포기하고 더 나은 삶을 희망하는 존재로 만들어준다. 이게 없다면 인간이 만들어가는 역사는 퇴행할 수밖에 없다.

우리는 미래를 위해 인내하고 계획을 실천하는 이성적이고 합리적인 인간이 되기 위해 노력한다. 그런 측면에서 나는 모든 사람이 통 큰 소비를 하기를 바란다. 일상에서 자잘한 소비는 참아라. 그래야 통 큰 소비를 할 수 있다. 그렇다고 명품을 사라는 얘기는 아니다. 우리는 일상에서 허투루 하는 지출이 너무 많다. 우리가 마음만 먹으면 허투루 쓰는 돈은 얼마든지 절약할 수 있다. 내가 말하는 통 큰 소비는 이 돈들을 모아서 의미 있는 소비를 하자는 얘기다. 인간은 인내하며 저축한 돈을 자신을 위해서가 아니라 타인을 위해 쓸 때 만족은 두 배가 커지는 존재다. 인간의 선함을 상징하는 증표가 이것이다.

　소비 주머니를 만들라는 얘기는 목표를 이루기 위한 도구로 이것이 반드시 필요하기 때문이다. 소비 주머니를 만드는 목적은 일상에서 허투루 나가는 돈을 모아 의미 있는 소비를 하자는 것이다. 소비 주머니에 모이는 돈은 커피 한잔 덜 마시고 버스로 한두 정거장 거리는 걸어 다니면서 조금씩 만들어지는 돈이 모여 채워진다. 이런 소비 주머니의 돈이 헌신적으로 나를 키우신 부모님을 여행을 보내드리는 일에 쓰이고, 우리 사회에서 정말 힘없고 누군가의 도움에 의지해야만 살아갈 수 있는 사람들을 돕는 일 등에 쓰인다면, 일상의 사소한 즐거움을 포기하는 대신 얻는 인생의 주머니는 얼마나 커지겠는가.

　세상은 선한 마음을 먹고 이를 실천하는 사람이 많아질수록 살만해진다. 내가 그 행복을 전달하는 '해피 바이러스'가 되면 얼마나 좋은 일인가. 선하게 사는 사람이 축복받는다. 그런 사람은 무덤으로 향하는 발걸음도 가볍다. 경쟁과 속도가 판치는 세상에서 나를 위해서가 아니라 누군가의 행복을 위한 마중물 역할을 하는 것만큼 우리 인생을 풍요롭게 하는 게 있겠는가.

　나는 여러분 일상에서 해피 바이러스를 선물하는 소비 주머니가 커지기를 바란다. 남을 의식하지 않는 독립적인 소비를 한다면 이 소비 주머니는 얼마든지 커질 수 있다.

　소비 주머니를 위한 통장은 별도로 만들어라. 개인적으로 추천한다면 동네 마을금고에 가서 통장을 만들었으면 한다. 왜냐하면 마을금고 예·적금은 아직도 3000만 원까지 소액의 수시 입출금 예금도 비과세 혜택을 받을 수 있기 때문이다.

　인간의 감성은 변덕스러워서 무한한 자유가 주어지면 오히려 불안하고, 강제하고 통제하면 그 질서에 익숙해져 오히려 편안함을 느끼기도 한다. 소비 주머니를 따로 만들라는 것도 이것을 강제하고 습관화해두면 보다 쉽게 실천으로 이어지기 때문이다.

　과학적으로 소비를 줄이는 방법은 일반 기업의 회계처리 방식처럼 다음 달 지출 범위를 확정한 뒤 그 범위 내에서 지출하고, 만약 지출이 예산을 초과하는 경우에는 다음 달로 지출을 이월시켜 흑자 가계를 유지하는 것이다. 그리고 지출 후 남은 금액도 마찬가지로 다음 달로 이월시키는 것을 원칙으로 하고, 이를 1년 단위로 통합 관리하는 습관을 길러야 한다.

3

시간은
기다려 주지 않는다

　　　　　　　　　　　　　우리 삶은 항상 직선일 수 없
다. 항상 내가 원하는 대로 인생이 진행되지 않는다. 인생을 살다보
면 고비마다 급브레이크를 걸어야만 겨우 통과할 수 있는 길을 만
나는 일이 다반사다. 길을 막고 있는 장애물을 치우느라 많은 시간
을 길에서 허비할 수도 있다. 때로는 길이 막혀 우회할 수밖에 없는
경우도 생긴다.

　속도와 경쟁에 치이다 보면 조금만 뒤처져도 불안하고 심한 스
트레스를 받으며 살 수밖에 없다. 하지만 인생의 길을 굽이굽이 살
아온 나이 든 사람의 시각에서는 오히려 한 순간 한 순간 쉴 때가
도약할 수 있는 기회다. 인생은 42.195km의 마라톤 경기가 아니다.
그보다 백 배 수천 배 더 기나긴 여정이다. 성공에 순서가 있는 것

도 아니고, 성공했다고 해서 무덤으로 들어가는 시간이 늦춰지지도 않는다. 스펙에 뒤져 대기업에 못 들어갈 수도 있다. 그러나 이는 길고 긴 인생 여정에서는 한 순간이고, 도약을 위한 좋은 기회일 수도 있다.

나에게 주어진 시간을 남의 시간에 맞추는 어리석음을 범하지 마라. 나만의 인생 스케줄에 시간을 맞춰라. 인생에서 위기는 여러 차례 찾아온다. 위기라는 말은 위험과 기회를 동시에 품고 있다. 위기를 두려워하지 말고 기회를 놓치지 않는 사람이 되기를 바란다.

재테크를 하는 데서도 위기는 항상 찾아온다. 위기가 꼭 자신의 문제 탓에 발생하는 것은 아니다. 금융시장에서의 금융위기로 자금시장이 경색되어 금리가 폭등하고 주식 값이 똥값이 되는 사례는 비일비재하다. 이때 위기가 두려워 투매에 나서면 그 손해를 복구하기까지 많은 시간과 고통이 뒤따른다. 그러나 위기를 기회로 삼아 적극적으로 대응하는 사람에게는 소위 블루칩을 헐값에 사는 기회가 찾아온다. 문제는 이때 자신의 여유자금으로 투자한 사람과 빚을 내서 투자한 사람 사이에 명암이 갈린다는 점이다.

빚을 내서 투자한 사람은 손에 쥐고 있는 종목이 시간은 걸리더라도 반드시 반등하리란 것을 알아도 손절매(손해를 감수하고 가지고 있는 주식을 매입 가격 이하로 파는 일)를 할 수밖에 없다. 그러나 여유자금으로 투자한 사람은 금융위기가 걷히고 주가가 다시 반등하면 그 과실을 지킬 수 있다.

서브 프라임 모기지론의 파산 사태로 야기된 금융위기가 발생한 후 얼마 지나지 않아 주부들을 대상으로 강의를 한 적이 있다. 강의를 시작하자마자 강의는 뒷전이고 주부들의 질문이 쏟아졌다. 그도 그럴 것이 금융위기가 닥치면서 주가가 급락했으니 주부들로서는 얼마나 두려웠겠는가.

그때 내가 한 얘기는 이렇다. "만약 여러분이 갖고 있는 종목이 내수 시장에서 독점적 지배력이 확실한 기업이거나 환율 하락으로 오히려 세계시장에서 가격경쟁력이 강화된 글로벌 기업이라면 꾹 참고 1년만 기다려라. 그리고 이미 주가가 떨어질 대로 떨어진 이런 종목들을 추가 매입한다면 여러분은 평생 경험하지 못할 수도 있는 대박을 치게 될 것이다. 또한 거의 똥값 수준으로 떨어진 우량 회사채에 투자를 확장한다면 그 수익률은 더 높아질 것이다." 결과는 여러분이 알고 있는 그대로다. 내 말을 듣고 실행한 사람은 정말 평생에 다시 꿈꾸기 어려울 대박 수익률을 올렸다.

내가 이렇게 단정적으로 예측할 수 있었던 것은 이미 그 전에 유사한 사례가 있었기 때문이다. 외환위기로 발생한 소위 IMF 금융위기 당시도 시장 흐름에 쫄지 않고 떨어질 대로 떨어진 우량기업 발행 주식과 채권을 사서 모았던 사람은 다들 큰돈을 벌었다. 인간의 탐욕이 지배하는 투자시장에서는 반드시 거품이 발생하고, 그 거품이 꺼지는 과정에서 금융위기는 반복적으로 일어난다. 금융위기는 경제 기반이 무너져서 발생하는 것이 아니다. 금융시장의 지나친 유동성 확대에 의한 것으로, 일정 시간이 지나면 회복되는 것이 상례다.

문제는 이 시기에 과도하게 빚내서 투자한 사람들이다. 이들은 시간이 지나면 자신들이 쥐고 있는 주식이 전 고점을 회복하고 신

고가를 다시 써나갈 것을 알면서도 손절매를 할 수밖에 없다. 단기적인 급락 장에서는 빠른 손절매가 깡통계좌가 되는 것을 막는 수단이 되기 때문이다. 그러나 자신의 여유자금 내에서 투자한 사람은 이 시기를 오히려 즐길 수 있다. 투자의 세계 역시 시간을 지배하는 사람이 성공하는 법이다.

실제로 지금처럼 주가 양극화가 하나의 패러다임으로 정착한 시장구도 아래에서는 과거에 비해 종목을 선택하기가 쉽다. 문제는 주가 변동에 일희일비하지 않고 장기적으로 투자할 수 있는가 하는 것이다. 이것에 따라 승패가 갈린다.

우리는 모든 문제에 대해 타인의 관점에서 생각하고 군중심리에 동조한다. 그러나 군중과 반대되는 시각에서 방향을 정할 때 성공이라는 단어는 현실화된다. 삶이든 투자든 자신이 시간을 지배하는 주체가 돼야 한다.

물적 토대는 한 인간의 영혼을 구속하기도 하고 자유롭게 하기도 한다. 타인에게 나의 물적 토대가 종속되면 그 타인들에 의해 우리는 영혼 없는 인생을 살아야 한다. 사회적으로 갑과 을의 문제가 이처럼 심각한 대립각을 세운 적은 일찍이 없었다. 그런데 자본을 대리하여 갑의 횡포에 앞장서는 이들이 누구던가. 물적 토대를 자본에 의존하는 가여운 월급쟁이들이다.

경제적으로 자유로워져라. 이것이 행복한 인생을 사는 길이다. 인생을 자유롭고 행복하게 살기위해서라도 재테크는 필요하다.

4

다시 써야하는
부의 공식

　　　　　　　　　　연봉 많이 주고 상대적으로
안정된 대기업이나 금융회사에 취직하려고 스펙을 쌓고, 철밥통 직
업인 공무원이 되려고 사회 진출을 미룬 채 오늘도 도서관에서 시
간을 보내는 청년들에게 "그거 아니다"라고 말할 수 있는 사람은
아무도 없다. 그만큼 우리가 사는 세상은 매우 불안정하고, 국가는
기초적 경제생활도 보호하지 못하고 있다. 하지만 나는 그래도 그
것이 근원적인 해결책이 될 수는 없다고 말하고 싶다.

　스펙이 모자라 원치 않는 중소기업에서 먼저 사회생활을 시작하
는 것이 스펙을 더 쌓느라 1년이나 2년을 기다린 뒤 대기업에 들어
가는 것 보다 더 경제적 가치가 있다. 중소기업에서 1년을 알차게
보내면 토익 점수 100점 더 받는 것 이상의 살아 있는 지식과 많은

경험자본을 쌓게 된다.

대기업은 조직이 매우 방대해 미로 같은 업무영역 안에서 자신의 존재감조차 찾기 어렵다. 그러나 중소기업은 조직이 작아서 자신의 직능 분야 이외에도 큰 틀에서 조직의 움직임을 볼 수 있다. 그래서 어찌 보면 업력에서 더 큰 미션을 수행할 수 있는 힘을 키울 수 있다. 이렇게 1년, 2년 경험을 쌓아나가다 보면 자신감에 더욱 힘이 붙게 되고 사회생활에 대한 막연한 두려움도 사라지게 된다. 또한 중소기업에서는 회사가 커나가면서 자신도 함께 성장하는 모습을 확인할 수 있다. 대기업이 상대적으로 안정적이라는 생각은 착각이다. 무한경쟁시대의 첨병 역할을 하는 대기업 조직에서 나의 위치는 내 능력과 관계없이 그들의 경영전략에 따라 언제든 사라질 수 있다.

지천명에 이른 나이에 세상을 보는 눈은 절대 한 사람의 주관이 아니다. 그 주관은 경험과 통계치를 바탕으로 하는 것으로, 보편적으로 받아들일 수 있는 '객관'의 힘을 갖고 있다. 내 주변의 친구나 동기들은 경험과 경력, 직업 등에서 매우 다양한 스펙트럼을 가지고 있다. 그들의 인생사를 평가할 자격이 내게는 없다. 나는 안정된 직장을 일찍이 포기하고 상대적으로 험한 인생을 살았다. 그러나 안정된 직장을 포기할 수 있었기에 내가 갖고 있던 잠재적 재능을 이끌어낼 수 있었고 다양한 일을 할 수 있었다. 작가가 될 수 있었던 것도 남들이 가지 않은 길을 용기를 내어 갔기 때문이라고 믿고 있다.

내 선택이 훌륭하다고 말하는 것은 아니다. 세상에는 빛이 있으면 그늘 또한 존재하는 법이다. 내 인생에도 짙은 그늘이 어김없이 찾아 왔고, 그로 인해 고통 받는 일이 많았다. 그러나 대신에 나는 내가 그 누구에게도 경제적으로 구속받지 않았고 내 인생의 주체로 살아왔다는 것에 만족한다.

하지만 어떤 선택을 하든 안정적인 소득은 필요하다. 두려움 없이 내가 하고 싶은 일을 선택했지만 경제적인 능력이 없이 하고 싶은 일을 못한다면 불행한 일이다.

원하는 일을 하기 위해서라도 먹고사는 문제는 스스로 해결해야 한다. 〈7번방의 선물〉이라는 영화 등을 통해 지금이야 국내에서 가장 잘나가는 배우로 완전히 자리를 굳힌 배우 류승용도 정상에 서기까지 험한 일 가리지 않고 틈만 나면 알바를 쉬지 않고 했다고 들었다. 그렇게 해서 최소한의 경제생활을 할 수 있었기에 배우의 꿈을 놓치지 않을 수 있었던 게 아닐까.

꿈을 위해서도 지속가능한 소득이 있어야 한다.

인생의 여러 갈래 길에서 어떤 선택을 하든 그것은 전적으로 개인의 몫이라고 생각한다. 그러나 그 선택이 안정성을 담보하려면 지속적인 소득을 만들어내야 하고 그 시간은 앞당길수록 유리하다.

45만 명에 이르는 공시족 가운데 '열공하는' 사람은 열 중에 셋이라고 한다. 나머지는 공시족 타이틀을 방패막이 삼아 허송세월한다고 한다. 노량진 기숙학원의 1년간 비용(교재비 포함, 용돈은 별도)이 1800만 원이나 된다고 한다. 기회비용을 합치면 결코 적은 돈이 아니다. 공무원이 된다고 해도 생각보다는 박봉이다.

자연수명이 아무리 늘었다고는 하나 봄, 여름, 가을 그리고 겨울을 아무리 길게 잡아도 100번을 반복하면 세상의 먼지로 돌아가는 것이 우리 인생이다. 누군가가 말했다. 세계는 넓고 할 일은 많다고. 나는 이 말이 여전히 유효하다고 생각한다. 자신의 미래를 스스로 좁은 프레임에 가둬놓고 자신의 재능을 마음껏 발휘하지 못한 채 세상을 뜨는 인생은, 그것이 아무리 안정성을 담보한다고 해도 너무 억울하지 않은가. 이런 말조차 경제 확장기 시대를 살아온 탓에 요즘 세상을 모르는 꼰대들의 시각이라고 폄하한다면 할 말은 없다.

우리가 열심히 일하고 부단히 자기개발을 해도 경제적 상황이 나아지지 않는다면, 이는 개인 문제가 아니라 우리 사회의 시스템 문제다. 그러나 우리는 노력해보기도 전에 상황논리를 앞세우고 자신을 합리화시키는 경향이 있다. 어느 경우가 됐든 도전을 해보기도 전에 엄살부터 부려서는 안 된다.

5

신용이
돈을 만든다

예금금리가 1%대인데 왜 내가 받은 신용대출금리는 10%가 넘는 것일까? 기준금리가 낮아져 예금금리가 낮아지면 신용대출금리도 낮아져야 하는 것이 정상 아닌가? 맞다. 그게 정상이다. 그러나 현실은 그렇지 못하다. 신용대출을 받는 이해 당사자는 신용대출금리결정과정에서 배제돼 있다.

신용대출금리는 금융회사가 자신들의 이익을 지키는 선에서 그들이 결정한다. 부당한 일이다. 그러나 어쩌겠는가? 이것이 현실인 것을 억울하면 신용대출을 받지 않던지 아니면 신용관리를 철저히 하던지 우리가 선택할 수 있는 방법은 이 두가지 뿐이다. 신용대출에 있어서 개인의 신용은 돈이다. 신용등급이 1등급에 해당하는 사람의 대출금리는 연 3.8%다. 그러나 최하위 등급인 10등급에 해당

되는 사람들의 평균 대출금리는 26.9%다. 천만 원을 신용대출받았을 때 대출이자가 239만원이나 차이가 난다. 중간 등급에 해당되는 5등급의 평균 대출금리는 11.9%다. 1등급과 7.1% 대출금리차이가 난다. 이 정도면 신용이 돈이라는 것이 실감난다.

현재의 금융권 신용등급은 소고기 등급 매기는 것처럼 조금의 하자라도 있으면 바로 등급을 낮춘다. 비정하다. 개인의 신용등급은 금융회사가 자의적으로 판단한다. 그들은 그들이 이익이 되는 한에서 신용등급을 평가한다. 금융시장의 주체인 소비자가 개입할 여지가 없다 그래서 현재의 금융회사를 폭력만 휘두르지 않을 뿐이지 조폭과 비슷하다고 해도 이를 부정할 사람은 별로 없을 것이다.

청년세대는 내세울 경험도 돈도 없다. 창업을 결심했다고 해도 돈을 구할 길이 없으면, 사업을 하고 싶어도 못한다. 꿈만으로 세상을 살 수 있는 건 아니다. 물적 토대가 뒷받침돼야 한다. 이때 그나마 비빌 언덕이 돼주는 것이 개인 신용으로 대출을 받는 방법이다.

신용대출은 개인의 신용등급에 따라 우대금리를 받을 수도 있고, 대출이자 상한선인 30% 가까운 이자를 내야 할 수도 있다. 판단의 기준은 개인의 신용등급이다. 사소한 금융거래라도 연체하지 말아야 한다. 사소한 연체 사실이 정말 중요한 순간에 당신의 뒷목을 잡을 수도 있다.

꼭 창업자금이 아니더라도, 높은 대출금리로 자금을 조달하는 것은 청년세대의 자금 관리에서 치명적인 독이다. 서른 살부터 금융권 거래를 철저히 하는 것을 습관화하기 바란다. 한번 신용에 문제가 발생하면 복구하기가 어렵다. 서른 살부터 금융권 신용등급이 사회생활을 해나가는 데 있어서 돈보다 더 중요하다는 인식을 확고히 해두어야 한다.

사람은 한 번 쯤은어떻게 살아왔는지를 꼭 평가받게 돼있다. 우리가 만나는 사람이 비록 한 번의 만남으로 끝나는 사람일지라도, 내 인생에서는 처음이자 마지막으로 만나는 사람이다. 이해타산을 따지기 전에 나와 인연을 맺은 사람은 그 사람의 지위가 어떻든 소중하게 대해야 한다.

앞으로 여러분은 성장하면서 혼자 힘으로 해결할 수 없는 무수히 많은 문제를 만나게 된다. 다니던 회사를 그만두고 전직을 고민할 수도 있고, 업무적으로 꼭 해결해야 함에도 자기 능력으로는 해결하기 어려운 일을 만날 수도 있다. 이런 문제들은 인터넷 지식 검색으로 해결할 수 있는 문제가 아니다.

직장을 옮길 경우 새로 옮기고자 하는 회사의 인사팀에서는 전 직장의 회사 동료와 상급자의 평가를 채용의 중요한 기준으로 삼는다. 헤드헌팅 회사에서 가장 중요하게 평가하는 것도 전 직장에서 같이 근무한 동료들의 평가다. 이런 평가는 사회생활 내내 피해갈 수 없다. 이 평가 자료가 여러분의 입사를 결정하고, 연봉 액수를 결정하기도 한다. 특정 목적을 가지고 사람을 대하는 것에는 비인간적인 면이 있다. 그러나 선의의 마음으로 동료를 대하고 거래처 사람과 교류하다 보면 이것이 쌓여 여러분의 성공에 이롭게 작용한다.

서른 살의 얄은 생각으로 돈 몇 푼에 자신의 영혼을 파는 행동을 하지 말기 바란다. 환경이 아무리 어렵더라도 정도를 걸어야 한다.

청년세대에게 조롱의 대상이 되어버린 고위 관료, 정치인, 법조인들이 왜 그 모양이 되었겠는가. 바로 정의를 세워야 할 20대부터 자신에게 이익이 되는 한 반칙과 편법을 쓰는 것에 아무런 도덕적 책임감 없이 살아왔기 때문이다. 그렇게 살지 않아도 얼마든지 행복하게 살 수 있는 게 세상이다.

돈 없이도 사업을 시작할 수는 있다. 그러나 그 전제조건은 신용에 하자가 없어야 한다는 것이다. 신용에 문제가 없고 사업내용이 건전하고 사업에 참여하는 사람의 면면이 우수하다면 보증기금, 지자체, 중소기업청 등에서 얼마든지 창업자금을 지원받을 수 있다. 그러나 이 전제조건이 미흡할 경우에는 스스로 돈을 많이 가지고 있거나 담보물이 없으면 사업자금을 조달할 방법이 없다. 사업은 시작부터 경쟁이다. 남보다 가능한 한 더 낮은 비용으로 자금을 조달하는 일이 그래서 중요하다. 금융거래와 사람과의 관계, 이 모두 결코 소홀하게 생각해서는 안 된다. 불과 몇 십만 원 연체한 사실이 창업의 발목을 잡을 수도 있다. 그만큼 개인의 신용관리는 돈 이상의 가치가 있다.

금융 통합 전산망이 거의 완벽한 수준으로 구축된 시스템 아래에서 개인의 신용은 돈이나 다름없다. 소득을 관리하고 늘리는 일과 병행하여 신용도 빈틈없이 관리해야 한다. 더구나 개인의 신용관리가 단지 금융거래의 편의만을 위한 것이라고 여기는 것은 얕은 생각이다. 30대에는 신뢰의 네트워크를 만드는 일도 신용관리다. 넓은 의미에서 재테크다.

6

돈이 있어야 저축한다는
생각은 버려

    실업, 소득절벽, 비정규직, 청년들이 처해있는 현실을 말해주는 단어다. 하루하루 살기도 버거운데 저축을 해야한다는 것은 현실감이 없는 얘기도 들릴 수도 있다. 아! 청년들이 살아가기 참 어려운 사회다. 미래가 너무 불안정하니까 철밥통 직장에 청년들이 몰리는 것이 당연한 일이다. 정치가 임금의 불평등 문제를 제도적으로 해결해 주기를 기대하지만 우리사회의 기득권자들인 여의도에 서식하는 인간들에게 무엇을 기대한단 말인가.

    세상에서 가장 훌륭한 재테크는 사회적 약자들을 위한 보편적 복지의 실현이다. 이는 국민소득과 관계가 없다.

    중남미 소국 코스타리카의 국민소득은 미국의 5분의 1에도 못미치지만 자연수명은 미국보다 높고 행복지수는 세계 최고 수준이다.

이 나라에서는 태어나서 죽는날까지 교육, 의료 등의 사회복지를 완벽하게 국민에게 제공한다. 복지빈국 대한민국에서는 꿈같은 일이다. 우리의 비극은 이 모든 일을 개인이 스스로 셀프해야 한다는 것이다.

금융권 신입사원 연봉이 4000만 원을 넘고 5년 차쯤 되면 평균 5000만~6000만 원이 넘는다고 한다. 금융권이나 대기업에 다니지 않고서 이 정도 연봉을 받는 30대가 얼마나 되겠는가? 비정규직 근로자의 경우는 특근을 해도 그 절반을 받기도 어렵다. 이런 연봉을 받아도 세금을 공제하고 나면 매월 200만 원 이상 받기도 어렵다. 최저임금 수준의 대우를 받는 파트타임 근로자나 일용직 근로자에게는 이마저도 과분하다. 현재 우리나라 청년 근로자의 평균 임금 수준은 매우 열악하다. 바로 그래서 30대의 재테크에서 직업, 직능에 따라 차별받지 않는 임금의 정의를 바로세우는 일이 먼저라고 말하는 것이다.

지금 우리 사회의 열악한 임금구조는 청년세대의 재테크에서 가장 큰 장애 요인이다. 현실이 이러하니, 그래도 그런 열악한 구조 하에서도 참고 일하라고 말하는 것은 이런 덫을 만들어놓은 장본인인 기성세대가 할 말은 아닌 줄 잘 안다. 하지만 임금의 정의는 누구 하나가 외쳐서 해결될 문제가 아니다. 우리 모두가 공동체 의식을 갖고 연대하고 참여할 때 해결할 수 있는 문제다. 우리가 연대하고 행동하면 충분히 가능한 일이다.

최근 이스라엘에서도 시민들이 광장에 나와 연대하고 행동함으로써 정치권이 움직이고 정부가 강력한 반재벌 독점 규제 정책을 실시하고 있다. 이스라엘과 비교해 우리의 민주적 역량은 훨씬 뛰어나다. 우리나라 재벌은 구린 데가 많다. 정치권에서 사정 소리만 나와도 벌벌 떠는 겁 많은 존재들이다. 국민이 뭉치고 정치적으로 연대하면 바로 해결할 수 있는 문제가 모든 국민에게 왜 이처럼 큰 고통을 강요하는지, 우리 모두 반성할 문제다.

재테크를 말하면서 정치사회적 문제를 자주 언급하는 것은 우리 경제생활의 상당부분이 정치사회적 문제에 영향을 받기 때문이다. 예를 들어, 우리나라의 시간제 근로자 처우를 획기적으로 개선해 현재와 같은 시간을 일하면서도 더 많은 임금을 받는 방법은 뭘까? 그것은 대기업 사주의 자비를 구해서 될 일이 아니다. 정치 영역이 시장에 개입해 대기업의 횡포를 통제할 때 비로소 해낼 수 있는 일이다. 이 때문에 개인의 임금이 정치사회적 영역과 밀접한 고리를 맺고 있다고 말하는 것이다.

우리나라 부자들 대부분은 자수성가형이다. 이들에게 당신은 어떻게 부자가 되었느냐고 물어보면, 많은 사람이 소득이 많건 적건 버는 저축하는 것을 습관화했다고 말한다. 매월 소득수준과 관계없이 지속적으로 저축을 했다는 것은 단순히 돈 문제에서 끝나는 게 아니라 거래하는 금융회사의 신용도 높아졌다는 것을 의미한다. 높은 신용등급은 사업을 하는 사람에게 신용보증기금의 저금리 자금을 지원받을 수 있게 해주고, 월급쟁이에게는 신용대출 한도를 높임은 물론 대출금리를 낮출 수 있게 해준다.

저축을 하다 보면 반드시 만기 이전에 돈 쓸 일이 생긴다. 이런 처지가 되면 대개 저축통장을 해약한다. 저축통장의 경우 중도에 해지할 경우 비과세 혜택이 사라지고, 또 중도 해지에는 벌칙 조항이 많다. 따라서 손해가 크다. 이런 경우 저축통장을 해약하지 말고, 적금 담보 대출로 필요자금을 조달하고 적금은 계속 불입하는 것이 유리하다. 아니면 적금 만기일을 달리해 금액을 쪼개 가입해서 적금 만기 이전에 돈이 필요한 경우 상대적으로 만기일이 가까운 통장을 먼저 해약하고 다른 적금은 만기까지 유지하는 게 좋다. 그래야 적금 해약으로 발생하는 손실을 줄일 수 있다.

현실적으로 많은 문제가 있음을 잘 알고 있다. 그럼에도 100원을 벌면 50원을 저축한다는 마음으로 살아라. 그래야 우리 가슴에 희망이라는 단어가 떠나지 않는다.

최근 은행권의 예금, 적금 금리가 낮아지면서 저축 무용론이 대두되고 있다. 그러나 저축은 그 자체가 목적이 아니다. 본격적인 재테크를 하기 위한 종잣돈을 만드는 징검다리 역할을 하는 것만으로도 의미가 있다. 그렇다고 해서 세후 수익률이 물가상승률도 따라잡지 못하는 은행이나 보험사의 저축성 보험에 가입하는 것은 어리석은 선택이다. 실제로 우리 국민의 70% 이상(복수 응답)이 이렇게 하고 있다.

하지만 이렇게 하면 저축 습관은 기를 수 있을지 몰라도 기회이익은 줄어든다. 적어도 저축상품의 금리는 한국은행 기준금리 플러스 알파 이상은 되어야 한다. 그런 상품이 바로 채권형 저축 상품, 종금사의 적립식 RP(환매조건부채권) 등이다. 이에 대한 얘기는 책의 다른 대목에서도 자주 언급하고 있으니 그 부분을 참조하기 바란다.

7

경제를 모르고
어떻게 돈을 벌지

민간 부분이 급성장했다고 해도 정부는 여전히 시장의 강력한 권력자다. 국내 기관투자자들 중에서 가장 큰 손은 국민연금을 관리하는 정부다. 그리고 정부의 금리정책과 환율정책이 우리가 보유한 자산의 가치를 올리기도 하고 내리기도 한다.

현재의 저금리 흐름은 단순하지 않다. 달러화, 엔화의 양적완화에 이어 유로화 양적완화 등 세계 전체가 경기불황을 타개하기 위해서 자국 통화의 가치를 낮추고 중앙은행 기준금리를 낮추는 것이 일상화되어 있다. 자본의 이동이 자유로운 시대에 우리나라만 이런 흐름에서 예외가 될 수는 없다.

또 한 가지 지금의 저금리 흐름을 쉽게 개선하기 어려운 것은, 내수경기의 불황이 미치는 영향도 크지만 늘어나는 복지비용이 미치는 영향도 크다. 정부가 복지비용을 늘리기 위해 증세를 한다면 서민들의 조세 저항이 정치적인 부담이 될 것이다. 그래서 아주 얇은 수를 써서 서민가계에 부담을 주는 직접 증세와 다를 바 없는 간접세 증세로 정치적 부담을 줄이려 하고 있다. 법인세를 올리면 쉽게 해결할 수 있는 문제를 말이다. 증세가 어려우면 결국 국채 발행을 늘려 복지비용을 충당해야 한다.

정부가 국채 발행으로 재정적자를 줄이는 방법은 국채 발행 금리를 낮추는 것이다. 우리가 보통 시장 실세금리라고 하는 것의 기준이 바로 정부가 발행하는 국고채 3년물이다. 시장금리는 기준금리와 함께 소매 금융회사(은행권, 보험사 등)가 판매하는 금융상품의 금리 가이드 역할을 한다. 은행 상품, 저축성 보험 같은 소매 금융회사가 판매하는 금융상품은 시장 실세금리(국고 채 3년물 기준) 이상을 받기가 어렵다.

이런 저금리 시대를 가리켜 금리 비피(1bp=0.01%) 시대라고 한다. 금리 비피 시대라는 말은 1bp, 곧 0.01%의 차이에도 거래 금융회사를 바꾼다는 얘기다.

금리 0.01%의 차이에도 거래 금융회사를 바꾼다는 이 혹독한 저금리 시대에 서민들은 고통 받고 있는 와중에 대기업들은 저금리로 인한 혜택을 톡톡히 보고 있다. 왜냐하면 금융시장에서 은행 돈을 가장 많이 빌려 쓰고 있는 곳이 바로 대기업이기 때문이다. 친기업 정서가 아마 지금의 저금리 흐름에도 분명히 영향을 미쳤을 것이다.

친기업 정책을 주장하는 사람들의 논리는 대기업을 집중적으로 밀어주면 그들이 흘려주는 떡고물로 고용도 늘고 경제도 성장한다는 것이다. 그러나 친기업 정책으로 기업은 성장했는지 몰라도 고용은 늘어나지 않았으며 부의 양극화만 심해졌다. 결국 대기업의 성장은 국민의 소득 재분배를 더욱 악화시켜 사회안전망만 위협하는 결과를 초래했다.

정부의 친기업 정책으로 대기업은 고환율 더불어 법인세 감면 혜택으로 글로벌 시장에서 경쟁기업보다 30%의 가격우위를 갖게 됐다. 대기업들이 창사 이래 사상 최고의 이익을 기록한 것도 사실은 정부의 이런 친기업 정책에 크게 힘입은 것이다.

주가는 기업의 실적이 말한다고, 재벌기업의 주가를 보면 정부의 친기업 정책이 국내 대기업의 주가에 어떤 영향을 미쳤는지를 극명하게 알 수 있다. 친기업 정책이 본격화되던 시점인 2008년 2월 29일 삼성전자 주가는 56만 원이었다. 그 후 이명박 정부의 임기가 끝나던 2013년 2월 26일의 삼성전자 주가는 158만4000원이 되었다. 현대자동차는 같은 기간에 6만4500원에서 21만3500원으로 약 세 배나 올랐다. 물론 이런 주가 상승에는 기업의 노력도 한몫했을 것이다. 하지만 노력하지 않는 기업이 어디 있는가. 재벌기업만 주가가 오른 데에는 정부의 고환율 정책과 법인세 감면 혜택 등 친재벌 정책이 절대적 영향을 미쳤다는 것은 분명한 팩트다.

현재의 경제관료들은 낙수효과의 신봉자들이다. 그들은 대기업이 성장해야 일자리가 늘고 그들이 흘려주는 떡고물로 국민소득도 높아진다고 믿는 자들이다. 낙수효과는 이명박 정권 시절에 대기업만 살찌우는 정책이라는 맹비난을 받았다. 그럼에도 현 정부 들어와서도 이를 반면교사로 삼지 않고 다시 대기업에 의존하는 정책을 쓰는 것은, 지금의 경제관료들 역시 이명박 정부의 경제관료들과 마찬가지로 친기업 인사들로 구성되었기 때문이다.

실제로 과도한 법인세 감면 혜택을 줄일 생각은 안 하고 서민들의 가처분소득과 밀접한 관계가 있는 비과세 상품의 전면 축소, 국고채 금리의 저금리화를 획책하는 것이 현재의 정부다. 증세 없이 복지예산을 확보하겠다면서 대기업에 대한 특혜는 그대로 둔 채 월급쟁이를 비롯한 서민들의 비과세 감면을 줄여 복지예산을 충당하겠다는 것이 현 정부 경제관료의 입장이다.

결론적으로 말하면, 현 정부의 경제운용 정책은 한마디로 이명박 정권의 판박이다. 이로 인해 약탈적인 금융회사의 수익성 경영은 더 심해지고, 주식시장에서도 소수 대기업이 시가 총액을 독점하는 현상이 가속화 되고 있다.

시장에서 정부의 인위적 시장 개입으로 가격이 조작되어 생기는 버블은 항상 끝이 안 좋다. 정부는 경제정책을 주도하고 국내 최대 연기금인 국민연금을 운용하는 주체다. 시장에서 정부는 여전히 강력한 권력자이고 기업의 주가를 쥐락펴락하는 큰손이다. 우리가 정부의 정책 방향을 주목해야 하는 것은 그것이 우리의 재테크에 큰 방향을 제시하기 때문이다.

8

배움에는
문턱이 없다

우리가 세상을 배우는 방법에
는 두 가지가 있다. 첫 번째는 책을 통해 배우는 방법이다. 두 번째
는 사람으로부터 배우는 방법이다. 30대는 사회생활을 막 시작하는
시기다. 그동안은 사람의 생생한 경험을 기초로 하는 배움보다는
아무래도 책을 통한 배움에 의존해왔다. 그러나 이는 한계가 너무
명확하다. 특히 금융은 살아 있는 생물이다. 학교에서 배운 내용은
현재 시장 흐름을 반영하지 못하는 흘러간 레퍼토리에 불과하다.

과거에 내가 일하던 법인 영업부에는 다양한 전공자들이 있었
다. 금융회사의 법인 영업부는 기업금융을 다루는 곳인 만큼 당연
히 경상 계열 출신자들이 직무에 유리하다. 적어도 나처럼 회계학
을 전공한 사람들은 누가 가르쳐주지 않아도 기업의 경영현황을 실

시간으로 파악하는 현금 흐름표, 대차대조표 등의 주요 재무제표를 분석하는 능력을 기본적으로 갖고 있다. 이런 능력이 있는 덕분에 아무래도 비전공자들에 비해 유리한 위치에서 영업을 할 수 있다. 그러나 6개월, 1년 후의 개인 실적을 평가해보면 별 차이가 없어진다.

왜냐하면 전공지식이 있더라도 누구나 실무에 들어가면 재교육을 받아야 하고, 영업은 전공지식보다는 인간관계에서의 협력이 업무 결과로 이어지기 마련이기 때문이다. 따라서 비전공자와 전공자 간의 우열을 따지는 것은 의미가 없다. 물론 고도의 수학이 필요한 공학 분야는 얘기가 다르겠지만 말이다.

기업을 평가하는 데 필요한 실무지식은 직장 선배들에게 속성으로 한 달만 배우면 익힐 수 있다. 비전공자도 업무를 몰라서 일을 못하는 경우는 없다. 그러나 영업 현장에서 직책, 거래처 담당자를 상대하는 법, 업종 등에 따라 차이가 나는 업무 스킬 등의 실무능력은 회사 경험 없이는 쌓을 수 없다. 이를 제대로 가르쳐주는 멘토가 바로 직장 선배다. 사회경험에서 우러나오는 경험자본은 절대 학교에서는 가르쳐주지 않는다. 시회생활에 필요한 지식은 이미 답이 나와 있는 미적분 문제를 푸는 것이 아니다.

나는 대학에서 학점 4.0과 3.0의 차이는 실무경력을 한 달만 쌓아도 메워진다고 생각한다. 사회에 나와 보면 우리가 그 많은 시간을 별 효용도 없는 공부를 하는 데 헛되이 보냈다는 생각을 하지 않을 수 없다. 사실 학교에서 배우는 교양과목이나 선택과목들은 만인이 정보를 생산하고 소비하는 웹 2.0 시대에는 한 개인의 블로그에 담긴 지식보다 그 총량과 깊이에서 떨어진다. 위키 백과만 해도 실시간으로 경제 변화를 바로 반영하고 있어, 박제된 지식을 반복해서 가르치는 대학 강의의 수준을 능가한다.

세상의 지식과 정보가 교회와 대학을 중심으로 폐쇄적으로 유통되던 중세에는 도제식 대학교육이 지식 전달의 유일한 통로였다. 지금은 아니다. 지금의 대학은 대학 간 서열을 구분 짓고 인간 등급을 정하는 도구에 불과하다. 나는 지금의 대학교육에 과연 4년이나 배울 게 있는가에 대해 회의감을 갖고 있다. 현재의 대학교육은 대학 설립자(최근 설립된 대학들은 종교재단이 대부분이다), 교수, 대학 직원들의 밥벌이를 위해 존재한다. 대학이 오늘날에도 나름의 존재 가치가 있다고 해도 대학교육의 기간은 대폭 줄여야 한다. 등록금 전면 철폐에 앞서 이 문제부터 해결하면 정부의 재정 부담이 크게 줄어든다. 그런데 이 쉬운 문제가 해결되지 못하는 이유는 우리가 사는 이 세상이 다양한 계층 간의 복잡한 이해관계로 얽혀 있기 때문이다.

우리가 학교에서 배운 대부분 지식은 실무를 하다 보면 현장과 유리된 채 박제화된 것이다. 먼저 산 사람의 경험은 그것이 좋으면 좋은 대로 나쁘면 나쁜 대로 두루 배울 필요가 있다. 사람의 경험은 돈 주고도 못 산다는 말이 괜히 있는 게 아니다.

청년기에는 책에서 배운 지식이 세상의 모든 것이 아님을 알아야 한다. 또한 사회생활의 모든 난관을 홀로 헤쳐 나갈 수 있는 힘이 축적될 때까지는 모든 이들로부터 배우는 일에 겸손해야 한다. 당신이 그들보다 좋은 학교를 다녔고 학교 성적이 우수했다는 것이 얼마나 의미 없는 것인지를 깨닫는 데 실무 경험 1년이면 충분하다.

그들이 여러분의 성공적인 사회생활의 조력자가 될 수 있음을 마음에 새기고, 인간관계에 부족함이 없도록 최선을 다하라. 30대에는 사회적 경험(그것이 타인을 통한 간접 경험일지라도)과 인간관계가 돈 이상의 가치를 갖는다는 것을 마음에 새겨라. 사람들에게 진정성 있게 대하라. 그것이 30대가 얻을 수 있는 자산의 대부분이 된다는 것을 나중에 알게 된다. 그러나 뒤늦게 깨달아봐야 그때 돌이키기에는 너무 늦었다.

9

금융위기에
부자가 탄생하는 이유

"강세 장은 비관 속에서 태어나 회의 속에서 자라며 낙관 속에서 성숙해 행복 속에 죽는다." 존 템플턴의 말이다. 이 말이 의미하는 것은 가장 비관적일 때가 가장 좋은 매수 시점이고, 가장 낙관적일 때가 가장 좋은 매도 시점이라는 것이다. 이것을 템플턴은 경험으로 말하고 있다.

역발상의 투자는 인간 본성과 반대로 하는 투자법이다. 원시시대 초원에서 식물 채집에 의존해 살아가던 인간들에게 무리와 떨어진다는 것은 사나운 육식동물의 먹잇감이 되고, 이는 곧 죽음으로 이어질 수 있다는 것을 의미한다. 지금도 아프리카 대초원에서 집단 서식하는 초식동물은 맹수의 위협으로부터 자신을 방어하기 위해 항상 무리지어 산다. 동물이든 인간이든 무리지어 있을 때 심리적으로 안정되고 생존을 보장받는다는 생각을 하는 건 마찬가지다.

생존에 유리하게 진화된 인간의 집단 본능은 변동성이 지나치게 확대된 투자시장에서는 오히려 실패의 원인이 된다. 투자시장에서는 몰려 있으면 죽는다. 살려면 흩어져야 한다. 싸게 사서 비싸게 팔아야 투자에서 돈을 번다. 그러나 사려는 순간 사람이 몰려들면 가격은 상승하고, 싸지는 순간에 사람이 몰리면 투매로 이어져 수익률에 공황이 온다. 서브 프라임 모기지론 사태가 불러온 금융위기 시기를 복기해보라.

한때 신재형저축 상품에 집단 동조화로 인해 돈이 몰린 적이 있다. 소위 전문가 집단이 추천하고 언론이 기사로 도배질을 하면 그쪽으로 사람들은 벌떼처럼 몰려든다. 해당 상품의 경제성에 대한 이성적 판단은 유보된다. 그 시점에서는 부정적 의견은 그것이 진실을 말하는 것임에도 누구도 귀 담아 듣지 않는다. 마찬가지로 주식 투자에서 사람들이 몰리는 때는 투자를 할 시점이 아니다. 그 상품을 팔아 이익을 노려야 할 때.

서브 프라임 모기지론 사태가 불러온 금융위기 당시 누가 돈을 벌었는가. 모두가 금융위기가 불러일으킨 공포에 사로잡혀 가지고 있던 주식과 채권을 투매할 때 그것을 헐값에 주워 담은 사람들이다. 실제로 금융위기 다음해에 가장 많은 돈을 벌었던 사람은 금융위기로 헐값이 된 우량 채권과 우량 주식을 사 모았던 사람들이다. 인간의 집단 동조화, 그로 인한 집단 최면 현상이 존재하는 한 역발상의 투자는 가장 성공 가능성이 높은 방법이다.

청년기는 투자 습관이 잘 길들여져야 하는 시기다. 만약 내가 30

대일 때 누군가 이런 얘기를 나한테 해주었다면, 그동안 살면서 해 온 나의 투자 레코드가 지금보다는 썩 나았을 것이라고 생각한다.

10

바보는 언제나
남의 말을 믿고 따른다

우리 주변에서 만나는 먹거리의 대부분은 겉보기는 화려하다. 하지만 실제는 인체에 피해를 끼치는 온갖 유해 인공첨가물로 범벅되어 있다. 누가 과자 한 봉지를 사면서 잔글씨로 쓰여 있는 식품첨가물을 일일이 읽고 구입하는가. 그냥 대충 산다. 그런데 이 인공첨가물이라는 것은 시간이 지나도 몸에서 배출되지 않고 인체에 쌓이면서 치명적인 독이 된다.

여러분이 어린 시절에 먹었던 먹거리 중에서 지금도 가장 많이 생각나는 건 무엇인가? 사람의 취향에 따라 다 다르겠지만, 내 경우는 이 나이가 되어서조차 어머니가 부엌에 있던 빈약한 재료로 만들어주신 어머니 손맛이 깊이 밴 음식들이다. 어머니가 해주시던 음식은 단순한 먹거리가 아니라 우리 삶의 일부이며 잊지 못할 추억이다. 어린 시절 학교 앞 문방구에서 사먹던 불량식품은 추억거리는 될 수 있어도 그 맛을 잊지 못하는 사람은 없다. 먹거리의 경우 기계가 어머니의 솜씨를 대신한다고 해도 어머니가 만들어주던 먹거리처럼 우리 몸에 필요한 살이 되고 피가 되는 영양분을 제공하지는 않는다.

지금 청년세대가 소비하는 간접투자 상품의 거의 대부분은 인체에 유해한 인공첨가물이 덕지덕지 포함된 불량식품과 같다. 불량식품을 팔아서 돈을 버는 사람이 누구인가? 바로 불량식품을 만들고 파는 사람들이다. 현재 금융시장에서 판매되는 금융상품이 이와 다르지 않다. 그래서 금융회사의 금융상품 판매방식을 두고 약탈적이라는 표현을 쓰는 것이다.

우리가 간접투자를 한다면 그 경제적 효과가 분명해야 한다. 그 효과가 분명하지 않은 상황에서 간접투자에 반드시 따라붙는 수수료를 내면서까지 간접투자를 해야 할 이유는 없다. 펀드, 변액 보험, 연금 저축상품에 수수료를 내고도 적어도 4% 이상의 수익률이 발생한다면 간접투자를 말리고 싶은 생각은 없다. 그러나 이조차도 안 되는 것이 현실이다. 적어도 현 시점에서 4%의 세후 수익률도 올리지 못하는 상품이라면, 이는 먹거리로 따지면 불량식품이다. 간접투자를 대표하는 펀드는 파생상품의 결합 정도에 따라 수수료는 예외로 치더라도 원금 손실까지 발생할 수 있다. 그런데 이런 무시무시한 상품에 투자하면서 상품설명서를 꼼꼼히 챙겨서 읽는 사람은 없다.

30대를 노리는 금융상품이 참으로 많다. 그러나 30대 때에는 불량식품에 불과한 간접투자 상품에 대한 투자는 그만두고 그 시간에 고수익 금융상품을 생산하는 기업을 공부하기를 바란다. 저금리 시대에 시장금리 이상의 수익률을 보장받는 방법은 기업을 공부하는 것뿐이다.

일반 상품이 유통단계가 복잡할수록 가격이 비싸지는 원리와 마찬가지로 금융상품 역시 유통단계를 없애고 직접 투자하는 것이 투자의 정석이다.

내가 금융지식으로 무장해 투자의 주체로서 바로 선다면 금융거래에 있어서 갑과 을의 관계는 바로잡을 수 있다. 문제는 항상 그렇듯이 우리가 금융지식에 너무 무지하다는 것이다. 그러지 않고서야 어찌 사업비를 공제한 후 금리가 체증되기 시작하는 보험사의 저축성 보험을 적금으로 알고 가입하겠는가. 또 증권사 투자 자문사가 자신들의 입맛대로 포트폴리오를 구성하고 그 위험을 모두 고객에게 전가하는 랩어카운트 상품을 고수익 상품으로 알고 간접 투자하는 것을 이해할 수 있단 말인가. 금융거래에서 갑과 을의 관계를 바로잡고 고객이 시장의 주체로 바로 서기 위해서는 금융지식으로 무장하는 수밖에 없다.

물론 금융회사가 모두 나쁜 것은 아니다. 이를 이용하는 우리가 활용을 제대로 하지 못하는 책임도 있다. 은행의 예를 들어보자. 은행 예·적금 상품에 금리경쟁력이 없다는 것은 모두가 아는 사실이다. 하지만 그렇다고 해서 은행과 거래하지 않겠다고 하는 것도 잘못이다.

은행은 이미 우리 일상생활 속에 깊이 들어와 있다. 우리는 싫든 좋든 은행과 거래하지 않을 수 없다. 우리는 은행을 통해 각종 공과금을 납부하고 주거래은행 통장으로 계좌이체를 하면 수수료도 내지 않는다. 은행과 거래하는 이유가 단지 생활의 편리함을 위해서만도 아니다.

현재 개인의 자산 운용과 관련하여 저금리로 대출받을 수 있는 곳이 은행이다. 물론 대출받을 수 있는 금융회사는 많다. 그러나 같은 저축기관이지만 저축은행은 은행과 비교해 대출금리가 상당히 높고 그것도 고금리 소액 대출에만 집중하는 것이 현실이다. 이외에 할부금융, 캐피탈, 카드사도 대출을 하고 있다. 그러나 이들 회사는 저축기관이 아니므로 대출자금을 조달하려면 그들 역시 은행에서 대출을 받거나, 보유하고 있는 채권을 담보로 유동화 증권을 발행하든지 채권(카드채)을 발행할 수밖에 없다. 은행처럼 고객으로부터 예금을 받아 이를 재원으로 대출을 하는 게 아니라 간접금융으로 자금을 조달해 대출 재원을 마련하기 때문에 구조적으로 대출금리가 높을 수밖에 없는 구조다.

자금 관리를 잘하는 방법 중 하나가 예금금리 1% 더 받는 것보다 대출금리 1%를 더 낮춰서 받는 것이다. 우리가 은행 거래를 할 때 주거래은행을 정하고 주거래은행에 거래를 집중하는 이유는 바로 대출금리를 낮추기 위해서다. 실제 주거래은행을 정하고 이곳에 예·적금뿐만 아니라 신용카드, 각종 공과금 납입 등 거래를 집중하고 대출이자를 연체 없이 잘 갚아나가면 저금리로 신용대출도 받을 수는 있는 기회가 많아진다. 담보대출의 경우에도 상대적으로 금리우대 혜택을 받을 수 있다. 금리가 낮다고 해서 무조건 은행 거래를 배척하지 말고 은행을 적절하게 잘 이용하는 것도 우리가 배워야 할 자금 관리의 지혜다.

금융시장에서 갑은 누구인가? 투자의 주체인 고객이다. 그런데 지금의 금융거래에서 고객은 금융회사에 의해 봉으로 전락하고 있다. 고객은 한국은행 기준금리에도 못 미치는 수익을 내는 금융상품에 투자하면서도 수수료는 꼬박꼬박 금융회사에 갖다 바치고 있다. 펀드 투자로 원금 손실이 발생해도 모든 책임은 고객의 몫이다. 여기에 수수료까지 낸다. 이런 부당한 거래를 계속해야만 하는 이유가 있는가. 대체시장이 충분히 있고 고수익까지 보장되는 환경에서 말이다. 투자에 대한 코페르니쿠스적 사고의 전환이 요구되는 시점이다.

11

신용카드를
버릴 수 있는 당당함

자본주의가 시작된 이래로 자본이 만든 상품 중에서 자본에 가장 많은 이익을 안겨준 상품은 인간의 생활편의에 혁명적 변화를 안겨준 세탁기, 냉장고, 자동차 따위가 아니다. 신용카드와 펀드다. 전통적 개념의 은행이 오늘날처럼 세상의 돈을 다 빨아들이는 거대제국이 되는 과정에서 가장 큰 기여를 한 것이 바로 신용카드와 펀드다. 어느 일방이 시장의 재화를 독점하면 다른 쪽 상대방은 그만큼 가난해진다. 세계 최초로 신용카드를 상업화한 비자인터내셔널은 세계에서 매출액이 가장 많은 기업이 되었다. 펀드는 전통적 개념의 은행을 유니버셜 뱅크, 메가 뱅크로 성장시킨 동력이 되었다.

신용카드의 나쁜 점을 아무리 얘기해봤자 씨알도 먹히지 않는다는 걸 잘 알고 있다. 신용카드의 문제점을 아무리 얘기해도 이미 신용카드는 우리 일상생활에 너무 깊숙이 들어와 있다. 사람들은 자기 지갑에서 나가는 돈임에도 캐시백, 마일리지 포인트 서비스가 신용카드를 씀으로써 발생하는 비용 이상의 경제적 효과가 있다고 믿을 정도로 신용카드를 통한 소비에 단단히 빠져 있다. 그래서 신용카드를 만들 때 자신의 라이프스타일에 유리한 캐시백 서비스를 제공하는 카드를 선택하는 것이 영리한 소비라고 알고 있다. 그러나 가장 영리한 신용카드 사용법은 신용카드 사용을 가능한 한 줄이고 현금을 쓰는 것이다.

신용카드에서 제공하는 서비스의 근간은 금융 서비스이고, 그 금융 서비스는 소위 고금리로 자금을 대출하는 팩토링 금융(할부금융 포함)이라는 것이다. 즉 카드회사가 제공하는 모든 서비스는 그 기본구조가 고비용을 수반할 수밖에 없다.

상식적으로 생각해보자. 은행, 저축은행, 마을금고의 대출상품이 왜 카드사의 현금서비스와 할부금융, 카드론보다 대출금리가 싸다고 생각하는가. 이유는 간단하다 은행권 대출상품의 재원은 고객의 예금, 적금을 기초로 하기 때문에 대출금리가 구조적으로 낮다. 그렇다면 신용카드사, 할부금융사는 금융 서비스를 하기 위한 자금조달을 어떻게 하는지 아는가?

신용카드사, 할부금융사는 기본적으로 고객으로부터 직접 예금을 받을 수 없는 여신 전문회사다. 따라서 이 회사들이 금융 서비스를 제공하려면 은행을 통해 대출을 받든지 상대적인 고금리로 채권(카드채)을 발행해 간접적으로 자금을 조달할 수밖에 없다.

그들은 지금 이 혹독한 저금리 시대에조차 연 20% 이상의 금리로 금융 서비스를 하고 있다. 현재의 예금금리는 2%(은행과 저축은행을 포함한 평균 예금금리, 표면금리로 이자에 대한 세금 15.4%를 공제하면 실효금리는 1%) 수준이다. 이런 상황에서 그들이 제공하는 금융 서비스가 얼마나 대단하기에 그런 비용을 지불하면서 이용하는가. 신용카드사의 장삿속은 뻔하다. 가난한 이들을 처음에는 그 잘난 현금 서비스 몇 푼으로 유혹해 아예 코를 꿰어 빨대를 고객의 지갑에 꽂아 평생을 우려먹는다. 그럼에도 당장 신용카드가 없으면 불편해서 못 살겠다는 사람은, 신용카드의 결제 서비스 기능이 있지만 서비스 이용에 따른 비용이 거의 없는 체크카드를 사용하라.

신용카드와 체크카드의 가장 큰 차이점은 신용 할부구매 서비스를 제공하느냐 아니냐의 차이다. 즉, 신용구매의 기능 여부에 따라 신용카드와 체크카드가 구분된다. 체크카드에 신용구매 기능이 없다고 해서 현금카드라고 할 수는 없다. 현금카드는 구매결제 기능이 없다.

체크카드는 신용구매 결제기능이 없어서 자신의 통장 잔고 내에서만 결제가 가능하다. 이와 관련해 현재 하이브리드 체크카드라고 해서 소액의 신용구매 결제기능이 있는 체크카드가 발행되고 있다. 이렇게 되면 '도로 신용카드'라는 소리가 나올 수 있는데, 하이브리드 체크카드는 신용구매 가능 액수를 소액으로 정해둠으로써 과소비를 막고 있다. 체크카드에는 신용카드의 선(先)구매, 후(後)결제 기능이 없다.

최근에 체크카드 붐이 일면서 은행 간 경쟁도 심해졌다. 요즘은 은행에 가서 현금카드를 만들어 달라고 하면 창구 직원이 현금카드를 만드는 데 드는 수수료를 내든지, 아니면 체크카드를 만들든지 선택하라고 한다. 은행 입장에서는 체크카드가 현금카드보다 물품 구매 거래가 빈번하게 이뤄져 즉시 결제되기 때문에 이익이 더 크다.

체크카드의 장점은 결제를 할 때마다 SNS로 통장 잔고에서 빠져나가는 돈이 즉각 확인되기 때문에 소비를 절제할 수 있다는 점이다. 사용한 금액 내에서 소득공제도 된다. 신용카드는 소득의 25% 초과 사용금액의 20%까지 소득공제 혜택을 받을 수 있는 반면, 체크카드는 소득의 25% 초과 사용금액의 25%까지 소득공제 혜택이 주어지기 때문에 신용카드보다 유리하다. 또한 신용카드는 개인의 신용등급에 따라 한도와 발급 여부가 결정되지만, 체크카드는 신용등급과 관계없이 누구나 만들 수 있고 통장 잔고 내에서만 결제할 수 있다.

신용카드를 버리고 체크카드를 쓰라고 하는 것은 체크카드가 가지고 있는 결제기능 때문만은 아니다. 인간의 소비는 습관에 따라 관행적으로 이루어진다. 사회생활 초기부터 신용카드의 선구매 후 결제 방식에 익숙해지고 이것이 습관화되면 고치기가 아주 어렵다. 그 결과 무리한 소비를 관행적으로 하게 된다. 신용카드가 좋은 것이냐 체크카드가 좋은 것이냐를 따지는 것은 무의미한 일이다. 다만 체크카드 사용을 습관화하면 과소비를 줄일 수 있다.

개인의 소득이 줄면서 덧셈의 자금 관리에 앞서 뺄셈의 자금 관리를 먼저 하라고 한다. 사실 돈 많은 사람은 돈 몇 푼에 연연해하지 않는다. 그러나 소득이 상대적으로 적거나 이제 막 사회생활을 시작해 모아둔 돈이 없는 20대와 30대는 덧셈의 자금 관리에 앞서 반드시 뺄셈의 재테크를 먼저 해야 한다.

뺄셈의 재테크는 무조건 아껴 쓰라는 얘기가 아니다. 그 이상의 가치를 목표로 하는 것이다. 그러니까, 금융상품을 하나 선택해도 금리가 1%라도 높은 상품을 찾아 예금하고 1%라도 금융비용을 줄이는 곳을 찾아 대출을 받아야 한다는 것이다. 30대 독신가구의 생활비에서 가장 많은 비중을 차지하는 주거비용을 줄이기 위해 가능한 한 저리의 전세금 대출을 받아 월세를 해결하는 것도 뺄셈의 재테크에서 매우 중요하다.

뺄셈의 재테크를 먼저 하라는 말을 하면서 나 역시도 청년들에게 "너희들은 돈을 못 벌잖아. 그러니 어쩌겠어. 아껴 쓰기라도 해야지"라는 식으로 무언의 압박을 강요하는 것 같아 마음이 불편하다. 그러나 뺄셈의 재테크는 그런 뜻에서 하는 얘기가 아니다. 어떤 처지에 놓여 있건 일상에서 허투루 일어나는 지출을 줄이고, 금리가 높건 낮건 간에 저축금액을 늘리는 것이 재테크의 기본이 되어야 한다는 것이 내가 하고 싶은 얘기다.

물론 소득이 적을수록 전략적으로 뺄셈의 재테크를 해야 할 필요성이 커진다. 30대에게 돈은 자신감이 될 수 있다. 돈이 있느냐 없느냐가 사람의 마음가짐에 큰 영향을 미친다. 인간은 아무리 부정하려 해도 물질이 인간의 의식과 영혼을 지배한다. 우리의 정신세계는 물질 앞에서 너무도 무력하다. 서구의 부르주아 정당들이 그들의 물적 토대에 따라 지지층이 다른 이유가 여기에 있다. 실제로 영국의 보수당과 노동당 지지층을 구별하는 잣대 중에 집을 소유하고 있느냐 아니냐가 있다.

내가 지금 30대에게 얘기하는 것은 부자가 되기 위해서라면 무슨 짓이라도 하라는 게 아니다. 소득이 적으면 적은대로 그에 적합하게 돈을 모으는 방법을 생각하고 실천하는 인내심을 가지라는 것이다. 그 과정이 고되고 힘들어도 그런 기간을 훌륭하게 치러내면 여러분에게는 세상을 이겨내는 또 하나의 무기가 생기는 것이다.

우리는 경제성장은 정체되고 개인 소득은 감소하는 소위 감속경제의 시대를 살고 있다. 여기에 금리까지 낮아 서민들은 이중고를 겪고 있다. 너무나 당연한 말이지만 벌지 못하면 쓰는 것을 줄일 수밖에 없다. 이것이 우리가 지금 뺄셈의 자금 관리를 먼저 해야 하는 이유다.

모든 사람이 신용카드를 사용하는 것으로 알고 있지만 이는 착각이다. 여전히 현금으로 물품을 구매하고 지출하는 사용액이 전체의 38%에 이른다. 그 사람들이 현금을 지출수단으로 쓰는 이유는 물론 다양할 수 있다. 그러나 그중 많은 사람이 신용카드가 과소비를 부추기고 신용카드의 높은 수수료가 결국 개인에게 독이 된다는 사실을 경험적으로 알고서 현금결제가 다소 불편해도 신용카드 사용을 자제한다는 것은 분명한 사실이다.

100원의 돈을 더 버는 일을 어렵다. 그러나 100원의 돈을 덜 쓰는 것은 이보다는 쉽다. 경제적으로도 후자의 효과가 더 크다. 우리가 일상에서 소모적으로 쓰는 비용, 이를테면 최신 스마트폰 구매, 과도한 통신비 지출, 현금 서비스 이용 등만 자제해도 우리의 재테크는 현재보다 더 효율성을 갖게 된다.

경제성장은 더디고 개인 소득은 줄어드는 감속경제의 시대, 돈 버는 것이 어렵다면 덜 쓰기라도 해야 할 것 아닌가.

3

피가 되고 살이 되는
금융의 기술

1.

돈이 되는 금융상품
버려야 할 금융상품

　　　　　　　　　　사회생활을 처음 시작하는 30
대는 투자에 앞서 월급을 가지고 그 안에서 일정 금액을 저축해서
무엇을 할 수 있는 종자돈을 만들어야 한다. 이때 필요한 것이 저축
상품이다. 저축상품 무엇을 어떻게 선택해야 나에게 이익이 될까?

　버려야 할 통장이 또 하나 늘었다. 돈 벌어주는 통장은 하나 둘
사라지고 돈 안 되는 통장만 늘어나는 현실이다. 금융당국이 시장
의 니즈에 역행하는 뻘짓을 하는 것이 어디 하루 이틀의 일인가? 그
런데 2016년부터 판매가 시작된 소위 만능통장으로 부르는 "ISA는
그 정점이다. ISA의 판매허용은 금융당국이 나서서 시장에서 악화
가 양화를 구축하는 꼴이다.

　정부는 금융회사가 아니라 이 땅에 사는 서민을 위한다면 그동

안 축소된 비과세, 세금우대상품부터 원상복귀 시켜야 한다. 그런데 은퇴자, 실업자는 가입도 안 되고 기간도 5년의 장기에 중도해지도 어렵게 만들어놓은 상품을 저금리시대에 서민들의 이자소득을 늘려주는 상품으로 포장하고 있다. 창조경제와 꺼꾸로 가는 정부정책이라고 말하지 않을 수 없다. 정부는 할일 없으면 거리에 수북한 담배 꽁초나 주술일이지. 세 법을 수시로 바꾸고 이를 비비꼬아서 왜 국민들을 더 피곤하게 만드는지. 최근에 나온 신재형저축, 주택연금3종세트, 퇴직연금 등에 별영양가도 없으면서 소리만 요란하다.

ISA도 마찬가지다 금융상품은 복잡할 수록 실익은 없고 투자자를 피곤하게 한다. 서민들이 소액으로 목돈을 만들기 위해 가입하는 상품은 원금통장이 확실하는 가정에서 금리가 가입조건의 기준이 되어야 한다.

금융시장에서는 많은 저축상품이 판매되고 있어 그 중에서 선택하면 되기 때문에 큰 어려움은 없다. 그러나 정작 문제는 이 상품들 대부분이 별 영양가가 없다는 것이다.

지금 여러분 앞에는 멋들어진 전주 한정식이 차려져 있다 최근에 전주 한정식은 관광객들이 많이 찾으면서 반찬 가짓수가 대폭 늘어났다. 저축상품도 저금리 시대라지만 오히려 가짓수는 늘어났다. 한데 전주 한정식의 문제는, 상차림은 화려해졌지만 정작 '젓가락이 가는' 반찬은 오히려 줄어들었다고 말하는 사람이 늘고 있다는 점이다.

저축상품도 그렇다. 즉, 외양은 화려해졌으나 정작 상차림의 질은 떨어진 형국이다. 지금의 저축상품은 가짓수는 많아졌으나 '그 밥에 그 나물'이라고 할 정도로 내용에서는 천편일률적이다. 여러분도 이제 지금과 같은 저금리 상황에서 우리가 주로 찾는 은행이나 보험사의 저축상품으로는 저축 효과가 없다는 것을 잘 알고 있을 것이다. 그나마 낫다고 하는 청약 종합통장, 신재형저축, 저축은행의 자유적립예금, 마을금고의 비과세 저축상품도 세금 공제 후 받게 되는 이자가 1%대다.

투자 상품의 경제성은 상대적이다. 현재의 흐름에서는 이런 면에서 볼 때 현재 은행이나 보험사의 저축성 상품은 상대적으로 경제적 가치가 낮은 반면, 채권 관련 상품은 상대적으로 경제적 가치가 높다. 이런 점을 고려하여 두 가지 방법을 추천한다.

첫째, 적립식 RP, 발행어음 등과 같은 단기 고수익 금융상품을 6개월 만기로 운용해 가능한 한 빨리 종잣돈을 만들어 회사채나 CP로 말을 갈아타고, 이를 반복해 투자하면 최소한 은행 정기예금 금리보다 더많은 이자를 받을 수 있다.

둘째, 적금하듯이 매월 꾸준히 우량주 중심으로 주식에 투자하는 방법이다. 이 경우 장기간을 염두에 두고 투자한다면 소위 분할매수 효과로 인해 수익률 변동을 최소화할 수 있다.

이것은 자산운용사가 판매하는 적립식 펀드에 간접 투자하는 것과 같은 방법이다. 다른 점은 개인이 직접 투자하기 때문에 원금의 3%에 이르는 수수료를 내지 않아도 되며, 주식 매매 시기를 자신이 결정할 수 있어 위기상황에 적절히 대비할 수 있다는 것이다. 이 방법은 주식 투자에 대해 어느 정도 지식이 있고 다소 공격적인 투자

성향을 가진 사람에게 적합하다. 매월 저축 가능한 전부를 주식에 투자하는 것이 부담스러우면 이를 5대 5로 나누어서 절반은 주식에, 절반은 자유적립예금에 투자해 위험은 낮추고 수익은 안정적으로 얻는 방법도 생각해볼 수 있다.

매월 꾸준히 저축해 종자돈을 만드는 저축상품은 가입시기의 금리가 만기까지 보장되는 확정금리가 기본적 조건이다.

현재 금융회사에서 판매되는 저축상품 중에서 이 조건에 맞으면서 금리가 상대적으로 높은 상품이 저축은행에서 판매되는 자유적립예금과 조합원으로 가입해서 적금통장을 만들면 3,000만 원까지 비과세 혜택이 주어지는 새마을금고, 신협협동조합, 단위농협 등 소위 말하는 마을금고의 저축상품이다. 저금리시대의 저축상품투자전략의 기본은 가능한 만기기간이 짧은 저축상품을 선택해서 목돈을 만들어 적금상품과 비교해 상대적으로 금리가 높은 회사채, CP 등의 상품으로 말을 갈아타는 것이다.

따라서 가입기간이 최저 5년이상인 보험사 연금보험저축 은행의 개인연금신탁 ISA와 같은 상품은 피해야한다. 이것이 적금상품 투자의 기본중에 기본원칙임에도 보험사 저축상품 연금상품 등에 투자하는 것은 매우 잘못된 선택을 하는 것이라고 말하지 않을 수 없다.

2

금리 1%시대의 투자전략

한국은행 기준금리가 1.25%다. 은행의 예금금리도 딱 이정도다. 그런데 이는 표면금리가 그렇다는 것이지 실질금리는 이보다 낮다. 물가상승에 따른 화폐가치의 하락 이자소득에 대한 세금 15.4%를 공제하고 나면 은행에 예금해서 받는 이자는 없는것이나 마찬가지다. 금리가 낮아도 너무 낮다.

부의 정도에 따라 저금리를 느끼는 체감온도는 다르다. 우리나라의 서민과 중산층(average class)의 자산 규모는 사는 집 한 채와 몇 천만 원의 금융자산이 전부인 경우가 대부분이다. 주택은 부동산 시장의 골 깊은 불황으로 애물단지로 전락했고, 일천한 예금마저도 저금리 탓에 재산 증식에 불리한 상황이다. 그 결과 저금리는 서민의 재산 형성에 치명적인 독이 되고 있다. 반면, 부자(upper class)는 저금리에 대응할 정도의 자산 규모를 갖추고 다양한 자산을 분할 관리하는 덕분에 저금리로 인한 피해가 덜하다. 이렇게 보면 저금리는 서민과 중산층의 희생을 전제로 하는 제2의 중세정책이라고 할 수 있다.

30대에게 저금리는 다른 연령층보다 상대적으로 피해를 더 크게 준다. 대출시장의 금리 적용에서 신용도가 상대적으로 낮은 30대는 절대적으로 불리하기 때문이다. 보통 은행의 기준금리와 대출금리 간의 적정 마진(이를 '예대금리차'라고 한다)은 3%라고 한다. 이 정도면 은행 입장에서도 대출로 안정적인 이익을 얻는다. 지금 기준금리가 1.25%니까 적정 예대차를 감안해도 대출금리는 5% 쯤에서 결정되어야 한다. 그러나 현실은 어떤가? 30대 중에서 과연 이 금리로 대출을 받는 사람이 있기나 한가. 오히려 기준금리 대비 체감금리는 더 상승했다. 30대에게는 10%의 신용대출 금리도 낮은 금리다. 아마 20% 이상의 고금리로 대출을 받은 사람도 상당히 많을 것이다. 기준금리 1.25% 시대에 20%가 넘는 대출금리라니, 이게 말이 되는가. 바로 그래서 지금의 저금리는 신용등급이 상대적으로 낮은 30대를 두 번 죽이는 일이라고 말하는 것이다.

지금의 저금리는 매우 복잡한 이해관계가 얽히고설키면서 결정된다. 현재의 저금리가 과거보다 문제가 되는 이유는 금리 결정 과정에 정치공학적 이해가 깊이 개입되어 있기 때문이다. 저금리로 실질적으로 가장 큰 피해를 보는 계층은 우리 사회의 취약 계층이다. 반대로 가장 많은 혜택을 보는 곳은 대기업이다. 은행권이 대출한 돈을 가장 많이 갖다 쓰는 곳이 어디인가? 바로 대기업이다. 수

백조 원이 넘는다. 대출금이 1조 원이라면 대출금리가 0.01%만 낮아져도 대출이자 100억 원이 줄어든다. 반면 저금리임에도 30대의 평균 대출금리는 상대적으로 높아졌다. 바로 이것이 저금리가 부의 양극화 문제를 더 악화시키는 요인이 되고 있는 이유다.

이는 매우 심각한 문제다. 따라서 사회갈등 비용을 줄인다는 측면에서 정부는 도시 평균 가계소득 이하의 서민에게는 저축상품에 대한 비과세 혜택을 유지·확대하고 금융권의 고금리 대출을 통제할 필요가 있다. 특히 청년세대에게 대부업체나 할부금융회사들이 고금리로 학자금 대출을 하지 못하도록 법으로 강제하고, 이를 저리의 은행대출로 전환시켜주는 정책을 시급히 시행해야 한다.

은행예금 금리의 실질수익률이 0%대로 추락하면서 주식시장으로 돈이 유입되는 속도가 빨라지고 있다. 국가경제, 개별기업의 경제여건이 나빠지는 것과 비교해 주가가 꾸준히 강세를 이어가는 이유도 저금리에 원인이 있다. 금리가 너무 낮다보니 평생 주식투자와 담 쌓고 있던 퇴직자들마저 주식투자 인구가 늘고 있다. 우려스러운 일이지만 그나마 있는 퇴직자금으로 생활자금을 마련해야 하는 처지에서는 주식투자의 위험을 모르는 것이 아니지만 어쩔 수 없는 일이다.

이 경우 주식투자 비중은 최소화하고 은행예금에 비해 수익률이 높은 회사채, CP, 후순위 채권 등의 유동화증권 상품과 독신가구의 급증으로 경제적 가치가 크게 오른 독신가구를 대상으로 하는 원룸주택(오피스텔, 다가구주택, 소형아파트)에 투자해 월세를 받는 투자를 해야 한다.

3

수익은 없고
수수료만 내는 상품

금융기술을 말하는 자리에서 '초 치는' 얘기를 한 마디 하고자 한다. 금융기술을 활용해 이미 나와 있는 금융상품 중에서 옥석을 구분하는 것은 물론 중요하다. 그러나 왜 지금처럼 저금리로 인해 은행과 보험사 금융상품의 경제성이 사라졌고, 또 왜 우리는 그로 인해 이들 금융회사와의 거래가 늘수록 더 가난해질 수밖에 없는지를 알아야 한다.

금융회사에서 강의하고 받는 강사료로 어느 정도 호구지책을 해결해야 하는 저자 처지에서 반(反)자본의 입장에서 글을 쓴다는 것은 매우 내키지 않는 일이다. 그렇다고 해서 이런 내용의 글쓰기에 특별한 사명감을 갖고 있는 것도 아니다. 그럼에도 이런 입장에 설 수밖에 없는 것은, 세상의 거의 모든 사람이 영혼 없이 가진 자의 편에 서서 그들처럼 생각하고 행동하는 시대에 누군가는 적어도 '객관'의 위치에서 생각하고 행동해야 한다고 여겨서다.

결론적으로 말하면, 지금 세상에 존재하는 보험사, 은행 등 소매 금융회사에서 판매하는 금융상품을 구매하는 것은 소비자 입장에서는 땀 흘려 번 돈을 그들에게 갖다 바치는 행위에 불과하다. 소비자가 갖다 바친 그 돈으로 금융회사 임직원들은 점점 배부른 돼지가 되어갈 뿐이다. 그래서 주류 경제학자들조차 현재의 금융회사 금융상품 판매를 두고 '약탈적'이라고 하는 것이다.

소매 금융회사에서 판매를 전담하는 비정규직 영업자(재정설계사라 부른다)들 역시 피해자이기는 마찬가지다. 이들이 신규 영업자를 리쿠르팅하고 판매를 전담하고 있지만 이들 또한 금융회사 임직원과 대주주들을 위해 한번 쓰이고 버려지는 소모품 같은 존재들이기 때문이다. 따라서 우리는 일선에서 고객을 직접 상대하면서 영업하는 이들을 비난할 게 아니라 이런 구조에 기생하는 자들을 비난해야 한다. 여러분 친구들 가운데 본의 아니게 비정규직 영업자가 돼서 여러분에게 별 효용가치가 없는 보험 상품을 강매하는 경우를 심심치 않게 당해왔을 것이다. 그러나 그들도 피해자이지 우리가 공격할 대상이 아니다.

지금 은행권과 보험사에서 판매하는 상품들, 이를테면 정기예금, 적금, 각종 연금 상품은 저축금액이 증가할수록 우리를 더욱 가난하게 만들 뿐이다. 상식적으로 생각해도 지금 판매되고 있는 금융 상품 중에서 이자에 대한 세금 15.4%를 떼고 실질금리가 물가상승률을 상회하는 상품이 있는가?

여기에다 운용 수수료가 적지 않은 변액 관련 상품, 연금 상품들은 금융회사의 자본 확충과 이익 증대에만 기여할 뿐이다.

금융상품 투자만으로 개인의 가처분소득이 증가하는 것에는 한계가 있다. 잘못된 금융투자가 당신을 더 가난하게 만들 수 있다는 점을 반드시 기억하기 바란다. 인간은 언제나 비이성적이다. 오죽하면 인간의 경제행위를 두고서 인간의 이성은 초라한 조랑말에 비유하고 인간의 감성은 거대한 코끼리에 비유할까. 그렇다. 우리는 눈앞의 작은 이해에 얽매여 정작 봐야 할 것은 보지 못하는 존재다.

우리는 당장 눈앞의 금리 0.1%는 잘 따져도 금리 프레임에 갇히는 순간 다른 것은 보지 못하는 잘못을 흔히 저지른다. 금융상품만을 보지 않으면 이 지독한 저금리 시대에도 당신의 지갑을 두툼하게 해주는 투자 상품이 얼마든지 있다. 여러분은 그 기회를 놓치지 않기를 바란다.

오늘날 우리나라 경제를 가리켜 국가경제는 성장하고 있지만 개인은 오히려 점점 더 가난해지고 있다고 한다. 이 와중에 개인을 상대로 하는 금융회사들은 과거에 비해 더 거대화되고 임직원 임금 또한 크게 오르고 있다. 모 은행 임원의 평균 급여는 외환위기 당시와 비교해 14배에서 16배나 올랐다고 한다. 참으로 이상한 일이 아닌가? 금융회사를 먹여 살리는 개인 고객은 점점 가난해지고 있는 반면 금융회사는 점점 더 배부른 돼지가 되어 간다는 게 말이다.

도대체 왜 그럴까? 이유는 간단하다. 과도한 금융거래 수수료, 펀드 같은 위험하고 수수료 높은 상품의 판매 증가가 그 원인이다. 펀드, 변액 관련 상품은 고객 입장에서는 악마가 만든 상품이지만,

금융회사 입장에서는 수백 년에 걸친 자본주의 역사에서 자본이 만든 최고 상품이다. 왜냐하면 펀드, 변액 관련 상품은 과도한 수수료에도 불구하고 투자원금 손실이 모두 개인 고객에게 전가되고 금융회사는 이에 대해 아무런 책임도 지지 않게 설계되어 있다. 이것은 봉이 김선달이 대동강 물을 떠서 팔아 먹었다는 일화보다 더 쉽게 돈을 버는 일이다.

지금의 금융상품 투자를 보면, 자본이 자신에게 이익이 되는 한에서 규칙을 만들고 우리는 그 안에서 투자하고 있는 게 현실이다. 룰을 정의롭게 바꾸지 않는 한 여러분은 금융회사와 거래할수록 가난을 피해갈 수 없다. 룰을 바꿀 수 없다면 금융회사와의 거래를 거부하라.

4

부자가 마을금고를
찾는 이유

부자들은 돈의 흐름에 동물적 감각이 있는 사람들이다. 금리가 낮아지면서 수익성 부동산인 오피스, 상가, 다가구주택, 오피스텔의 가격은 오르고 있다. 왜 그럴까? 돈 냄새에 예민한 부자들이 이미 은행권에서 돈을 빼서 이곳에 투자를 집중했기 때문이다. 부자는 확정수익을 주는 투자상품을 좋아한다. 과거 고금리시대에는 그들의 니즈에 부합되는 상품이 채권, 저축은행의 정기예금이였다면 지금은 그 대상이 수익성부동산으로 바뀐 것이다.

수익성부동산에 투자해 받는 월세는 정기예금의 이자와 같은 것이다. 이런 면에서 수익성부동산도 부자들에게는 확정수익을 주는 투자상품이다. 그러나 수익성부동산에 투자할 여력이 없는 우리의 목톡투자는 여전히 예금상품에 대한 미련을 거둘수가 없다. 우리는 예금하는 금융회사는 클수록 좋다고 생각한다. 그러나 이제부터는 대형은행이 더 좋다는 편견은 버리기 바란다. 서브 프라임 모기지론으로 인한 금융위기가 어떻게 발생했는지를 한번 생각해보자. 그 답은 서브 프라임 모기지라는 말에 다 들어 있다. 서브 프라임이란 말 그대로 신용이 낮은 사람을 대상으로 대출하는 상품을 말한다. 모기지론은 주택저당권을 담보로 대출하는 상품이다. 모기지(mortgage)란 말은 바로 저당권이란 뜻이다. 따라서 서브 프라임 모기지론은 신용이 낮은 사람(sub-prime)을 대상으로 하는 주택대출 상품을 말하는 것이다. 그러니까 모기지론의 다른 말은 주택담보 대출이다.

일반적으로 주택담보 대출의 겨우 채무자의 소득, 대출상환 능력을 기준으로 해서 주택 감정가액의 70~80%(A급 담보로 평가하는 아파트 기준) 선에서 대출 가능액을 정하고 이 범위 내에서 대출을 하는 것이 관행이다. 그런데 2000년대 들어 세계적 호황과 부동산 경기호황으로 미국 은행들은 신용이 낮은 사람에게 주택가격의 100% 이상을 대출금으로 지급했다. 그렇게 대출해도 주택가격 상승으로 채무상환에 문제 될 것이 없다고 생각했다.

여기에 소위 그림자 금융(Shadow Banking, 은행의 재무제표에 잡히지 않는 상품)에 속하는 저당권을 페이퍼 컴퍼니인 SPC가 인수하고 유동화 증권(MBS)를 발행해 부실을 키웠다. 요즘에도 수익 상품으로 관심을 모으는 후순위 채권도 유동화 증권에 속한다. 이미 우리가 알게 모르게 유동화 증권은 우리 생활 속에 깊숙이 들어와 있다. 그러나 부동산 버블이 급격히 꺼지면서 담보로 잡은 주택의 가격이 급락하면서 채무상환에 적신호가 켜지기 시작했다. 그래도 여기까지면 그나마 괜찮다.

하지만 메가 뱅크들이 그림자 금융을 이용해 모기지론을 증권화한 MBS(주택 저당권 유동화 증권)를 대규모로 발행하면서 위기가 증폭되었고, 이로 인해 메가 뱅크가 파산하면서 소위 서브 프라임 모기지론 사태가 발생하고 말았다. 당시 미국의 5대 메가 뱅크들마저 파산의 위험을 피해가지 못했다. 여기까지가 소위 서브 프라임 모기지론 부실로 인해 발생한 금융위기의 본질이다.

금융위기 당시 영국과 미국의 대형은행들은 정부의 공적자금 지원으로 살아났다. 그랬다면 정신을 차렸어야 했다. 그러나 메가 뱅크들은 지금도 금융비리를 계속 저지르고 있다. 이제 메가 뱅크들은 금융시장에서 애물단지로 전락했다. 그래서 지금은 금융위기의 진원지인 메가 뱅크를 통제하는 강력한 규제법을 만들든지, 아니면 그들이 겸업하지 못하도록 은행의 포트폴리오를 분리해야 하는 시점이다.

영국의 대처 수상은 소위 '빅뱅(Big Bang)'이라는 금융완화 조치를 1986년에 본격적으로 실행에 옮겼다. 당시 영국 정부의 금융완화 조치는 팬티만 남기고 다 벗어줬다고 말할 정도로 파격 그 자체였다. 빅뱅이 우주 대폭발을 일으켜 태양과 달을 창조한 것처럼 금융업이 정부의 금융완화 조치로 대폭발을 일으키면 일자리는 창출되고 국부는 증가하는 결과를 가져오리라고 믿었다. 그러나 금융권의 빅뱅은 금융위기의 서막을 알리는 시그널이 되고 말았다.

결국 금융권 빅뱅은 서브 프라임 모기지론 금융위기 사태로 월스트리트의 메가 뱅크를 무너뜨리고, 세계금융의 중심지 런던 금융시장마저 붕괴시켰다.

금융위기 당시 월 스트리트 메가 뱅크의 파산을 우려해 막대한 금융지원을 해주던 미국 정부는 메가 뱅크의 비리에 대해 단호히 대처하고 있다. 메가 뱅크의 불법행위에 대해서는 가차 없이 벌금을 물리고 수사에 즉각 돌입한다. 이제 메가 뱅크를 옹호했다가는 범죄집단의 이익을 대변하는 하수인으로 낙인찍힌다. 그 과정에서 은행 규모가 클수록 불법 상품이 많고 변칙 거래와 불법 행위가 엄청나다는 사실이 속속 드러났다.

2011년 우리나라 경제 규모는 1237조 원이었다. 2012년 3월 기준 우리금융지주의 자산 규모는 319조원, 신한금융지주는 295조원, KB와 하나금융지주는 각각 285조원, 농협은행은 248조원이다. 삼성그룹의 경우 계열 금융사의 자산 규모가 232조원이다. 우리 경제 규모에서 금융사업은 한계점에 봉착해 있다. 그럼에도 낙하산으로 금융지주회사 회장 자리를 꿰찬 'MB의 아이들'은 한때 금융지주 간 M&A를 획책했다. 이는 시대 흐름을 역주행하는 일이다. 소위 경제를 공부했다는 자들이 시대 흐름을 전혀 읽지 못한 소치의 결과다.

현재 금융지주회사들은 은행부터 증권사, 보험사, 자산운용사, 사모펀드(PEF)를 설립하고, 파산한 저축은행을 인수해 계속 덩치를 키우고 있다. 우리나라에서도 은행들의 덩치가 커져야 한다는 꿈을 팔며 금융지주회사 간 합병을 꾀하려는 시도가 끊이지 않고 있다.

이에 반해 북미 경제권에 속하면서도 캐나다 은행들은 금융위기를 피해갔다. 캐나다의 6개 대형은행 중 금융위기로 파산한 곳은 한 군데도 없었다. 캐나다 은행들은 덩치를 키우려고 하지 않았고, 그림자 금융의 유혹에도 빠지지 않았다. 캐나다는 은행 규모가 크지 않아도 국가의 통제가 적절히 이루어져왔고, 은행의 지분구조가 민주적이어서(캐나다는 민주적 의사결정이 중시되는 협동조합 금융이 발달했다) 금융위기를 피해갈 수 있었다.

국가의 통제를 벗어난 메가 뱅크는 국가의 암적 존재이며 국가 경제를 망칠 수도 있다. 이래도 은행은 규모가 커야 안정적이라는 신화를 믿을 것인가.

마을금고는 규모는 작아도 민주적으로 운영하는 덕분에 위기에 더 강하다. 마을금고, 작다고 무시하지 마라. 그렇다면 이제 마을금고가 왜 좋은지 알아보도록 하자.

요즘은 금융회사마다 회사 타이틀을 영문 이니셜로 쓰는 게 유행이다. 그렇게 하면 회사 이미지가 올라가고 고객들에 대한 서비스가 좋아질까? 그렇지 않다. 타이틀을 바꾸나 그대로 두나 현재의 금융회사는 고객의 돈을 합법적으로 털어갈 궁리만 한다. 아무튼 금융회사가 영문 이니셜을 회사 타이틀로 쓰는 게 대세다. 이를테면 KB는 국민은행, IBK는 기업은행, KDB는 산업은행의 영문 타이틀이다. 그렇다면 MG는 어느 금융회사가 쓰는 영문 타이틀일까?

은행은 아니다. 그렇다고 증권사나 종금사도 아니다. MG는 '마을'과 '금고'의 각 첫 자를 이니셜로 하고 있는 새마을금고의 영문 타이틀이다. 새마을금고, 이름부터 촌스럽다. 그리고 간판은 익숙하지만 거래는 자주 하지 않는 금융회사다.

대부분의 은행 점포는 땅값이 비싼 대로변에 위치하고 있다. 당연히 점포구입 비용이 높다. 그리고 직원들 인건비도 다른 업종에 비해 매우 높다. 문제는 은행 역시 대형 할인점처럼 쇼핑은 편리하지만 판매하는 금융상품의 경쟁력은 떨어진다는 점이다.

우리 식탁에 꼭 빠지지 않고 올라오는 반찬의 가격은 재래시장이 경쟁력이 있다고 말했다. 금융상품에서 항상 우리 상차림에 오르는 반찬은 무엇일까? 바로 예금, 적금상품이다. 그런데 마을금고는 이 예금, 적금상품의 경쟁력에서 은행보다 앞선다. 왜 그럴까?

마을금고에는 어떤 회사들이 있는지를 우선 알아보자. 마을금고는 동네를 중심으로 영업하는 소규모 금융회사다. 마을금고에는 새마을금고 이외에도 단위농협, 수협과 신협(신용협동조합)이 있다. 우선 단위농협(수협)은 지역 내에 거주하는 조합원이 지역을 중심으로 결성한 독립채산제 법인으로, 이 단위농협이 출자해 만든 것이 농협은행 또는 농협중앙회라고 부르는 금융회사다. 농협은행은 일반은행과 마찬가지로 1금융으로 분류되는 은행이고, 단위농협은 2금융권으로 분류된다. 신협 역시 지역, 종교, 직장을 기초단위로 조합원이 출자해 조합을 결성해 만든 회사다. 새마을금고 역시 조합원이 상호이익을 도모코자 만든 금융조합이다.

이들 회사는 조합원 상호 간의 이익 확대를 설립 목적으로 삼는다는 점에서 상호금융회사이고, 조합 형태로 설립되기 때문에 협동조합이라고 할 수 있다. 여기서 잠깐, 협동조합은 우리가 일반적으로 회사라고 부르는 상법상의 주식회사와는 다르다. 주식회사는 주주의 이익을 위해 존재하지만 협동조합은 조합원의 상호이익을 위해 존재한다.

마을금고의 예금에는 어떤 비밀이 숨어 있는지도 알아보자. 상호금융회사, 그러니까 마을금고에 조합원 자격으로 예금을 하면 3000만 원까지 이자에 대해 내는 세금이라곤 농특세 1.4%기 전부다. 보통 일반 금융상품의 경우 이자소득에 대해 15.4의 세금을 부과하는 것과 비교하면 사실상의 비과세 혜택이 있는 것과 마찬가지다. 조합원 자격을 얻으려면 누구나 출자금 1만원만 내면 된다. 또 출자금 1000만원까지는 배당소득이 비과세되기 때문에 배당금을 합쳐서 4000만원까지 비과세 혜택을 받는 것이나 다름없다.

비과세 효과가 어느 정도의 경제적 효과를 갖는지에 대해 은행 상품과 비교하면서 알아보자. 만약 여러분이 3% 금리로 각각 100만원씩 은행과 마을금고의 예금에 가입했다고 가정해보자. 이때 은행 예금은 만기에 3만원의 이자를 받는다. 그러나 금리가 같다고 해도 비과세되는 마을금고의 예금은 세금 공제 후를 비교하면 4950원의 이자를 더 받는다. 은행 예금보다 16.5%의 이자를 더 받는 금리인상 효과가 있는 것이다. 같은 금리로 예금을 해도 실제로 받는 이자는 마을금고가 은행보다 16.5%를 더 받는다는 것이다. 마을금고 예금에는 비과세 혜택이 주어지기 때문이다.

마을금고의 대출 상품이 경쟁력이 있다. 마을금고는 각각 독립 경영을 한다. 때문에 각 금고마다 경영현황이 다 다르다. 영업에 대한 지역 규제도 없다. 이는, 마을금고의 전국 단위 점포를 대상으로 하면 마을금고에서 대출을 할 수 있는 곳이 1000곳이 넘는다는 의미다. 그 1000개가 넘는 곳 중에서 대출조건이 가장 유리한 곳을 선택해 대출을 받으면 금리와 대출조건이 일률적으로 적용되는 은행이나 저축은행보다 더 유리하게 대출받을 기회가 훨씬 많아진다.

대출금리 1%를 줄이는 것과 예금금리 1%를 더 받는 것 중에 어느 쪽이 경제적으로 더 이익이 될 것이라고 생각하는가? 당연히 대출금리 1%를 줄이는 것이 이익이다. 예금금리는 1%라 해도 이자에 대한 세금 15.4%를 공제하면 실제 받는 이자는 1%가 되지 않는다. 그리고 대출이자로 매월 나가는 돈은 기회비용 측면에서 예금의 복리와 같은 것으로, 실제 복리로 계산한 대출이자는 표면금리보다 이자가 많이 나간다.

대출을 잘 받는 방법에는 왕도가 없다. 신용이 낮거나 담보가 없는 사람은 주어진 여건에서 가능한 한 많은 금융회사와 접촉하여 대출 가능액과 부과 금리를 알아보고 유리한 조건을 제시한 금융회사와 거래해야 한다. 그런 점에서 동네에서 영업하는 마을금고는 좋은 대안이 될 수 있다.

다음으로, 요즘 관심이 부쩍 높아진 협동조합과 주식회사는 어떻게 다른지 알아보도록 하자.

축구 마니아가 아니라 해도 흔히 바르샤로 불리는 세계 최고의 축구 명문 클럽 FC바르셀로나는 알고 있을 것이다. 바로 이 바르샤가 20만 명의 조합원이 주인인 협동조합 기업이다. 바르샤 홈구장의 2층 축구박물관 입구에는 '민주주의'라고 쓰여 있는 간판이 입장객을 맞는다. 이는 협동조합이 어떤 성격의 기업인지를 잘 알려주는 상징과도 같다. 민주주의라는 말은 바르샤의 주인이 주식을 많이 갖고 있는 대주주가 아니라 다수의 조합원이라는 사실을 함축적으로 보여준다.

바르샤 조합원은 전 세계인 누구나 될 수 있다. 조합에 대한 투자금 150만 유로만 내면 된다. 18세 이상 조합원으로 가입 기간이 1년을 넘으면 조합원 모두에게 이사회에 참석할 권리가 주어지고, 6년마다 홈구장에서 개최되는 클럽 회장 선거에 참여해 자신의 한 표를 행사할 수 있다. 이 의결 행사권은 출자금 규모와 상관없이 누구나 한 표만을 행사할 수 있다는 점에서 의사결정이 민주적이다.

반면 주식회사는 보유 주식 수에 따라 의결권을 행사하기 때문에 주식 수만 많다면 한 사람이 의사 결정권을 독점할 수 있다. 그만큼 비민주적이다. 대기업이 대주주에게 이익이 되는 한에서만 경영이 이루어지는 이유가 바로 여기에 있다.

바르샤는 협동조합이어서 이익배당금을 주주에게 우선 배당하는 주식회사와 다르다. 그래서 바르샤는 이익잉여금을 내부에 적립해두고 장기적 안목을 토대로 유무형의 인프라 개선을 할 수 있다. 리오넬 메시를 위시하여 현재 바르샤의 주전 멤버로 뛰고 있는 대부분 선수가 바르샤 유소년 출신이라는 것은 협동조합 시스템을 빼놓고는 설명하기 어렵다. 협동조합은 조합원의 상호이익을 도모하기 위해 설립한다. 협동조합은 출자금의 많고 적음과 상관없이 모든 조합원이 똑같이 한 표의 권리만을 행사한다. 그래서 의사결정 과정이 민주적이다.

협동조합이 발달한 캐나다 퀘벡 주는 주민의 70%가 협동조합 조합원이다. 퀘벡 협동조합의 상징이자 중추인 데자르뎅 그룹은 인구 880만 명의 퀘벡 주에서 가장 규모가 큰 민간기업이자 금융회사다. 이 협동조합은 조합원만 540만 명에 직원이 5만 명에 이르고, 자산 규모가 215조원이다. 이 회사의 무엇보다 큰 덕목은 최고경영자와 최하위 말단 직원 사이의 소득배분율이 1대 5 수준으로, 대주주와 말단 직원 간의 소득 차이가 비교적 작다는 점이다. 소득 균형에서도 민주적인 것이다.

요즘 우리 사회에서는 회사 임원과 직원이 같은 월급쟁이이면서도 둘 사이에 월급 차이가 너무 커서 문제가 되고 있다. 삼성전자는 그 차이가 45배나 된다고 하니, 직원들의 박탈감이 매우 클 것이다. 이는 주식회사의 성과주의, 대주주 중심의 독선적 경영이 낳은 폐해다. 이렇게 가다가는 주식회사는 그 탐욕성과 일부만 부자가 되는 구조적 한계 탓에 종말을 맞을 수도 있다. 캐나다가 몇 번의 커다란 금융위기를 피해갈 수 있었던 것도 이처럼 민주적 경영을 하는 협동조합의 토대가 있었기 때문이다.

마을금고라 부르는 단위농협(수협), 신협(신용협동조합), 새마을금고의 예·적금 상품은 3000만원까지 실질적인 비과세 혜택이 주어진다. 이 회사들은 조합원이 출자해 만든 협동조합 형태의 금융회사여서, 조합원으로 가입하고 거래하면 비과세 혜택은 물론이고 출자금에 따른 배당소득도 받을 수 있다. 마을금고, 작다고 무시하지 말자.

5

비과세 금융상품
총정리

예금이자에 대한 세금이 아예 없거나 적다면 나쁠 것이 없다. 하지만 이것이 금융상품을 선택하는데 있어서 절대적인 기준이 되서는 안 된다. 왜냐하면 비과세라는 프레임에 갇혀 금융상품 이외의 다른 투자 상품을 고려하지 않는 투자행위는 경제적으로 큰 손실을 안겨줄 수도 있기 때문이다. 그러니까 비과세 혜택이 주어지는 상품이라도 만기에 받게 되는 실질이자로 투자 상품의 우위를 저울질해야지, 그것이 단지 비과세 상품이라고 해서 좋은 상품은 아니라는 것이다.

비과세 상품은 이자에 대한 15.4%의 세금을 감면받거나 아예 안 내기 때문에 실질적인 금리 상승 효과가 있다. 만약 은행, 마을금고의 정기예금 표면금리가 같다고 가정할 때 만기 후 받게 되는 이자가 마을금고 쪽이 은행보다 16.5% 더 많은 것도 마을금고 정기예금은 실질적으로 비과세이기 때문이다.

이 지독한 저금리 시대에 과거처럼 소매 금융회사에서 예금을 통해 생활자금을 마련한다고 생각하는 것 자체가 미련한 짓이다. 그러나 시장 소비자의 니즈는 다양하고, 거기엔 또 제각각 나름의 이유도 있을 것이다. 그래서 그 대안을 본격적으로 알아보기 전에 비과세 상품을 활용하여 금리를 0.1%라도 더 받는 방법에 대해서 우선 알아보자.

비과세 상품의 장점은 이자에 대해 세금을 내지 않아도 된다는 것이다. 비과세 상품은 이자소득에 대해 15.4%를 일괄적으로 과세하는 일반 금융상품과 비교해 금리 인상 효과가 있다.

신재형저축

재형저축을 풀어서 설명하면 '재산 형성을 위한 저축'이다. 누구를 위한 재산 형성 저축인가. 재형저축은 근로자와 자영업자들의 재산 형성을 돕기 위해 만들어진 통장이다. 우리 세대가 사회 초년생 시대에는 무조건 가입해야 하는 머스트 해브(must have) 상품이 재형저축이었다. 왜냐하면 그 당시 재형저축의 금리는 거의 20%에 달했기 때문이다.

지금부터 20년 전의 얘기다.

현재 나와 있는 신재형저축은 이와 비교조차 되지 않을 정도로 금리가 낮다. 군대 시절 가입했던 재형저축은 내가 사회생활 초기에 경제적으로 자립하는 데 효자 역할을 톡톡히 했다. 현재 판매되고 있는 재형저축에 이런 기대를 하는 건 시대착오적이다. 내가 비교적 빨리 내 집을 갖게 된 것도 월급이 많아서라기보다는 군대 시절 재형저축이 종잣돈 역할을 했기 때문이다. 그러나 현재의 재형저축은 그 요란스러움에 비해 사회 초년생에게 별 도움이 못 된다.

신재형저축은 과거 서민들이 목돈 만드는 데 큰 기여를 하던 재형저축이 18년 만에 부활했다는 사실 자체만 의미가 있지, 경제적으로 이익이 될 소지는 거의 없다. 그럼에도 신재형저축은 누구나 가입할 수 있는 게 아니다. 연봉 5000만원 이하 근로자와 종합소득 3억5000만원 이하 개인소득자만 가입할 수 있다. 이렇게 말하니 마치 정부가 근로자와 서민에게 큰 특혜나 주는 것 같다. 나는 장기간 가입해야 비과세 혜택이 주어지고, 금리도 낮으며, 그마저 일정 기간이 지난 후 변동금리를 적용시켜 이자를 계산하는 재형저축을 추천하고 싶지 않다.

신재형저축으로 가입 가능한 상품은 적금, 펀드, 보험 등이다. 은행, 보험사, 증권사가 취급하며 모두 적립식으로만 가입할 수 있다. 재형저축은 7년 이상 불입하는 경우에만 이자소득세 14%가 면제된다. 장기간의 적립 기간이 요구되는데다, 향후 수익률이 떨어질 것으로 예상되는 시점에 이런 상품에 가입하는 것은 결과적으로 이를 판매하는 금융회사만 좋은 일 시켜주는 것일 뿐이다.

재형저축의 불입한도는 분기당 300만원으로 매월 100만원까지 불입할 수 있으며 연간으로는 1200만원까지 불입할 수 있다. 가입후 7년 이내 중도에 해약하거나, 제3자에게 양도할 경우에는 감면

해준 이자와 소득세를 모두 추징하므로 중도에 해지하면 손실이 크다. 그리고 3년은 고정금리를 보장하지만 그 다음해부터는 변동금리가 적용된다.

재형저축을 판매하는 금융회사는 금리에 대한 리스크를 다 회피한 상태에서 상품을 팔고 있다. 손해는 보지 않으면서 고객 돈을 7년간 묶어두려는 심보다. 현실을 보라. 계속 금리가 떨어지는 상황에서 초기에 신재형저축에 가입한 사람들의 손해가 더 커지고 있지 않은가?

재형저축은 가입 후 1회에 한해서 3년 이내로 연장 가능하다. 재형저축이 워낙 관심을 끌고 있어 소개는 하지만, 정부는 이런 상품의 판매를 허가하는 시간에 국민연금부터 제대로 개혁해야 한다. 이것이 이 땅의 서민과 근로자에게 도움이 되는 일이다. 정부 정책은 언제나 상위 1% 인간들의 머릿속에서 나온다는 한계가 있다. 그래서 정부 정책은 서민이 느끼는 체감온도와 너무 동떨어져 있다.

생계형 저축

생계형 저축은 우리한테는 해당되지 않는 상품이다. 지만. 부모님, 가족, 친지들 중에서 이 상품의 가입조건에 해당하는 사람들에게 추천해도 좋은 상품이다.

생계형 저축은 어떤 특정 상품이 있는 건 아니다. 장애우, 독립유공자 및 그 유가족, 국가 유공 상이용사자, 기초생활수급자를 대상으로 모든 금융회사가 취급하는 상품 가운데 생계형 저축에 해당

되는 것을 선택해 3000만원 내에서 비과세 혜택을 주는 상품이다.

세금우대 및 분리과세 상품

세금우대는 비과세 상품보다 세금감면 혜택이 작다. 세금우대 상품은 계약 기간이 1년 이상인 모든 금융상품에 해당하며, 세금우대로 가입할 경우 일반 세율 15.4%보다 낮은 9.5%를 과세한다. 세금우대는 일반인의 경우 1000만원까지 누구나 가능하며, 노인 및 장애우의 경우에만 3000만원까지 가입을 허용하고 있다.

분리과세 대상 소득은 과세 기간별로 합산하지 않고 당해 소득이 지급될 때 소득세를 원천징수하는 과세 체계를 말한다. 다음은 분리과세 대상 상품이다.

대표적인 건 분리과세 채권이다. 여기에는 물가연동채와 국고채 10년물이 있다. 물가연동채는 물가가 상승하면 원금이 체증하는 구조로, 물가 상승에 대한 혜지(hedge) 기능을 갖고 있다. 물가연동채는 이자소득이 분리과세된다. 국고채 10년물의 경우는 이자소득의 분리과세를 선택할 수 있다. 국고채 10년물은 6개월마다 이자가 지급되는 이표채로, 국고채 발행 주체가 국가이기 때문에 국가가 망하지 않는 한 투자손실의 위험이 없다.

비과세, 분리과세, 세금우대 상품 중에서 우리가 알아두어야 할 상품을 소개하였다. 물론 비과세 대상 상품에는 10년 이상 불입한 저축성 보험, 연금저축 상품도 해당되지만 이것들은 경제적으로 별 의미가 없는 상품이다. 비과세가 된다 한들 최종수익률이 다른 대체상품에 비해 떨어지기 때문에 가입할 이유가 없기 때문이다.

그밖에 비과세 상품으로는 운용자금의 60% 이상을 정부 인증 녹색기술이나 프로젝트에 투자하는 녹색예금(채권, 펀드 포함)이 있다. 이 상품의 가입기간은 3년에서 5년이며, 예금은 2000만원까지, 채권과 펀드는 3000만원까지 투자가 가능하다.

마지막으로 꼽을 수 있는 비과세 상품이 바로 앞에서 소개한 마을금고라고 부르는 상호금융회사의 비과세 예금이다. 비과세 상품 중에서는 이것이 우리에게 가장 맞는 상품이라고 생각한다. 마을금고에서 조합원 자격으로 투자해 3000만원까지 1년 이상 예금을 하면 비과세 혜택이 주어진다.

비과세 상품을 활용하면 과세 상품보다 이자를 더 받을 수는 있다. 그러나 그 효과가 저금리의 한계를 돌파하는 수준은 아니다. 대부분의 비과세 상품은 은행권 상품이다. 은행권 상품은 표면금리가 매우 낮아 비과세 혜택을 받는다고 해도 증권시장에서 유통되는 회사채 금리에는 못 미친다.

단기 여유 돈
CP가 최고

CP는 "Commercial Paper"의 약어로 자유금리기업어음 또는 실제금리 기업어음으로 부른다. CP 는 기업이 단기자금을 조달하기 위해 발행하는 융투어음으로 신속 평가기관의 평가를 거친 후 받게되는 등급에 따라 발행금리가 달라 진다.

어음이라는 단어도 일반 사람들에게는 외계어처럼 들릴 수 있 다. 어음이라는 말이 일상적으로 쓰이는 건 아니기 때문이다. 그러 나 이는 분명히 어렵고 쉽고의 문제는 아니다. 단지 익숙하지 않을 뿐이다. 어음과 관련한 내용이 특별히 어려운 건 아니다. 요즘 어음 을 매개로 한 금융상품이 많아졌으니 이번 기회에 확실하게 알아두 도록 하자.

어음이란 기업이나 개인이 상거래를 할 때 물품 판매대금이나 용역 서비스의 대가로 받는 결제대금을 대신해 일정 기간이 지난 뒤 현금을 지급하기로 약속하는 유가증권이다. 하지만 어음은 꼭 상거래가 발생할 때만 발행하는 건 아니다. 기업이 단기 운용자금을 조달하기 위해 발행하기도 한다.

기업이 상거래가 수반된 대금결제용으로 발행하는 어음을 물품 판매대금 결제어음이라 하고, 줄여서 물대어음 또는 진성어음이라고 부른다. 이에 견주어 기업이 자금을 조달하려고 발행하는 어음은 융통어음이라고 한다. 우리가 금융시장에서 투자하는 어음은 융통어음이라고 할 수 있다. 물론 개인이 진성어음에 투자할 수도 있다. 이런 진성어음 판매시장은 전통적인 사채시장의 한 부분으로, 지금도 명동 사채시장에서 구매할 수 있다. 지금도 명동의 어음 중개를 전문으로 하는 사채 사무실은 등록법인 이상 거의 모든 기업의 어음을 취급한다.

금융권에서 일해 본 사람이나 적어도 창업을 해서 실제 대금결제로 어음을 받아 본 사람은 어음에 대해 어느 정도는 이해한다. 그러나 이제 막 사회생활을 시작한 사회 초년생들이 알기에는 어음이 낯선 게 현실이다. 사회 초년생이 알고 있는 금융상품이라고는 은행 상품, 저축성 보험, 그리고 최근에 '핫하게' 부각된 CMA 정도가 고작일 것이다. 사실 대부분 사람이 알고 있는 금융상품도 이 범주를 그리 벗어나지 못한다. 그러나 알고 보면 금융상품의 세계는 넓고 투자할 곳 또한 많다. 그중 대표적인 단기 고수익 금융상품이 바로 '어음' 자가 들어간 금융상품이다.

CP를 '자유금리 기업어음'이라고 부르는 이유는, CP의 발행 주체는 기업으로 CP는 기업이 단기성 자금을 조달하기 위해 발행하는 단기 회사채의 성격을 지니고 있기 때문이다. 또한 기업어음 앞에 '자유금리'라는 수식어가 붙는 이유는, CP의 금리가 발행 시점의 발행 기업의 신용등급과 시장 실세금리의 변동에 따라 결정되기 때문이다.

CP는 매우 오래된 역사를 자랑하는 단기 금융상품으로, 한때는 단기 금융상품의 황제로까지 불리기도 했다. 이 상품은 IMF 외화위기 이전까지만 해도 연 10%가 넘는 고금리에 원금을 보장해주는데다 지급보증까지 되었기 때문에 안심하고 투자할 수 있었다. 그러나 외환위기를 거치면서 당시 CP를 중개하고 판매하던 수십 곳에 달하던 투자금융사(종금사의 전신) 부실화로 시장에서 퇴출당하는 과정을 거치면서 CP의 지급보증은 사라졌다. 따라서 CP는 금리만 보고 투자해서는 안 되고 발행기업의 안정성을 꼭 체크한 후 투자해야 한다.

최근에는 CP가 진화해 유동화 증권을 결합한 자산 담보부 기업어음(ABCP, Assert Backed Commercial Paper) 발행이 급증하고 있다. 아래는 이와 관련한 기사다.

"용산개발 시행사인 드림허브 프로젝트 금융투자 PFV에 따르면, 이날 오전 9시까지 지급해야 할 자산 담보부 기업어음(ABCP) 만기연장을 위한 이자 59억원을 ABCP 투자자에게 납입하지 못했다. 이에 따라 유동성이 부족해진 시행사는 부도 처리됐다. 시행사가 부도를

맞으면 더 이상 사업을 추진할 수 없어 용산개발은 백지화될 수밖에 없다."(《아시아경제》)

ABCP는 유동화 전문회사(SPC, 특수목적회사로 부르며 일종의 페이퍼 컴퍼니를 가리킨다)가 매출채권, 리스채권, 회사채 등의 자산을 담보로 해서 발행하는 CP(자유금리 기업어음)가 바로 ABCP다.

초보자가 이런 설명을 이해하기는 어려울 것이다. 그러나 여기서 ABCP, ABS, SPC라는 용어는 꼭 기억해두기 바란다. 최근 금융권의 빅 이슈가 되고 있는 소위 그림자 금융의 대표적 상품이 특수목적회사(SPC)를 설립해 발행하는 자산 유동화 증권(ABS)인데, 이것이 투자자에게는 고수익 금융상품으로 저금리의 대안이 되고 있기 때문이다. 금융투자로 저금리를 돌파하는 도구가 되는 대표적인 금융상품은 기업이 발행하는 회사채, 자산 유동화 증권, CP, 주식 연계 채권이다. 이외에 다른 대안은 없다.

강남역 주변에서 생활하는 사람들은 오다가다 LIG건설이 발행한 CP가 LIG건설의 부도로 인해 휴짓조각이 되는 과정에서 투자자들이 LIG건설과 LIG건설이 발행한 CP를 인수해 유통시킨 동양종금증권 앞에서 시위하는 모습을 보았을 것이다. 바로 이 광경이 CP의 현주소를 보여주고 있다. 현재 CP 투자의 문제는, CP가 지급보증이 되지 않고 예금자 보호 상품이 아님에도 금리가 높다는 이유로 기업의 재무상태를 확인하지도 않은 채 '묻지 마' 투자를 한다는 점이다. CP는 금리는 높지만 은행 상품처럼 예금자 보호가 되는 건 아니라는 것 정도는 알고 투자해야 한다.

CP와 같이 고수익 상품으로 알려진 후순위 채권(후순위 채권은 일반적 채권이 아니라 자산 유동화 증권에 해당한다)에 투자한 사람들이 저축은행 파산으로 투자금을 돌려받지 못해 사회문제로까지 비화된 것도 이와 비슷한 사례다. 이들 상품의 공통점은 상대적으로 고금리를 주는 상품이지만 예금자 보호가 안 된다는 것이다. CP, 후순위 채권, 회사채 등 기업이 발행하는 고수익 상품은 모두 예금자 보호 대상 상품이 아니다. 따라서 지나치게 고금리에만 현혹되어 투자하다가는 원금손실이 언제든 발생할 위험의 소지가 있다.

원금보장이 되는 발행어음

발행어음은 종금사가 자기자본을 기초로 해서 자체 발행하는 것이다. 발행어음의 장점은 예금자 보호 대상이 되고, 1년 이상을 발행어음에 투자하는 경우 정기예금의 단리식처럼 매월 이자를 수령해 생활비로 쓸 수 있다는 점이다.

참고로 알아둬야 할 것은, 목돈을 투자해 일정 기간마다 이자를 지급하는 상품에는 발행어음, 정기예금 이외에도 회사채, 후순위 채권, 국고채가 있다는 사실이다. 따라서 고정금리 상품에 일정 기간 투자해 발생하는 이자를 수령해 생활자금으로 쓰려는 사람은 꼭 정기예금만을 고집할 이유가 없다.

정기예금과 발행어음 중 어떤 것이 더 유리한가를 가르는 것은 투자 시점의 금리다. 금리만 높다면 정기예금과 발행어음은 둘 다

예금자 보호 대상 상품이므로 어떤 것을 선택하든 안정성에는 문제가 없다.

저축은행에서도 판매되는 표지어음

기업은 물건이나 서비스를 제공한 후 그 대금을 반드시 현금으로 받는 것은 아니다. 일정 기간 내에 대금 지급을 약속하는 어음을 받는 경우도 많다. 이 경우 기업은 운전자금을 조달하기 위해 어음을 어음 만기일 전에 할인해야 할 경우가 생긴다. 이때 은행은 기업이 상거래를 통해 받은 어음이라고 해서 무조건 할인해주지 않는다. 기업이 상거래 대금으로 받은 어음의 할인을 은행에 의뢰하면, 은행은 그 어음이 한국은행 재할인 적격어음에 해당되느냐 아니면 기업의 은행 할인 한도에 여력이 있느냐에 따라 어음 할인 여부를 판단한다.

재할인 적격 대상 어음이 아닌 경우에는 신용보증기금의 할인보증서가 첨부되어야만 할인이 가능하다. 그것도 무한정 해주는 게 아니라 전년도 매출을 기준으로 정해진 할인 한도 이내에서만 가능하다.

여기서부터 문제가 시작된다. 상거래를 통해 그 대금으로 받은 어음은 많다. 그런데 은행에서는 할인이 안 된다. 이 어음을 할인해 운전자금을 조달하지 않으면 소위 말하는 흑자 부도가 발생하게 생겼다. 기업 입장에서는 이를 어떻게 해결해야 할까?

이때는 은행이 기업의 어음을 할인 형식으로 자금을 지원해주지만, 그렇게 할인해준 어음은 한국은행에 가서 재할인해 한국은행에 넘겨주는 것이 아니다. 어음 만기일까지 은행이 보유하게 된다. 따라서 은행은 할인 형식으로 이자를 취하지만 할부 금융처럼 어음을 담보로 대출해주는 것과 마찬가지가 된다.

보통 금융권에서는 이를 '어음 할인 팩토링'이라고 해서 한국은행의 재할인을 전제로 하는 어음 할인과 구분한다. 이 어음 할인 팩토링 금융 서비스는 은행뿐만 아니라 저축은행과 종금사에서도 하고 있다. 어음 할인 팩토링이라고 해서 상거래로 받은 어음을 무조건 다 해주는 건 아니다. 신용도가 떨어지는 기업으로부터 받은 어음은 담보가 필요하다.

어음 할인 팩토링으로 전도금융(대출의 의미와 같음)을 제공하고 금융회사가 어음을 보유함으로써 금융회사는 어음 만기일까지 자금이 묶이는 결과를 초래해 유동성 압박을 받게 된다. 이 문제를 해결하기 위해 금융회사가 어음 할인 팩토링으로 전도금융을 제공하고 받은 어음을 기초자산으로 해서 발행하는 것이 '표지어음'이란 상품이다. 형식은 다르지만 자산 담보부 증권과 같다고 할 수 있다. 자산 담보부 증권 역시 기업이 보유 중인 채권, 신용을 담보로 해서 발행된다.

이런 과정을 통해 금융회사 입장에서는 어음 만기 전에 자금을 회전할 수 있게 되고, 고객은 이렇게 탄생한 고금리 단기 상품에 투자할 수 있다. 서로 좋은 일이다.

여기까지 설명한 내용을 이해하지 못하는 사람도 많을 것이다. 당연하다. 금융권 직원들 중에도 잘 모르는 사람이 많다. 다만 지금부터라도 관심을 가지고 자료를 찾고 들여다보면 누구나 이해할 수 있다. 물론 금융지식을 익히는 가장 좋은 방법은 직접 해당 상품에 투자를 해보는 것이다. 여기서 아무리 채권이 좋다고 해도 문자로만 봐서는 머리로는 이해해도 실제 경험이 결여됐기 때문에 피부에 와 닿지는 않을 것이다.

최근의 금융상품을 주도하는 것은 은행권을 중심으로 판매되는 전통적인 금융상품, 이를테면 정기예금, 정기적금, 신탁형 상품 등이 아니다. 기업과 금융회사가 보유 중인 다양한 형태의 매출채권을 담보로 해서 이를 증권화시켜 판매하는 상품이 고수익 금융상품 시장을 주도하고 있다. 여러분도 이들 상품의 내용을 빨리 이해하고 이를 투자와 연계시키기를 바란다.

앞에서 언급했듯이 저금리를 뛰어넘어 10%까지도 거의 확실하게 수익률 예측이 가능한 상품은 기업이 발행하는 CP, ABS, 주식 연계 채권과 부동산 시장에서의 소형 임대 오피스텔밖에는 없다. 따라서 여러분은 이 상품들에 대해 공부하고 여기에 투자를 집중해야 한다.

금융상품 타이틀에 어음 자가 붙는 상품은 대부분 1년 이내 단기 투자 상품으로 단기 여유자금을 활용하는 데 유리하다. 여기서 유리하다는 말은 은행권의 일반 계정 상품과 비교할 때 금리가 높다는 뜻이다. 어음 자가 붙는 대표적인 단기 금융상품이 발행어음, 자유금리 기업어음이라 부르는 CP, 표지어음, 자산 담보부 기업어음인 ABCP, 진성어음(기업이 상거래 결제대금으로 받은 어음으로, 기업의 자금운용과 관련해 명동 사채시장에서 거래된다. 개인도 투자할 수 있다. 이 경우 아무래도 증권사를 통해 거래하는 것보다는 더 높은 수익을 얻는다) 등이다.

여러분 중 이 상품들에 직접 투자해본 경험이 있는 사람은 거의 없을 것이다. 이는 우리의 금융거래가 대부분 은행권, 보험사 중심으로 이뤄지는 것이 습관화되어 있기 때문이다. 그러나 정말 돈 되는 금융상품은 기업의 단기자금을 중개하는 종금사, 증권회사가 유통시키는 회사채, 단기 유가증권, 자산 담보부 유동화 증권 상품 등이다.

7

월급통장 관리
CMA가 좋다

CMA는 "Cash Management Account"의 약어로 어음관리계좌라고 부른다. CMA는 고객의 투자금을 단기실세형 금융상품, 회사채 등으로 운용해서 그 운용수익률을 돌려주는 상품이다. 최근에는 CMA를 은행의 수시입출금상품처럼 각종 공과금납부, 급여이체 등으로 이용하는 사람들이 늘고 있다.

CAM가 은행의 수시입출금 상품인 MMDA와 비교해 장점은 무엇일까? 은행이 판매하는 MMDA는 'Money Market Deposit Account'의 약어다. 이것을 해석이나 제대로 할 수 있는 사람이 몇이나 될까. 상품 이름이 이렇게 복잡한 것을 보면 뭔가 다를 것이라는 느낌이 확 온 다. 이 상품은 고객의 예금 잔고에 따라 금리를 차

등 적용하는 등 예금이 많은 사람에게 특혜가 집중되는 상품이다. 기존의 보통예금보다 못하다. 금융상품이 외국산으로 대체되면 이런 식으로 순기능보다 역기능이 많은 게 대부분이다.

이런 MMDA의 대체상품이 바로 CMA다. CMA는 최근 들어 금리가 급격히 낮아지고 종금사, 증권사의 마케팅이 활발해지면서 수시 입출금식 상품으로 부각되고 있다. 그러나 CMA를 판매하는 종금사(투금사 전신)가 수십 곳에 달하던 1990년대에 이미 금융권 종사자들은 이것을 활용가치가 높은 상품으로 인식하고 있었다.

지금까지 급여이체 통장, 수시입출금 예금을 대표하는 상품은 은행의 보통예금(MMDA라고 함)이었다. 그런데 은행의 보통예금은 소액 예금에 대해서는 거의 이자를 지급하지 않는다. 예전에 인터넷 뱅킹이 활성화되지 않아 거래가 불편했던 저축은행에 직접 가서 저축은행의 보통예금 통장을 만드는 사람이 많았던 것은 저축은행 보통예금이 은행보다 높은 금리를 지급했기 때문이다.

물론 CMA에 가입했다고 해서 갑자기 높은 금리가 제공되는 건 아니다. 다만 CMA를 모 계좌로 해서 투자하면 증권사의 고수익 채권 상품에 익숙해질 수 있기 때문에 금융 전반에 대한 이해가 깊어지는 효과를 기대할 수 있다. 이 점이 CMA를 급여이체 통장이나 수시 입출금 예금으로 추천하는 이유다.

CMA는 고객이 투자한 돈을 시장 실세금리 상품인 발행어음, RP, CP 등으로 운용해 단 하루를 맡겨도 상대적으로 금리가 높다. 또 CMA를 모 계좌로 해서 종금사, 증권사의 다양한 고수익 상품에 투자할 수 있는 이점이 있다.

금융 자유화가 이루어지기 전인 1990년대 중반까지 우리나라는 관치금융의 시대로, 정부가 금융회사의 금융상품 금리까지 확실히 교통정리를 해주었다. 관치금융이 시장의 유동성까지 통제하다 보니 항상 시장에서 자금 수요보다 공급이 부족한 자금 부족 상태가 계속됐다. 자금을 필요로 하는 곳은 많은데 자금 공급이 적다면 금리는 어떻게 되겠는가? 당연히 오르게 되어 있다. 그러나 정부가 시장금리를 통제하다 보니 증권시장에서 형성되는 시장 실세금리와 공금리 간에 차이가 많이 벌어지는 결과가 빚어졌다.

예를 들어 정부는 투금사에게 CP를 발행하는 기업에게 15%의 금리 이상은 받지 못하도록 강제했는데, 당시 투금사가 조달하는 금리는 20%에 가까웠다. 투금사는 정부가 정해준 금리 가이드를 따를 경우 역마진이 발생하게 된다. 그렇다면 투금사는 대출을 안 하는 것이 낫다. 돈 장사도 장사인데, 손해를 보면서까지 장사를 할 수는 없는 노릇이다. 이 문제를 해결하는 방법이 불법적 관행으로 잘 알려진 이른바 '꺾기'를 하는 것이다. 꺾기는 금융회사가 대출을 해줄 때 대출금의 일정액을 저금리 상품에 강제로 예금하게 함으로써 예금금리와 대출금리 차이에서 발생하는 예대 금리 차이를 보존받기 위해서 하는 행위다.

투금사의 꺾기는 주로 활용되던 상품이 바로 CMA다. CMA는 예전에 어음관리 계좌로 불렸지만, 현재는 판매회사마다 다양한 버전의 이름으로 바꿔 부르고 있다. CMA를 어음관리 계좌라고 불렀던 것은 CMA의 자산운용의 기초자산이 CP, CD, 표지어음 등과 같은 기업 발행 유가증권을 매개로 운용했기 때문이다.

발행어음 CMA와 RP형 CMA

현재 판매되는 CMA에는 두 가지 버전이 있다. CMA는 발행어음 CMA와 RP형 CMA로 구분되어 판매된다. 사실 이 둘의 차이는 별 의미가 없다. 그러나 알아두면 금융상식을 넓힌다는 측면에서 도움이 된다.

발행어음 CMA는 자산운용의 주 수단을 발행어음으로 한다는 의미다. 발행어음이 예금자 보호 상품이라는 것은 여러분도 알 것이다. 따라서 단순하게 생각하면 고객의 돈을 발행어음으로 운용해 그 수익률을 돌려주는 발행어음 CMA 역시 예금자 보호가 되는 상품이 되는 것이다. 발행어음 CMA는 종금사 계정 상품이다.

RP형 CMA는 발행어음 CMA와 같은 논리의 연장선에서 자산운용의 기초자산이 환매조건부채권인 RP이기 때문에 RP형 CMA라 부른다. 굳이 이 둘을 비교하자면, 발행어음 RP는 예금자 보호가 되고 RP형 CMA는 예금자 보호 대상이 아니다.

그런데 CMA에 가입하는 경우, 사실 예금 보호가 되고 안 되고 여부는 중요한 선택 기준이 아니다. 왜냐하면 RP형 CMA도 그 기초자산이 증권사가 보유 중인 우량 채권을 담보로 하기에 부실화될 가능성이 거의 없기 때문이다. 그러므로 CMA는 판매회사의 서비스 내용, 편의성 중심으로 평가한 뒤 선택하는 게 올바른 방법이다.

RP와 MMF에 대한 이해

RP와 MMF 두 상품 모두 대중에게 익숙한 상품은 아니다. 그러나 기업들은 대개 사내에 쌓아둔 적립금을 단기로 운용할 때 보통 이 상품들을 활용한다. 최근에는 저금리 탓에 고액 예금을 일시 예치하는 경우 이 상품들을 이용하는 사람이 늘고 있다.

RP는 경과 기간에 따라 확정금리를 지급하고, 증권사가 보유 중인 국공채, 특수채, 회사채를 담보로 해서 재 환매 조건으로 발행되는 단기 금융상품이다. RP는 채권을 실물로 거래하는 게 아니라 증권사가 한국은행에 예치하고 있는 채권을 담보로 하여 발행하는 것이므로 안정성에 문제가 없다. RP는 1998년 7월 25일 이후 발행분부터 예금자 보호 대상에서 제외됐다.

여기까지가 RP라는 상품에 대한 설명이다. 초보자는 무슨 말인지 이해하기 어려울 것이다. 그런데 이 상품을 이해하는 열쇠는 상품명에 다 나와 있다. RP는 'Repurchase Agreement'의 약어다. 그러니까, 증권사가 한국은행에 예치 중인 국공채, 특수채, 회사채를 담보로 해서 판매하는 단기 투자 상품으로, 기간별 차등 고정금리가 제공되는 상품이라고 이해하면 된다.

MMF는 'Money Market Fund'의 약어로, 일반적으로 단기 금융 상품으로 부른다. MMF는 고객의 돈으로 주로 금리가 높은 CP, 콜 자금 등에 투자하여 그 수익률에 따라 이득을 주는 실적 배당형 상품이다.

MMF의 투자 장점은 가입 금액에 아무런 제한이 없고, 하루만 거래하고 환매를 해도 환매 수수료가 붙지 않아 수시 입출금 통장으로 활용할 수 있다는 점이다. 또한 MMF는 만기가 따로 없기 때문에 언제 쓸지 모르는 일시적 여유자금을 적립할 때 유리하다.

정리해서 말하면, MMF는 가입 및 환매가 청구 당일에 즉시 이뤄지므로 자금 운용에 전혀 불편함이 없고, MMF에 편입된 채권에 대해서는 채권 시가 평가제의 적용을 받지 않기 때문에 시장 실세금리의 변동과 무관하게 안정적인 수익률을 기대할 수 있다. 현재 MMF는 신종 MMF와 클린(clean) MMF로 구분해서 판매되고 있다.

신종 MMF는 언제든 환매가 가능하며 클린 MMF는 가입 후 1개월이 경과한 후부터 환매가 가능하다. 신종 MMF와 클린 MMF는 환매조건이 다른 것 외에도 편입되는 채권의 신용등급 차이로 구분된다. 즉, 신종 MMF는 BBB- 등급 이상이면 편입 대상 채권의 조건을 갖추게 되지만, 클린 MMF의 경우는 A- 등급 이상의 채권만 편입하게 되어 있다.

만약 편입 채권의 신용등급이 BBB+ 이하로 떨어지게 되면 그 채권은 1개월 이내에 처분해야 한다. 이 두 가지 유형의 MMF 가운데 수익률은 아무래도 고위험 채권에 주로 투자하는 신종 MMF가 높다. 자신의 투자 마인드가 안정보다는 수익에 중점을 두고 있다면 신종 MMF를, 그 반대라면 클린 MMF를 선택하는 게 좋다.

단기 금융상품으로 MMF, RP, CMA 등은 다 좋은 상품이다. 이들 상품은 예금자 보호가 되지 않아도 대부분 우량 회사채, 단기 유동성 상품에 투자하기 때문에 원금손실 가능성이 거의 없다. 특히 CMA는 급여 이체 통장으로 활용할 수 있고, 이를 모 계좌로 이용하면 증권사의 다양한 고수익 상품에 투자할 기회가 많아진다.

8.

매출채권으로
돈 만드는 법

　　　　　　　　　　창업을 꿈꾸거나 사업을 하고
있는 사람이 반드시 알아야 할 것이매출채권 활용해 자금을 조다렿
는 방법이다.

　저축은행이 한때 기업금융 분야에서 은행 이상의 경쟁력을 가졌
던 이유는, 저축은행이 중소기업을 대상으로 하는 팩토링 금융 분
야에서 경쟁력이 있었기 때문이다. 팩토링금융은 매출채권, 유가증
권 등을 활용해 운용자금을 조달하는 금융기법이다.

　기업이 대출금리가 높은 저축은행과 거래해서 좋을 것이 없다.
그럼에도 기업이 저축은행과 거래를 한 데에는 그럴 만한 충분한
이점이 있었기 때문이다. 저축은행은 기업의 매출채권을 활용해서
운영자금을 조달하는 팩토링 금융에 강점이 있다.

그럼 먼저, 팩토링 금융이 무엇인지를 알아보자. 팩토링(Factoring) 금융이란 쉽게 말해서 팩터(Factor)가 하는 일이다. 여기서 팩터는 바로 금융회사다. 팩토링 금융은 할부금융, 캐피털 같은 여신 전문회사가 주로 취급하는 업무로, 종금사, 저축은행 중에서 기업금융을 전문적으로 다루는 금융회사가 주로 한다.

팩토링 금융은 일종의 대출 업무와 같다. 다만 그것이 단기간에 이뤄지고 기업의 매출채권을 가지고 한다는 점에서 구별된다. 팩토링 금융의 개념은 우리에게 익숙한 할부금융의 개념과 같다. 다른 점은 그 주체가 일반 소비자가 아니라 단기자금을 조달해야 하는 기업이라는 것이다.

팩토링 금융이 낯설게 느껴지는 사람은 할부금융을 생각하면 된다. 할부금융은 팩토링 금융의 하나다. 할부금융은 고가의 물건을 일정 기간을 두고 분납하는 조건으로 구매하는 데 필요한 자금을 지원하는 금융을 말한다. 이런 할부금융의 다른 이름이 팩토링 금융이라고 생각하면 된다.

여기서 팩터는 할부금융 업무를 취급하는 모든 회사를 말한다. 캐피털, 할부금융사, 카드사(은행카드, 카드 전업사 모두 포함)가 모두 포함되는 개념이다.

고가의 물건을 제조회사로부터 인도받고, 그 대금은 할부금융회사가 제공한 전도금융(prepayment, 채권을 담보로 하는 대출로서, 주택을 담보로 하는 대출과는 구별해서 부른다)을 받아 결제한다. 따라서 물건의 구상권은 대금 지급과 동시에 할부금융회사가 그 소유권을 갖는다. 따라서 구매 고객이 물건대금과 이에 따른 이자를 채권의 소멸 시기까지 할부금융회사에 납부하면 이 거래는 종료된다. 여기까지가 할부금융 또는 팩토링 금융의 거래 과정이다.

결론적으로 팩토링 금융이란, 금융회사(팩터)가 기업(개인사업자 포함)이 보유하고 있는 매출채권(확정채권, 미확정채권)과 유가증권(진성어음, 주식, 채권 등)을 담보로 해서 채권의 만기일까지 이를 담보로 전도금융을 제공하는 금융 서비스라고 할 수 있다.

팩토링 금융은 다양한 금융 서비스를 받을 수 있는 장점이 있다. 예를 들어 기업이 보유하고 있는 유가증권을 담보로 해서 대출을 받을 수도 있고, 또 유가증권을 담보로 그 한도 내에서 융통어음(상거래가 수반되지 않는 자금을 융통하기 위해 발행하는 어음)을 자금이 필요할 때마다 할인해 운전자금을 조달할 수 있다. 이렇게 하면 불필요한 금융비용을 줄일 수 있어 기업의 현금 흐름을 탄력적으로 운용하는 데 도움이 된다.

구체적인 사례를 한번 살펴보자. 여기, A기업이 있다. A기업은 도매 유통을 전문으로 하는 회사다. 매출 규모는 50억 원 정도로 거래회사는 대부분 지역에 총판을 갖고 있는 도매상들이다. 거래 방식은 위탁 판매로 매월 판매량을 예상해 대금결제가 이뤄지는데, 대금의 80% 이상이 진성어음(상거래로 받게 되는 물품 판매대금 어음을 말하며 물대어음이라고도 한다)으로서 어음 만기는 보통 3개월 이상이다.

문제는 회사 운전자금을 확보하기 위해서는 받은 진성어음을 할인해야 하는데, 업종이 서비스업으로 분류되기 때문에 은행에서 할인을 받기가 어렵다는 점이다. 물론 신용보증기금의 할인보증서를 받아서 할인하는 방법이 있긴 하다. 하지만 서비스업종에 대한 신용보증기금의 할인보증은 한도가 제한되어 있다. 그래서 금리가 높더라도 어음 팩토링 할인을 해서 운전자금을 마련하고 싶은데, 거래회사들이 상장회사도 아니고 규모가 작은 영세업체다 보니 신용으로 할인을 해주는 곳이 없다. 사채는 할인금리가 너무 높아서 활용하기 힘들다.

이 경우 회사 대표의 개인담보가 있으면 대표의 담보물을 맡기고 담보 물건의 대출 가능액 한도 내에서 할인을 하면 된다. 그러나 이런 정도의 담보물건이 있다면 무슨 걱정을 하겠는가? 물론 있으면 좋겠지만 말이다.

바로 이런 경우에 어음을 금융회사에 수탁하고 자금이 필요할 때마다 회사의 융통어음을 담보 내 할인 형식으로 어음 팩토링을 이용하면 어음 전체를 할인할 때 부담해야 하는 이자를 대폭 줄일 수 있다. 또한 담보가 없는 경우에도 어음을 수탁하고 수탁어음의 전체 신용을 평가해서 일정 비율 내에서 자금을 융통할 수 있다. 꼭 이런 경우가 아니더라도 장부상에 매출채권이 있으면 이를 활용해 운전자금을 확보할 수 있다.

이외에도 팩토링 금융을 활용하면, 미확정 채권(용역 서비스의 기간이 종료되지 않아 결제가 되지 않은 채권)도 발주처(원청회사)가 채권 양도양수인계서에 날인을 해주면 이를 금융회사에 제출하여 결제금이 확정되기 전에라도 전도금융을 제공받을 수 있다.

유통업, 건설업, 광고업을 사람이 특히 반드시 알아야 하는 금융기술이 팩토링 금융이다. 이들 업종은 제조업에 비해서 받을 채권의 활용도가 매우 낮다. 일례로 제조업은 받을 어음의 대부분을 은행의 어음할인을 통해 운전자금으로 활용할 수 있다. 반면에 유통, 건설, 광고 쪽 기업이 받을 어음은 은행의 재할인 적격 어음 대상에서 제외되는 탓에 보증기금의 할인보증서를 첨부하거나 팩토링 금융으로 어음할인을 해야 한다.

팩토링 금융은 채권 만기일까지 은행이 어음을 보유하고 이를 담보로 전도금융을 제공하는 일종의 대출 상품으로, 할인 금리가 높다.

팩토링 금융은 어음할인처럼 확정 채권에만 해당되는 것이 아니다. 공사가 진행 중이거나 서비스, 용역이 진척된 정도에 따라 미확정 채권을 이용해서도 전도금융을 받을 수 있다. 팩토링 금융은 종금사, 서울 소재 저축은행 법인영업부에서 주로 취급한다.

유통업, 건설업, 광고업, 서비스업을 하는 사업자는 정부의 정책자금 지원에서 제조업에 비해 열악한 위치에 있다. 다음의 내용을 중심으로 자금운용을 해나가기 바란다.

첫째, 회사의 자금이동 상황을 정확하게 기록하라. 보증기금의 보증서를 최대한 이용하려면 그 근거가 있어야 한다. 보증기금은 결산기의 재무제표 상에 나타난 재무항목을 평가해 이를 기준으로 보증서 한도를 결정한다. 여기서 근거가 명확치 않으면 보증기금을 이용해 저리로 신용자금을 구하기 어렵다.

둘째, 사전에 거래처의 신용도를 조사하라. 받을 채권의 활용에 거의 절대적인 영향을 미치는 것이 거래처의 신용도다. 이들 업종에서 흑자 부도가 발생하는 이유는 대개 받을 채권이 부도나거나,

이를 통해 운전자금을 조달하기 어렵기 때문이다. 따라서 사후약방문 식의 채권관리는 지양하고, 거래를 시작하기 전에 거래처의 신용도를 우선 파악한 다음 거래를 할지 안 할지를 결정하는 게 좋다. 그래야 사전에 받을 채권이 부실화되는 일을 막을 수 있다.

셋째, 아내 명의로 통장을 만들어라. 상거래 과정에서는 서로 간의 이해 충돌로 수시로 주거래 은행통장이 거래정지가 될 수 있다. 이 경우 거래정지 기간이 길어지면 회사가 망하기도 한다. 이때 아내 명의의 통장에 꾸준히 잔고를 늘려 놓으면 아내의 신용대출 한도가 증가해 위기를 돌파하는 의미 있는 돈이 될 수 있다.

9

사채
역 이용하기

사업을 한다는 것은 불확실한 미래에 도전하는 것이다. 그래서 위험은 숙명적이다. 이 불확실성은 자금 관리에도 필연적으로 따른다. 사업을 하다 보면 예기치 않게 자금운용에 어려움을 겪기 마련이다. 어떤 이유에서든 갑자기 매출이 곤두박질치는데, 나가야 하는 고정비는 그대로다. 이런 경우 운영자금을 사업을 통해 조달하지 못하기 때문에 금융권의 자금 지원을 받아야 한다. 그런데 매출 하락과 동시에 신용등급마저 떨어지면 주거래 은행조차 신규 대출에 난색을 표하는 것이 일반적이다.

사업을 하다 보면 이런 일은 수시로 찾아온다. 그러나 이런 이유 때문에 사업을 접을 수는 없다. 사업을 하면서 부딪치게 되는 어려움은 극복해야 되는 것이지 그 때문에 사업을 포기할 수는 없는 노릇이다.

다행히 은행에서 어음할인이 거절된 '받을 어음'을 갖고 있다고 해보자. 은행에서 어음할인이 안 된다니 다른 곳에서라도 할인해 운전자금을 조달해야겠는데, 소위 제도권이라고 하는 금융권에서는 어음할인을 해주는 데가 없다. 이런 처지에 놓인 사람이라면 비(非)제도 금융권인 사채시장에서라도 어음할인을 하여 자금에 숨통을 터야 한다.

자금 흐름이 정상적이라면 누가 이런 걱정을 하겠는가. 하지만 자금이라는 것이 꼭 필요한 시점에 구할 수 있는 것도 아니고, 그래서 사업을 살리려면 고금리인 줄 알면서도 사채를 이용할 수밖에 없는 경우가 있다. 이런 처지에 몰렸다면 사채의 생리를 잘 알고 대처하는 것이 필요하다. 그런 점에서 사채는 사업하는 사람에게는 필요악이다.

사채 하면 떠오르는 게 고리 대금이다. 이에 대해서는 돈을 빌리는 입장과 빌려주는 입장 사이에 커다란 인식 차이가 있다. 물론 정부가 정한 이자 상한선을 지키지 않고 서민을 등치는 불법 사채업자는 공공의 적이다.

하지만 정상적으로 이자 상한선을 지키는 사채업자는 사채이자가 높은 것을 당연하게 여긴다. 왜냐하면 사채시장에서 돈을 빌리는 사람은 대부분 신용등급이 낮아 제도권에서는 돈을 빌리지 못하는 사람이기 때문에 대출금 회수율이 낮고 채권 관리에 드는 비용도 상대적으로 높아 높은 이자를 받을 수밖에 없다고 생각하는 것이다. 반면에 돈을 빌리는 사람 입장에서는 은행의 대출금리와 비교해 최고 30배 이상 높은 금리는, 아무리 아쉬워서 돈을 빌린다지만 매우 부당한 일로 여겨진다.

본래 사채시장은 지금처럼 고금리로 개인을 등치는 악덕 사채업자만 있는 곳이 아니었다. 10년 전만 하더라도 사채시장은 제도금융의 손이 미치지 못하는 곳에서 나름 일정 부분 순기능적 역할을 했다. 이와 관련해 사채시장이 큰 역할을 해왔던 곳이 기업의 받을 어음(진성어음)을 중개하는 명동의 어음중개소였다.

여기서는 은행권에서 할인 한도가 부족하거나 받은 어음의 신용도가 떨어져 어음 할인으로 자금을 조달하기가 어려운 기업과 개인 투자자를 연결시켜주었다. 이 방법을 통해 개인 투자자는 상대적으로 고수익을 올릴 수 있었고, 기업은 상대적으로 높은 금리지만 운전자금을 조달해 기업경영에 요긴하게 사용했다.

이 시장의 특징은 받을 어음의 금리가 기업의 신용을 기초로 해서 매우 과학적이고 합리적으로 체계화되어 있다는 점이다. 개인을 대상으로 고금리로 대출하는 지금의 대부업체와는 완전히 다르다. 특히 금융 자유화 이전까지는 만성적인 자금 부족으로 소위 3불 시대(금리, 기간, 금액을 불문하고 무조건 자금을 구하고 본다는 뜻)에 자금 조달에 갈증을 느끼던 기업에게는 사막의 오아시스 같은 역할을 했다.

명동 어음시장에서는 신용으로 어음할인이 이뤄지므로 이곳에서는 코스닥 상장기업 장외등록 법인 등 주요기업의 재무현황을 실시간으로 파악하고 있다. 따라서 여기서 어음할인이 되지 않는 어음을 발행한 기업은 역으로 재무현황이 매우 심각한 처지에 몰렸다는 것을 의미한다.

지금이야 사채가 서민을 등치는 악마의 금융으로 전락했지만, 내가 실무에서 한창 일하던 시기만 해도 사채시장(기업금융을 주로 하던 명동 사채시장)은 제도금융이 못하는 보완재 역할을 하는 순기능적인 면이 있었다. 사채 시장은 신용으로 어음을 취급하기 때문에 유통되는 어음의 발행기업 신용도 체크가 매우 과학적이고, 그에 따라 위험 가중치를 매겨 금리를 결정했다. 그래서 우리 법인 영업부 근무자들조차 특정기업의 신용상태를 사채시장을 이용해 알아보는 것이 관례였을 정도다. 이 기능은 아직까지 살아 있어 지금도 유효하다.

만약 여러분이 투자하고 있는 투기 등급의 회사채, CP, 코스닥 시장 상장법인의 리스크가 궁금하다면 이들 사무소에 문의해 알아보는 것도 하나의 방법이다.

10

대출이자
줄이는 법

어렵지 않은 질문을 하나 해 보기로 하자. 여러분이 거래하는 은행에서 여러분에게 같은 금액의 돈에 대해 '예금이자 1%를 더 받겠는가, 아니면 대출금리 1%를 깎아줄까?' 라는 제안이 들어온다면 여러분은 어느 쪽을 선택하겠는가?

개인마다 셈법이 달라 해답이 다르겠지만, 계량적으로 따져 말하면 당연히 대출금리 1%를 깎아주는 것이 더 경제적이다. 우선, 예금금리 1%는 이자에 대한 세금 15.4%를 공제하기 때문에 사실상 1%에 크게 못 미친다. 또 대출금리 1%로 나가는 돈의 기회비용을 복리적금과 비교하면 실제로 나가는 이자는 1% 이상이다.

따라서 너무도 당연하게 예금금리 1% 더 받는 것보다 대출금리

1%를 깎아주는 것이 더 경제적이다. 비교 대상이 1%라 그렇지 만약 10%라면 (예금이자는 현재의 금리 수준에서는 실효금리 2% 받기도 거의 불가능한 반면 대출이자는 신용대출의 경우 대출이자 상한선이 36%다) 기회비용 손실은 더욱 커진다.

최근 은행의 과도한 수익성 중심 경영에 대항하여 은행 무용론이 널리 전파되고 있다. 하지만 그것은 은행의 예금 및 거래 수수료에 관한 것이다. 대출의 경우 은행은 여전히 소비자 입장에서 볼 때 비교우위에 있는 금융회사다.

자, 여러분이 창업을 한다고 생각하고 창업자금을 조달하는 방법에 대해서 알아보자. 먼저 부동산이나 유가증권을 담보로 해서 자금을 구하는 것은 사실 일도 아니다. 여러 곳의 은행에 대출을 문의하고 금리를 협상해서 가장 낮은 금리와 가장 유리한 상환조건을 제시하는 은행을 선택하면 된다.

그러나 마땅한 담보가 없는 사람은 신용대출에 의지할 수밖에 없다. 이 경우 대부분 보증기금이나 중진공의 지급보증서를 은행에 담보로 맡기고 대출받는 것이 일반적이다. 이 경우 어차피 은행에서 대출받는 것이라면 그동안 금융거래를 주로 해왔던 주거래 은행에서 대출받으면 거래실적을 인정받아 대출금리를 낮출 수 있다.

또 은행 거래실적을 잘 관리해 우수한 신용등급을 유지하면 저금리로 대출받아 소위 말하는 레버리지 효과도 노릴 수 있다. 사업을 하다 보면 돈 되는 아이템이 보이게 마련이다. 이때 부족한 자금을 은행을 통해 대출받고 수익성 높은 곳에 투자한다면 투자금액이 커지는 만큼 투자수익도 많아지는 것은 당연한 일이다.

한국은행의 기준금리는 1.25%다. 기준금리가 이 수준이라면 은행예금으로 재테크하는 것은 현실성이 없다. 그러나 투자를 하는 입장에서 낮은 금리로 대출을 받는 것은 매우 매력적이다. 문제는 아무리 낮은 금리의 대출이 가능하다고 해도 신용관리를 제대로 하지 못한 사람에게는 그것이 '그림의 떡'이라는 점이다. 시중금리가 거의 제로 금리를 향해 가는 현재의 투자환경에서는 예금을 잘하는 사람보다 대출을 잘 이용하는 사람이 투자의 '갑'이다.

11.

투자기업의 신용도
파악하기

'혹자 부도' 란 말을 들어본 적이 있을 것이다. 장부상으로는 혹자가 분명한데도 예기치 않은 일로 회사가 파산하는 경우를 혹자 부도라 한다. 회사가 혹자 부도가 나는 데에는 많은 이유가 있을 수 있다. '미필적 고의' 라고 사주가 일부러 부도를 내는 경우도 있다. 그러나 중소기업 사주 가운데 고의로 부도를 낼 정도로 도덕적으로 문제가 있는 사람은 거의 없을 것이다. 그렇다면 왜 중소기업이 혹자 부도가 나는 걸까.

중소기업이 혹자 부도를 내는 것은 필시 거래회사의 파산으로 인해 매출채권이 부실화됐기 때문일 것이다. 중소기업은 자체 브랜드로 시장을 개척하든 아니면 대기업에 생산품을 납품하든 또는 대기업의 용역을 받아 회사를 운영하는 기업이든, 거래처가 파산하면 연쇄적으로 회사경영 상태에 커다란 악영향을 미치게 된다. 특히 대기업에 매출의 거의 대부분을 의지하는 회사는 대기업 파산이 바로 부도로 연결된다.

단종회사라 불리는 건설전문회사들은 대부분 받을 어음을 만기일 전에 어음할인을 하여 운전자금을 조달하면서 회사를 운영해나가는 게 일반적이다. 그런데 받을 어음이 만기일 전에 원청회사의 파산으로 휴짓조각이 되었다면, 어음 만기일 전에 금융회사로부터 기 할인한 어음의 채권 금액까지 금융회사에 돈을 돌려줘야만 한다. 이 경우 매출의 대가로 받은 어음이 부도 처리되면서 장부상으로는 흑자임에도 그 영향으로 회사가 파산하는 일이 자주 발생한다. 그리고 받을 어음이 부도가 나지 않더라도 은행의 재할인 대상에 속하지 않는 어음을 받거나, 원청회사의 신용도가 떨어져 어음할인 팩토링을 통해서도 할인을 통한 자금조달이 어려워지는 경우, 작은 회사는 자금운용에 문제가 생기게 된다.

예전에 내가 컨설팅을 하던 건설 외주회사는 매출이 급신장하는 회사였다. 그러나 항상 자금운용에 곤란을 겪었다. 그 이유는 매출 확대에만 몰두한 나머지 거래처의 신용검증을 소홀히 했기 때문이다. 그 결과 공사 대가로 받을 어음으로 결제를 받아도 이를 제도 금융권에서 할인해 운전자금을 조달하기가 어려웠다. 앞에서 말한 것처럼 거래처의 신용이 은행의 어음 할인 팩토링 금융을 받기에는 문제가 있었던 것이다.

일은 열심히 해놓고 받은 어음을 활용해 자금을 조달하지 못한다면 문제가 있는 것이다. 그 회사는 결국 원청기업의 부도로 공사

대가로 받은 받을 어음을 제대로 활용하지도 못한 채 자금 압박으로 파산하고 말았다.

대기업과 거래하는 중소기업은 갑과 을의 관계에서 을의 위치다. 거래대금을 어음으로 결제 받지 않겠다면 거래하지 않겠다는 원청회사의 압력을 이겨내기는 어려운 일이다.

받을 어음을 할인해 운전자금을 조달하는 경우 어음 만기일에 따라 금융비용이 발생하고 회사의 재무상태에도 악영향을 끼친다. 또 작은 기업은 매년 매출이 성장해야 이를 기준으로 보증기금의 대출보증서를 더 요구할 수 있다. 거래처의 재무상태를 따져서 거래하는 것이 말로는 쉬워 보여도 서로 다른 이해관계가 서로 얽혀 있기에 그리 간단하게 생각할 문제는 아니다. 그럼에도 사전에 거래처의 재무상태를 평가하고서 거래처를 선택하는 것은 나중에 발생할 수 있는 사업 리스크를 줄이는 일이다. 그래서 항상 기회비용을 저울질하면서 고민해야 할 일이라고 할 수 있다.

거래처의 신용을 평가하는 방법으로는 신용평가기관의 페이퍼를 활용하는 게 일반적이다. 그러나 페이퍼에만 의존하는 것은 한계가 뚜렷하다. 시장 동향에 따라 기업경영은 순식간에 변할 수도 있기 때문이다. 그렇다면 거래처의 신용상태를 파악하려면 어떤 방법이 좋은가? 업계 종사자들에게 직접 물어서 알아보는 방법이 있지만 과연 누가 이해관계를 떠나 진실을 말해 주겠는가.

이 문제를 푸는 방법 중 하나가, 거래기업이 코스닥 상장법인 이상의 규모를 갖고 있는 기업이라면 명동에 있는 어음중개사무소에 해당 기업이 발행한 어음이 시장에 유통되는지를 알아보는 것이다.

만약 유통되고 있다면 할인금리가 어느 정도나 되는지를 물어 이를 통해 거래처의 신용을 파악할 수 있다.

　명동 사채시장에서 신용으로 유통되는 어음이라면 단기간에 해당 기업이 위기에 처하지는 않으리라는 것이 증명되는 것이다. 만약 유통이 되는 어음이라 할지라도 할인금리에 따라 그 기업의 신용을 가늠해볼 수 있다. 이것이 과학적인 방법은 못 된다고 할지라도 거래기업의 신용상태를 파악하는 방법으로는 꽤 유용하다.

12

예금이자의 열배 받는 회사채

회사채는 기업이 자금을 조달하기 위해 발행한다. 회사채의 만기는 보통 3년으로 3개월마다 이자가 지급되는 이표채다. 회사채는 발행기업의 신용등급에 따라 10 등급으로 분류한다. 이중 증권시장을 통해서 거래되는 회사채를 투자적격채권이라고 하고 BBB 등급 이상의 신용등급을 가진 회사채가 이에 해당된다.

발행기업에 따라 회사채의 금리가 차이가 나는 이유는 채무상환 능력에 따라 투자안정성이 차별화되기 때문이다. 회사채는 기업의 입장에서 만기후 반드시 상환해야 하는 빚이다. 그런데 내가 투자한 회사채를 발행한 기업이 채권 만기가 되기 전에 파산한다면 어떻게 되겠는가? 투자원금을 날리게 되는 것이다. 삼성전자, SK, CJ

등의 재무안전성이 뛰어난 기업이 발행한 회사채의 경우 유통수익률이 1%대이지만 이들 기업보다 재무안정성이 떨어지는 기업이 발행하는 회사채는 증권시장에서 유통되는 투자적격채권이라도 회사채에 따라 7~8% 이상 금리가 차이가 나는 것도 이 때문이다.

우리의 금융투자는 소매금융에 치우쳐 있다. 금융시장에서 도매시장은 경매를 하는 것처럼 사는 자와 파는 자가 만나 직접 가격을 흥정하는 증권시장이다. 특히 채권 거래의 경우 경매 흥정의 묘미가 가장 잘 구현되는 곳이 장외시장이다. 이곳에서는 발행기업과 이를 구매해 재판매하는 증권사 간의 가격 흥정을 통해 채권이 거래된다. 발행기업이 같고 액면가, 만기일이 같은 채권의 매매가격이 증권사마다 다른 이유도 여기에 있다.

증권시장의 직접거래에 눈뜨기 바란다. 지금의 지독한 저금리를 극복하는 유일한 방법은 증권사, 증권시장을 통해 직접 투자하는 것이다.

회사채, 자산 유동화 증권 등의 고수익 상품을 직접 거래하면 무엇이 좋은가?

첫째, 금융회사를 통해 간접 투자하는 것에 비해서 수수료가 없다. 펀드가 좋다 나쁘다, 은행의 연금이나 신탁형 상품이 좋다 나쁘다를 떠나서 이들 상품은 수익률이 나건 안 나건, 원금을 까먹건 말건, 무조건 수수료를 내야 한다. 투자자 입장에서 생각하면 얼마나 부당한 일인가. 그래서 은행권, 보험사의 저축상품, 펀드에 투자하면 할수록 투자자는 오히려 가난해진다는 말이 금융시장에서는 꽤나 설득력이 있다.

둘째, 금융상품이 다양하다. 온라인 쇼핑몰의 시장점유율이 증가하는 것은 역설적으로 전통적인 오프라인 시장의 파이가 그만큼 줄어들었다는 것을 의미한다. 그러나 오프라인 판매 채널 중에서 온라인의 영향으로 사라진 곳은 소매 전자제품 판매점이다. 이 시장은 온라인의 영향으로 급격하게 사라졌다. 그러나 IT 전자제품 도매시장인 용산 전자상가의 위상은 계속 유지되고 있다. 왜 그럴까? 가격뿐만 아니라 다양한 구색의 IT 전자제품을 눈으로 즐기며 쇼핑하는 즐거움을 제공해주고, 온라인에 견주어 오히려 가격이 싸다는 메리트가 있기 때문이다. 어디 IT 전자제품 시장만 그런가. 온라인이 쇼핑문화를 주도하는 시대임에도 건어물 도매시장인 중부시장, 청과물 도매시장인 경동시장, 의류 도매시장인 동대문시장 등은 여전히 서울 중심권에서 그 위상을 유지하고 있다.

금융시장도 마찬가지다. 지금은 각 소매 금융회사가 온라인상에서 금융 몰을 운용하고, 이를 통해 보험 가입까지 할 수 있는 시대다. 그렇지만 금융상품의 전통시장은 여전히 증권시장이고 증권사다. 그렇다면 여러분은 금융쇼핑을 어디서 해야 경제적으로 이익이 되겠는가. 이쯤 설명했으면 대답은 물으나 마나다. 증권시장과 증권사가 답이다.

채권금리는 시장금리보다 발행 기업의 위험도에 따라 결정된다. 위험도가 높은 기업이 발행하는 회사채를 소위 쓰레기 채권이라고도 하는 '정크(junk) 채권' 이라 부른다. 이처럼 위험도가 높은 회사채를 보통 '하이 일드(high yield)' 라고 한다. 하이 일드 채권은 신용등급 BBB 이하인 투자 부적격 채권으로, 투자 적격 등급의 채권과 달리 상대적으로 부도 위험이 높은 기업이 발행한 채권을 가리킨다. 그래서 고수익이 가능하긴 하나 그만큼 투자 위험이 높다. 이들 상품에 투자자가 몰리는 이유는 정기예금의 세후 수익률이 2%에도 미치지 못하기 때문이다.

위험도가 상대적으로 낮은 투자 적격 채권으로 분류되는 BBB-등급 이상의 회사채 중에서도 정기예금보다 2~3배 고수익이 가능한 것들이 있기 때문에 너무 과도한 욕심은 자제하는 것이 좋다. 이제 여러분도 기업이 발행하는 고수익 금융상품인 회사채, 자산 담보부 증권, CP 등을 증권시장, 증권사를 통해 직접 거래하는 것이 저금리 시대의 금융상품 투자법이라고 말하는 이유를 충분히 알았을 것이다. 이를 실천으로 옮기면 된다.

13

회사채
쉽게 투자하기

　　　　　　　　　　기업이 발행하는 회사채와 같은 성격의 상품이 소위 자산 유동화 증권에 속하는 후순위 채권, MBS, 자산 담보부 기업어음인 ABCP다. 지금과 같은 저금리 기조에서는 그나마 이들 상품이 소액 투자로 자산 늘리기에는 적합하다. 그래서 2030세대에게 기업이 발행하는 채권, 즉 회사채, 자산 담보부 증권에 금융투자를 집중하라고 말하는 것이다.

　문제는 소매 금융회사의 연금, 저축성 상품 투자에만 길들어 있는 이들에게 채권이나 채권 관련 상품은 경제적 가치를 논하기 전에 매우 낯설다는 점이다. 그러나 우리가 모르고 있을 뿐이지, 우리는 이미 광범위하게 채권에 투자를 하고 있다. 물론 간접투자 방식으로.

채권은 쉽게 말해서 개인 간에 돈 거래를 할 때 주고받는 차용금 증서다. 단지 그 차용금 증서의 발행 주체가 개인보다 공신력이 있는 정부, 정부투자기관, 일정 등급 이상의 신용을 가진 기업이라는 것이 차이점이다. 또한 채권은 유가증권 상장시장을 통하여 주식 거래와 마찬가지로 장내거래를 할 수 있다. 뿐만 아니라 증권사가 발행시장에서 매입한 장외채권을 증권사의 금융 몰을 통해 제도적으로 안전하게 투자할 수도 있다. 이처럼 거래 방법이 쉬움에도 우리가 채권 직접투자를 낯설게만 여긴다면 이는 몰라서가 아니라 익숙한 투자 방법이 아니기 때문일 것이다. 지금이라도 늦지 않았다.

　채권은 정부나 기업이 자금을 조달하기 위해 발행하고, 채권 유통은 주식과 마찬가지로 증권시장에서 이루어진다. 이를 채권의 장내거래 방식이라고 부른다. 그런데 채권은 이렇게 증권시장을 통해서만 거래되는 것이 아니다. 장외거래라는 것도 있다. 이것은 증권사가 채권을 발행시장에서 직접 매입하여 이를 고객에게 되파는 방법이다. 우리가 비교적 쉽게 증권사의 금융 몰을 이용해 채권에 투자할 수 있는 것도 이런 장외거래 방식이 있기 때문이다.

　왜 채권에 투자를 집중해야 하는가? 그 이유는 매우 명확하다. 그렇게 하는 것이 우리가 일반적으로 투자하는 은행권 금융상품과 비교해 은행 환산 수익률을 기준으로 최대 두 배 이상의 수익을 올릴 수 있기 때문이다. 이것은 지금 당장 대형 증권사의 금융 몰에서 판매하고 있는 채권 판매 리스트의 수익률을 살펴보면 바로 확인할 수 있다.

　지금의 금리는 저금리 수준을 넘어 실질금리 제로 시대다. 은행의 정기예금에 투자해 받는 세후 이자가 겨우 1%를 넘는 수준이다. 이 정도 금리는 물가상승률을 고려했을 때 경제적 이득이 없는 제로 금리라고 할 수 있다. 이런 상황에서 이보다 두 배나 높은 금리를, 그것도 확정금리로 받을 수 있다는 것이야말로 채권에 투자를 집중해야 하는 명확한 이유다.

방금 말했듯이 우리가 채권에 대한 직접투자에 익숙하지 않아서 그렇지 우리는 이미 채권에 투자하고 있다. 은행의 신탁상품, 혼합형 펀드, 채권형 펀드에서 연금 저축상품에 이르기까지 간접적으로 채권에 투자를 하고 있는 것이다.

은행의 신탁상품은 고객이 예치한 돈으로 주로 채권에 투자한 뒤 그 수익을 고객에게 배분한다. 펀드도 마찬가지다. 이렇게 우리가 채권에 간접 투자하는 경우 우리는 일정액의 수수료를 내야 한다. 이 수수료는 원금손실이 발생하는 경우에도 예외가 없다. 그러므로 채권 간접상품을 파는 금융회사는 판매액이 바로 이익의 규모가 된다. 수익이 나건 말건 그것은 그들의 관심사가 아니다. 무조건 고객의 돈만 끌어들이면 그만이다.

그렇다면 직접 채권에 투자하면 되는데도 수수료를 내면서까지 간접 투자할 이유가 어디에 있는가? 채권은 금융상품으로 치면 금리가 만기까지 확정되는 고정금리 상품이다. 내가 직접 투자하면 수수료를 안 내도 되고, 오히려 상대적으로 고금리를 주는 다양한 채권상품에 투자할 수도 있다.

투자의 변동성이 큰 주식과는 달리 채권은 매우 안전한 투자상품이다. 초보자도 몇 가지 채권 투자 지식만 알고 있으면 누구나 전문가 수준의 투자를 할 수 있다. 지금이라도 채권 직접투자에 관심을 갖고 투자에 적극적으로 달려든다면 채권은 이 지독한 저금리 시대에 당신의 지갑을 채워주는 효자가 될 것이다.

다시 한 번 말하지만, 우리는 이 안전하고 상대적으로 수익률도 높은 채권이라는 상품이 있음에도 돈도 되지 않는 은행권 상품에 시간과 돈을 허비하고 있다. 사람들은 대개 익숙한 소비를 반복하는 경향이 있다. 우리는 어떤 상품이든 도매시장을 이용하면 싸고 다양한 구색의 상품을 쇼핑할 수 있다는 것을 잘 알고 있다. 그럼에도 동네 슈퍼에서 대부분의 생활용품을 구매하는 이유는 그것이 편리하고 익숙하기 때문이다. 다른 특별한 이유가 있는 게 아니다.

도매시장 하면 아무래도 거래가 몇몇 거상들에 의해 대규모로 이루어진다. 그래서 소량을 구매하는 개인은 도매시장에서 환영받는 손님이 아니다. 동대문 의류시장을 가면 주로 새벽에 장이 열린다. 이 시장을 이용하는 사람들은 대개 지방에 점포를 갖고 있는 사람들이다. 그렇다고 해서 소량 단품을 구매할 수 없는 것은 아니다. 거리도 멀고 새벽에 장이 서는 동대문시장을 많은 여성이 눈 비벼 가며 찾는 이유가 뭘까? 가격 때문일까? 그곳에서 파는 상품의 가치를 잘 알고 있기에 힘들어도 찾는 것이다.

동대문 의류 도매시장을 가면 최신 유행을 선도하는 디자인의 제품을 만날 수 있는 것을 비롯해 무엇보다 제품 구색이 다양하다. 하지만 여기서 쇼핑하는 사람들 대부분은 마니아층이다. 다른 이들은 대개 이런 쇼핑에 익숙하지 않다. 귀찮게 여기기도 한다.

금융상품의 도매시장이 바로 증권시장이다. 그리고 그 중개를 대행하는 회사가 증권사다. 증권시장에서는 장내거래를 통해 주식에서부터 국공채, 회사채 등 다양한 기관(기업)이 발행한 채권, 자산 담보부 증권은 물론 CP 등과 같은 단기 유동성 상품에 투자할 수 있다.

물론 이 시장 역시 소위 기관이라 부르는 금융회사, 연기금 등이 거래를 주도하고 거래 단위 금액도 커서 소액으로 투자하는 개인이 끼어들어 거래하기 어려운 한계가 있다. 그럼에도 개인이 소액으로 얼마든지 쉽게 채권에 투자할 수 있다고 말하는 이유는, 증권사가 발행시장에서 채권을 직접 장외거래 방식으로 매입한 뒤 이를 쪼개서 고객에게 되파는 거래를 하기 때문이다. 따라서 채권 상장시장 안에서 이루어지는 장내거래를 통하지 않아도 증권사 금융 몰을 이용하면 쉽게 다양한 수익률을 가진 채권상품에 투자할 수 있다. 복잡하게 생각하지 말고 증권사 오프라인 창구를 방문해서 직접 투자하는 기회를 갖기 바란다. 그 과정을 몇 번만 반복하면 누구나 쉽게 투자할 수 있는 것이 채권 투자다.

개인도 채권을 발행할 수 있다. 형식만 다를 뿐 개인 사이에 금전을 거래할 때 채무자가 작성하는 차용금 증서가 증권시장에서 유통되는 채권과 별반 다르지 않기 때문이다. 생각해보자. 개인 사이에 금전을 거래할 때 이자를 어떻게 정하는가? 과학적 기법으로 개인 신용을 평가해 이자율을 정하지는 않는다. 하지만 오랜 기간 채무자와의 돈거래에서 형성된 신용도를 기준으로 하여, 사회적 통념상 인정되는 정도에서 금리를 정하지 않는가? 또한 차용금 증서에는 이자율, 채무의 만기일, 원금 상환일을 기재하고, 채무자 개인에 대한 공중을 첨부해 안정성을 도모한다.

채권도 마찬가지다. 다만 그 발행주체가 사회에서 검증된 기관, 우량기업이 발행 주체라는 점에서 제도 금융권 내에서 거래가 이뤄진다는 게 다른 점이다.

증권시장에서 유통되는 채권은 일정 수준 이상의 신용등급을 가진 기관이 발행한다. 증권시장에서는 보통 BBB- 투자 적격 등급 이상의 채권이 거래된다. 물론 그 이하인 투기 등급 채권도 거래되기는 한다. 그러나 아무리 수익률이 높다고 해도 원금상환 능력이 불투명한 기업이 발행한 채권에 투자할 강심장 소유자는 없을 것이다.

채권금리는 발행기관의 신용 등급에 따라 결정된다. 우선 금리는 상대적 개념이라는 것을 알아야 한다. 우리가 은행에서 신용으로 대출받을 때 금리가 정해지는 원리를 생각해보자. 같은 신용대출을 받는 사람이라 해도 누구는 우대금리를 적용받는 반면에 또 다른 누구는 사채 수준 금리를 적용받는다. 그 이유는 개인의 신용등급에 따라 채무상환의 이행 여부가 다르기 때문이다. 이는 신용등급이 낮을수록 가산금리가 추가되는 구조에서 발생하는 문제다.

채권을 발행하는 기업의 신용은 18등급으로 나눠진다. 물론 삼성전자와 같은 초우량기업의 유통금리는 매우 낮게 결정되고, 삼성전자와 비교해 신용등급이 크게 떨어지는 기업이 발행한 채권의 금리는 상대적으로 매우 높게 결정된다. 이 때문에 소위 시장 실세금리 지표의 기준이 되는 국고채 3년물 금리가 2%가 안 되는 시점에서도 채권투자로 그 두 배 이상의 수익률을 올릴 수 있다는 논리가 성립한다.

'하이 리스크 하이 일드(High Risk, High Yield)'란 말은 투자 격언 가운데서도 기본 중의 기본이다. 즉, 높은 수익에는 반드시 높은 위험이 따른다. 채권투자로 너무 높은 수익률만 추구하다 보면 위험관리에 문제가 발생하여 원금손실 가능성이 생긴다. 그래서 적당한 선에서 수익률과 안정성을 잘 조화시켜 투자해야 한다.

보통 만기 1년 이내 채권을 단기채권이라 하며, 1년 이상 만기 채권을 장기채권이라고 한다. 단기채권과 장기채권을 구분하는 이유는, 채권은 만기 기간이 길수록 수익률이 높아지는 구조를 갖고 있긴 하지만 이에 비례해 투자위험도 높아지는 특성을 갖고 있기 때문이다. 채권은 채권 발행기관이 채권 만기가 종료되어 채권을 청산하는 시점까지 외부적 또는 내부적 재정문제로 인해 부실화될 가능성이 커지기에 이런 특성을 가지고 있다.

증권이란 용어는 주식을 포함해 기업이 발행하는 채권, 다양한 유가증권을 모두 포함하는 개념이다. 그래서 증권시장은 상장되어 있는 모든 주식, 채권, 유가증권의 유통과 거래가 이루어지는 곳이라고 정의할 수 있다.

채권을 증권시장에서 거래되는 상장주식처럼 거래하는 방식을 장내 채권거래라고 하며, 증권사가 발행시장에서 별도로 채권을 인수하는 방식을 장외 채권거래라고 한다. 채권거래에서 장내거래보다 장외거래가 활성화되어 있는 이유는, 채권은 주식과 달리 기업이 발행한 채권 간에도 만기일, 이자율이 각각 달라 이를 표준화하고 통일하는 데 어려움이 있고, 또 이를 전산화시키는 과정에서 비용과 시간도 많이 소요된다는 한계가 있기 때문이다.

장내 채권거래는 유가증권 시장에 상장되어 거래되는 채권으로 상장주식과 거래방식이 같다. 따라서 주식거래처럼 계좌를 만들고 매입수량과 거래가격을 입력하여 채권거래를 체결한다. 장내 채권거래는 집에서 HTS를 이용해 채권에 직접 투자하면 된다.

채권거래를 장내와 장외 방식으로 구분하는 것은, 같은 기관이 발행한 채권이라 해도 채권의 만기, 이자율, 발행금액이 모두 다르기 때문이다. 이것은 채권의 장내거래 종목을 표준화시켜 주식처럼 상장시장에서 거래하는 것을 어렵게 만드는 이유가 되기도 한다. 다양한 거래조건을 가진 채권을 전산화 작업을 거쳐 거래를 쉽게 만드는 과정도 어렵고, 입찰금액이 적은 채권의 경우는 발행물량이 소화되지 않을 위험도 있기 때문이다.

그래서 상장시장에서 이루어지는 장내거래는 조건을 비교적 표준화하기 쉬운 국공채가 중심이 된다. 국공채는 여타 채권과 비교할 때 채권의 조건이 일정하고 반복적이기 때문에 상장거래 시스템에 적용시키기가 용이하다. 그렇다면 표준화시키기 어려운 채권은 어떻게 거래할까? 이때 이루어지는 게 장외거래 방식이다.

장외 채권거래 방식은 중고차 거래를 생각해보면 이해하기 쉽다. 신차는 자동차의 종류, 자동차별 사양, 그리고 이 기준에 의한 가격이 표준화되어 있어 시스템적인 거래가 가능하다. 그러나 중고차는 같은 시기에 출시된 차라 해도 차량 마모도, 연식, 자동차 사고 여부 등을 판단해 중고차 업주가 가격을 정하고, 고객에게 팔 가격을 정한다. 가격 결정 주체가 중고차 업주가 되는 것이다.

장외 채권거래의 주체는 증권사다. 증권사는 회사 사정을 고려하여 매입채권의 가격을 정한다. 따라서 우리가 장외 채권거래 방식으로 증권사가 보유한 채권을 매입하는 경우 같은 채권이라고 해도 증권사에 따라 판매조건이 각기 다르다. 장외거래 방식은 쉽게 말해 증권사가 장외거래로 매입한 채권을 고객에게 파는 물량을 우리가 매입하는 것이다. 현재 대형 증권사의 금융 몰에는 매일 매입 가능한 채권상품 리스트가 있다. 이 리스트를 보고 수익률과 투자 안정성을 고려해 투자하면 된다. 초보자도 누구나 쉽게 투자할 수 있다.

증권사를 주식을 중개 위탁하는 곳으로만 생각해서는 안 된다. 증권사는 은행권에서는 찾아보기 어려운 고수익 금융상품을 판매하는 곳이다. 이제 여러분의 금융투자 쇼핑 동선을 은행, 보험사에서 증권사로 바꿔야 할 시점이다.

채권과 같거나 다른 유동화 증권

"1분기 자산 유동화 증권 발행액 급증

금융감독원에 따르면 1분기 ABS 발행총액은 8조9495억원으로 전년 동기(5조4646억 원) 대비 63.8%(3조4849억원) 급증한 것으로 나타났다. 금감원 관계자는 주택저당채권(MBS) 및 단말기 할부채권이 ABS 발행시장의 주축을 형성하고 있는 반면 카드사의 해외 ABS 발행은 감소하고 있다며, 특정 유동화 자산에 대한 선점 현상을 예방하는 등 ABS 시장의 잠재 리스크 관리를 위한 모니터링을 강화할 것이라고 말했다."(〈디지털타임즈〉)

이 기사를 보면 자산 담보부 증권의 발행액이 크게 증가하고 있음을 알 수 있다. 자산 담보부 증권을 뜻하는 ABS(Assert Backed Securities)는 주택 저당권, 기업의 매출채권, 유가증권, 금융권의 대출채권을 기초자산으로 해서 특수법인을 설립한 뒤 이를 증권화시켜 발행하는 상품을 총칭한다. 최근 경향은 선박, 금, 은 등과 같은 실물자산이 유동화 증권의 기초자산이 되고 있다. 유동화 증권의 정식 명칭은 자산 담보부 증권이나 편의상 유동화 증권이라 부른다.

어느 특정 은행이 보유하고 있는 주택 저당권(은행이 대출하면서 담보로 잡은 주택에 대한 권리)이 100억원 있다고 가정할 때, 은행은 저당권의 채권시효가 소멸될 때까지 이를 현금화시킬 수 없다. 따라서 은행 입장에서는 유동성 제약을 받게 된다. 그러나 이를 증권화시켜 유동화 증권을 발행하면 채권 만기일 전에 현금화시켜 유동성을 호전시킬 수 있다. 또 MBS 발행 시 거래를 편리하게 하기 위해 1000만원을 1000장으로 나누어 유동화 증권을 발행해 유통시키면 투자자는 소액의 돈으로 고수익 상품에 투자하는 기회를 얻게 된다. 최근 은행권의 눈에 보이지 않는 자산을 가리켜 '그림자 금융'이란 용어를 흔히 쓴다. 바로 그림자 금융의 주요 고리가 되는 상품이 자산 담보부 증권이다.

■주요 ABS 상품

• ABCP: 'Assert Backed Commercial Paper'의 약어로 자산 담보

부 어음이라 부른다. 이 상품은 쉽게 말해서 자산 담보부 증권에 자유금리 기업어음이라 부르는 CP를 결합한 형태의 상품으로, 단기 자산 담보부 증권이라고 할 수 있다. 즉, ABS보다 만기가 짧은 CP 형태로 발행 유동화 자산의 채권 소멸시기까지 기 발행된 ABCP를 상환하고 CP를 반복해서 발행할 수 있다.

- NPL: 'Non Performing Lone'의 약어로, 금융회사의 부실채권으로서 무수익 여신 또는 부실채권을 가리킨다. NPL에는 담보부 부실채권과 무담보부 부실채권이 있다. 담보부 부실채권은 금융기관이 채무자에게 돈을 빌려주면서 부동산을 담보로 잡고 근저당권을 설정해놓은 채권을 말한다. 그 밖의 주요 자산 담보부 증권 상품으로는 주택저당권 유동화 증권(MBS)과 후순위 채권이 있다.

자산 유동화 증권을 말하는 유동화 상품은 발행 주체가 기업이나 금융회사다. 기업이 발행 주체라는 점에서 채권과 같다. 다만, 채권은 발행기관의 신용상태와 재무적 역량을 평가해 발행규모와 금리가 결정되기 때문에 채권 발행에 별도의 담보가 요구되지는 않는다. 이에 비해 유동화 증권은 기업, 금융회사가 보유 중인 미확정 채권, 대출금, 저당권 등을 담보로 특수목적법인(SPC)이 인수해 증권시장에 유통시키는 구조다. 이런 과정을 통해 기업은 기업이 보유 중인 자산을 담보로 이를 유동화시킴으로써 현금을 창출한다.

유동화 증권의 정식 이름은 자산 유동화 증권이다. 주택 저당권 유동화 증권(MBS), 후순위 채권 등이 우리에게도 익숙한 유동화 증권 상품이다. 유동화 증권은 기업이 보유하고 있는 매출채권, 금융회사의 대출금, 리스채 등 기업이 보유 중인 채권을 기초자산으로 해서 이를 증권화시켜 유통시키는 증권이다. 이 과정을 통해 기업은 운전자금 확보가 용이해져 자금운용에 도움을 받을 수 있게 된다.

참고로, 유동화 증권 ABS(Assert Backed Securities)는 기업, 금융회사가 보유 중인 자산을 담보로 해서 발행된다는 점에서 '자산 담보부 증권'으로 불려왔으나, 1998년 9월 자산 유동화에 관한 법률이 제정되면서 '자산 유동화 증권'으로 바꿔 부르고 있다.

유동화 증권에는 자산 내용에 따라 후순위 채권, CBO, MBS, CLO 등이 있다. 또한 유동화 증권은 원리금 지급이 거의 확실한 선순위 채권과 그렇지 않은 후순위 채권으로 분리해 발행된다.

한편 유동화 증권은 자산 보유가 별도로 분리된 SPC(특수목적회사로 서류상 회사)를 설립해서 발행한다. SPC를 통해 발행된 투자채권을 자산 유동화 전문회사가 인수해서 이를 기초자산으로 발행하는 것이 유동화 증권이고, 이렇게 해서 발행된 유동화 증권은 증권시장을 통해 유통된다. 자산 유동화 증권은 발행회사의 채권 상환이 끝나면 청산 과정을 거쳐 해산한다.

기업이 발행하는 고수익 상품은 회사채부터 자산 담보부 증권, 주식 연계 채권, CP, MMF, RP 같은 단기 유동성 상품에 이르기까지 실로 다양하다. 이들 상품의 공통적 특징은 금리가 기준금리에 영향 받지 않고 발행기업의 위험 가중치에 따라 결정된다는 점이다.

14

간접투자 상품에
투자하지 마라

　　　　　　　　　　　　요즘 아이들의 아토피 발병률
이 높아지는 이유가 인공첨가물 범벅인 시중에서 파는 과자를 일상
적으로 입에 달고 살기 때문이라는 연구 보고도 있다. 아이들이 먹
는 과자만이라도 직접 만들어 먹이고 싶은 마음이 엄마들이라고 왜
없겠는가. 그런데 그게 생각만큼 쉬운 일이 아니다. 우리 아이만은
별 탈 없겠지 하고 믿어보는 수밖에 없다.

　금융상품 투자도 마찬가지다. 본인이 증권시장에서 직접 투자하
면 구색도 다양하고, 고수익 상품에 투자할 기회가 많다. 그리고 무
엇보다 간접투자에 따르는 수수료를 내지 않아도 된다. 그럼에도
우리는 직접투자 대신 간접투자를 선호한다. 왜 그럴까? 단순히 편
리하다는 이유로? 아니면 유능한 자산운용 전문가가 포진한 자산

운용사를 통한 간접투자가 더 많은 돈을 벌어주기 때문에? 하지만 이런 생각으로 간접투자를 선호하는 것이라면 정말 어리석은 일이다. 이것은 이는 간접투자 상품을 팔아야 호구지책이 되는 자산운용사, 위탁판매회사가 행하는 대중조작에 동조하는 일이다.

또한 이것은 전혀 객관적이지 않다. 간접투자가 주식이나 채권에 직접 투자하는 것 이상의 수익률을 낸다는 자료는 없다. 매년 나오는 펀드 상품의 수익률은 오히려 시장 평균수익률보다 낮다. 그럼에도 간접투자 논리가 먹히는 것은 우리가 그들의 논리에 세뇌당하고 있음을 반증한다.

채권형 펀드는 운용자산 대부분을 채권에 투자해 그 운용수익률을 고객에게 돌려주는 대표적인 안정성 있는 펀드다. 채권은 만기까지 보유하면 만기수익률이 확정되며, 중간에 금리변동을 이용해 매매를 하면 매매차익을 얻는 것도 가능하다. 그런데 채권을 간접투자하면 자칫 원금이 훼손될 수도 있다. 투자위험이 증가하게 된다는 것이다. 그 이유는 펀드에 편입된 채권의 시세가 증권시장의 가격변동에 따라 매일 바뀌는 채권 시가 평가제가 적용되기 때문이다.

수수료까지 주면서 간접투자를 해야 할 경제적 이유가 없다. 증권사 금융 몰에서 채권 리스트를 보고 투자금액과 만기일을 고려해 직접 투자하면 된다. 우선 채권투자만이라도 간접투자를 하지 말자. 투자 상품을 창과 방패로 표현하면 주식은 창에 해당되고 채권은 방패에 해당된다. 채권투자로 자산운용의 안정성을 확보하고 이를 토대로 하여 위험 가중치가 높은 주식 관련 상품에 대한 투자를 늘려나가면, 주식투자로 발생하는 위험은 낮추고 안정적인 수익률을 기대할 수 있다.

채권은 세상에 존재하는 금융상품 중에서 가장 과학적이다. 금리의 결정 또한 합리적이다.

15

재무제표를 알면
기업이 보인다

투자로 성공하기 위한 가장 좋은 방법은 뭘까? 이에 대한 의견은 제각각 다를 것이다. 하지만 조금만 생각해보면 답은 명확해진다. 투자로 성공하기 위한 가장 좋은 방법은 기업을 공부하는 것이다. 이것이 성공의 지름길이다. 그러니 투자로 성공하고 싶다면 지금부터라도 기업을 공부하기 바란다.

기업의 경영현황을 어떻게 알 수 있는가? 특정 엔터테인먼트 회사가 제작한 미니시리즈 시청률이 20%를 넘는 고공행진을 한다고 해서 그 기업의 경영현황이 우수한 것인가? 아니다. 언론에서 각광받는 것과는 달리 그렇게 각광받는 그 순간에도 기업의 경영현황은 최악으로 치닫는 경우가 많았다. 어떤 기업의 경영현황은 일시적으로가 아니라 꾸준히 그 기업의 경영성과를 관찰하고 이해관계자들의 투자 만족도를 객관적으로 평가한 후에 말해야 한다.

이것을 객관적으로 측정하고 평가할 수 있는 자료가 있으니, 재무제표가 바로 그것이다. 기업의 재무제표는 학생이 시험을 치르고 그 결과를 평가 받는 성적표와 같은 것이다. 다만 그 기간은 한 번에 끝나지 않는다. 1년간의 경영활동을 수치로 기록해 평가한다. 학생들은 시험성적으로 자신이 원하는 대학에 진학할 수 있는 근거를 만든다. 대학도 이 자료를 학생을 선발하는 주요한 데이터로 활용한다.

기업도 마찬가지다. 기업의 경영성과를 기록한 재무제표를 기초로 해서 기업을 주식시장에 상장시킬 수도 있고, 결과가 나쁜 경우는 퇴출되기도 한다. 퇴출을 모면했다고 해도 기업의 재무제표가 나빠져 기업 리스크가 높아졌다고 판단되면 신용평가기관에 의해 해당 기업의 신용등급은 낮춰진다. 이에 따라 이 기업의 채권, CP의 발행금리가 높아지고 투자 위험은 커진다.

기업의 주가는 기업의 경영성적표라고 할 수 있는 재무제표의 결과에 큰 영향을 받는다. 기업이 발행하는 고수익 확정금리 상품인 회사채, CP 등의 발행금리도 재무제표 평가 결과에 따라 결정되는 것이 일반적이다. 따라서 기업 공부의 첫 번째 미션은 기업의 재무제표를 분석하고 평가하는 공부다. 이처럼 재무제표는 기업이 자금을 조달하는 데 매우 중요한 기준이 되기 때문에 일부 기업은 이를 조작하기도 한다. 아래 기사를 보라.

"기업들 재무제표 손익 부풀리기 여전"

기업들이 재무제표를 작성하면서 손익을 부풀리는 사례가 지난해에도 여전했던 것으로 나타났다. 이중 단기손익, 잉여금, 자기자본 등에 영향을 미치는 사항이 61건으로 가장 많은 것으로 조사됐다. 최근 3년간 유형별 위반 건수에서도 손익 사항이 236건(64.7%)으로 압도적으로 많았다. 이중 대손충당금 과소계상(50건), 유가증권 과세계상(45건), 매출액·매출채권 과대계상(27건)이 가장 빈번하게 적발됐다. 그밖에 지급보증 담보제공 및 특수 관계자 거래 등 주석사항을 미기재한 사례도 빈번하게 적발된 것으로 나타났다. 시장별로는 코스닥 상장법인의 위반회사 수 및 위반비율이 유가증권 상장법인보다 높은 것으로 집계됐다.

금감원 관계자는 "상장 폐지 모면을 꾀하기 위해 가장납입 및 횡령·배임 은폐 등을 위한 분식회계 사례도 다수 적발되고 있고 또 그 기법이 갈수록 교묘해지고 있다"며 "회계분식 적발 빈도가 높은 계정과목에 대한 감리는 강화하는 한편 분식회계 또는 부실감사가 발견될 경우 엄정하게 조치할 예정"이라고 말했다. (〈뉴스토마토〉)

재무제표는 회사와 이해관계가 얽혀 있는 사람들에게 회사의 재무 상태를 알려주는 서류를 말한다. 오늘날의 기업은 매우 복잡한 이해관계로 얽혀 있다. 해당 기업의 주식에 투자하고 있는 투자자, 기업에 자금을 대출해준 금융회사, 기업에 대해 세금을 징수하는 세무당국 등등이 그런 이해당사들이다. 이들에게 기업 재무 상태를 알려주는 객관적이고 공신력이 담보되는 보고서가 바로 재무제표다.

현재 우리나라에는 등기부등본에 법인기업으로 분류되는 회사만 약 20만 개나 있다. 이렇게 많은 회사들의 재무 상태를 기록하고 평가하는 데 공통의 양식이나 작성방법이 없다면 엄청난 혼란이 일어날 것이다. 그래서 이런 혼란을 사전에 방지하고 재무 상태 기록을 통일하도록 강제하는 것이 기업 회계기준이고, 재무제표는 이에 기초하여 작성된다. 이처럼 기업은 회사의 재무 상태를 기업 회계기준에 따라 통일된 양식으로 작성하고, 회사와 이해관계가 얽혀 있는 이해관계자들 등 외부에 공개한다.

재무제표를 작성하고 해석하는 가장 일반적인 기준은 '기업 회계기준'이다. 이 기준에 따라 대차대조표, 손익계산서, 이익잉여금처분계산서, 현금 흐름표 그리고 주식 및 부속명세서 등을 포함해 재무제표라고 규정한다.

재무제표는 경영활동을 요약한 회계보고서를 종합한 것을 말한다. 재무제표는 모든 회계처리 과정을 통해 만들어지는 최종 산물이다. 또 재무제표상의 회계정보는 이를 필요로 하는 회계정보 이용자들에게 전달하여 기업에 관한 의사결정을 할 때 판단의 근거가될 수 있도록 객관적 자료를 토대로 하여 작성되어야 한다.

기업 재무제표에서 우선적으로 봐야 할 것은 매출액, 영업이익률, 매출채권 비율, 부채비율, 현금 흐름 등이다. 이 데이터들은 증권사나 금융감독원, 증권거래소 등에서 전년도 재무제표를 구해 볼 수 있고, 금융감독원 전자공시실(dart.fss.or.kr)에서 인터넷으로 열람할 수도 있다.

재무제표에서 아주 중요한 대차대조표는 개인의 재산 목록 표와 같은 것이다. 대차대조표는 기업의 자산과 부채를 총괄적으로 설명하는 재무제표로, 쉽게 생각하면 개인의 재산 목록 표와 같은 역할을 한다고 보면 된다.

대차대조표에서는 매출액 대비 매출채권 비율, 재고자산 비율, 부채 비율 항목을 주의 깊게 봐야 한다. 예를 들어 해당 기업의 전년도 매출액 대비 매출채권 비율이 130%였던 기업이 올해 결산기에 110%로 낮아졌다면, 이것은 지난해에 비해 매출채권의 현금화 비율이 상승한 것으로 기업의 현금 흐름이 대폭 개선됐다는 뜻이다. 이와 관련해 재고자산이 급증한 기업은 우선 분식결산(회계조작) 가능성을 의심해봐야 한다. 예전 사례를 보면 기업이 기말 재고자산을 부풀려 이익을 과대계상하는 경우가 많았다. 부채 비율은 업종별 특성을 감안하여 그 평균치를 탄력적으로 적용해야 한다. 부채 비율은 업종 평균치보다 낮을수록 좋다.

다음으로, 손익계산서도 재무제표에서 중요하다. 손익계산서는 한마디로 판매비용 대비 이익을 분석한 것이다. 즉, 손익계산서는 기업이 1년 동안 물건을 얼마나 팔았는지, 그리고 물건 판매에 들어간 모든 비용을 제하고 얼마나 남는 사업을 했는지를 알아보는 재무제표다.

손익계산서에서는 매출액 증가율, 영업이익, 매출액 대비 영업이익 증가율을 중점적으로 살펴봐야 한다. 매출액 증가세가 지난 몇 년간 꾸준히 유지되고 있는지, 아니면 매년 그 변동 폭이 둘쭉날쭉한지를 주의 깊게 봐야 한다. 기업의 수익성은 영업이익을 기준으로 한다. 순이익이 대폭 감소해도 영업이익의 상승세가 유지되면 주가에는 부정적 요소보다는 긍정의 요소가 더 많다. 매출액 대비 영업이익률 증가율도 중요하다. 영업이익 증가율이 매출 증가율보다 높다면 지난 1년간 수익성이 개선된 것으로 평가받는다.

그런데 금융업은 제조업과 다르게 평가해야 한다. 금융회사의 영업수익은 제조업체의 매출액에 해당한다. 또 은행은 부실채권에 대한 대손충당금을 적립해야 하기 때문에 순이익 규모에 주목해 평가해야 한다.

대차대조표, 손익계산서와 함께 기업의 재무역량을 파악하는 데 중요한 것이 현금 흐름표다. 현금 흐름표는 기업이 보유하고 있는 현금 보유 현황과 상태를 알려준다. 수익이 많은 기업일지라도 현금 창출 능력이 미약하다면 부도가 날 수도 있다.

현금 흐름표에서 가장 중요한 포인트는 영업활동을 통해 유입된 현금으로, 투자자금과 재무활동에 소요되는 자금을 충당할 수 있는지 여부다. 만약 영업활동을 통한 현금 창출 능력이 미흡한 기업이 단기 차입금으로 투자자금을 조달한다면 심각한 자금경색을 겪을 가능성이 높다고 할 수 있다.

이익잉여금 처분계산서는 이익잉여금을 어떻게 처분했고 주주들에게 얼마나 배당했는지를 보여주는 항목이다. 기업이 잉여금 범위 내에서 주주에게 배당을 하기 때문에 배당 여력을 나타내는 지표이기도 하다.

주식투자를 하려면 기업의 경영현황을 파악할 수 있는 재무제표를 기본적으로 봐야 한다. 주석사항도 그중 하나다. 주석사항에는 기업의 지급보증 현황, 특수 관계인과의 거래, 진행 중인 소송 내역 등 기업의 세부 활동내용이 기록되어 있다.

연결재무제표란 무엇인가?

연결재무제표는 모회사와 자회사를 하나의 회사로 보고 작성하는 재무제표다. 즉, 모회사와 자회사를 하나의 회사로 취급하여 연결 대상 회사의 자산, 부채, 매출액, 순이익 등 모든 회계항목을 합산하여 재무제표를 작성하게 된다. 이때 내부거래로 중복된 부분은 제외한다. 예를 들어 자회사가 모회사에 상품을 팔았다면 여기서 발생한 매출은 연결재무제표의 매출액에 포함되지 않는다. 두 회사를 하나의 실체로 간주하기 때문에 내부거래로 상품 이동만 있었을 뿐 실제 매출이 일어났다고 보지 않는 것이다.

연결재무제표를 작성할 때 모든 계열사를 포함시키진 않는다. 국내외 계열사 중에서 그 회사의 실적이 지배회사의 수익에 영향을 주고 종속회사(지배회사의 반대개념)로 분류해서 합산한다. 지분율이 50% 이상, 지분율이 50% 미만도 나머지 주주가 소액 주주로 구성되어 사실상 지배력을 행사하는 경우에도 해당된다. 지분율이 20~50% 사이이면서 종속회사에 해당하지 않는 계열사는 '관계회사'로 분류해 실적은 지분율만큼 합산해 반영한다.

연결재무제표를 작성하면 기업실적의 왜곡을 줄이는 데 도움이 된다. 지배회사가 실적이 나쁠 경우 계열사에 손실을 미루거나, 아니면 계열사의 이익을 늘려주기 위해 지배회가가 부당하게 지원하는 일이 발생할 수 있기 때문이다.

지배회사와 종속회사간의 내부거래로 실적 부풀리기 연결재무제표에서는 실적은 모두 합산 내부거래는 제가 함으로 이러한 시도가 효과가 별로 없고 결국 이런 시도 자체를 차단하는 효과가 있다.

16

저금리 시대의 대안
주식연계채권

"주식연계채권에 돈 몰린다

기관 투자가들 "러브콜"

삼익악기 BW 20% 할증, 톱텍 CB 60% 비싸게 발행

한국경제신문이 2013년 1분기 중 발행했거나 발행할 교환사채(EB),
전환사채(CB), 신주인수권부사채(BW) 등 메자닌 74건을 분석한 결
과 이 중 8건의 행사가가 시가보다 높은 '할증 발행'인 것으로 나타
났다. 지난해 할증 발행이 2건이었던 것에 비하면 사례가 많아진 것
이다. EB는 기업이 보유하고 있는 주식을 교환할 수 있는 권리가 붙
어 있는 채권이며, CB와 BW는 신주로 전환하거나 신주를 인수할 수
있는 채권이다."(〈한국경제신문〉)

주식과 채권은 기업이 증권시장에서 자신들이 필요로 하는 운전 자금을 직접 조달하기 위해 발행한다. 그러나 이 두 가지 상품은 투자유형에서 상극 관계에 있다고 말할 수 있다. 주식은 발행한 기업의 주가 변동에 따라 주가차익과 배당소득을 얻을 수 있는 반면, 채권은 정기예금과 같이 확정금리를 투자수익으로 지급한다. 주식은 높은 투자수익과 이에 따르는 높은 위험을 수반한다. 반면, 채권은 채권 보유 기간 중 발행 기업이 파산하거나 부도가 나지 않으면 이미 정해진 이자를 만기까지 안정적으로 지급받는 장점이 있다.

주식과 채권의 이런 장점을 동시에 취하는 투자 상품이 바로 주식 연계 채권이다. 주식 연계 채권은 채권처럼 확정이자를 보장받으면서 옵션권을 이용해 주가차익도 취할 수 있다. 주식 연계 채권은 사전에 정해놓은 가격으로 주식을 받을 수 있는 콜 옵션을 제공하는 회사채를 기업이 자금 조달을 위해 발행하는 채권이다. 따라서 발행기업의 주가가 오르면 사전에 정한 가격으로 주식을 인수해

▦ 표 주식 연계 채권의 종류와 특징

구분	CB(전환사채)	BW (신주인수권부사채)	EB(교환사채)
공통점	일정기간 미리 정해놓은 가격으로 주식을 취득할 수 있는 권리가 부여된 회사채		
취득 주식	채권, 발행회사 주식	채권, 발행회사 주식	채권, 발행회사가 보유한 타사 주식
주식 취득 후 회사채의 권리	자연 소멸	유지(분리형의 경우)	자연 소멸

자본이득을 얻거나, 주가 상승의 이점이 없을 경우는 옵션을 행사하지 않고 채권의 발행금리를 만기까지 안정적으로 지급받을 수 있다. 옵션권이 부여된 주식 연계 채권은 일반적으로 낮은 표면금리로 발행된다.

CB는 주식으로 전환할 때 채권 발행회사의 자기주식으로만 교환이 가능하다. EW는 주식으로 바꿀 경우 새로 주식을 발행할 필요 없이 타 회사의 보유주식을 바로 교환할 수 있어서 콜 옵션 행사 이후 현금화할 때 주가 변동 위험이 작다. 분리형 BW는 신주인수권을 행사해도 채권 권리가 소멸하지 않고 유지된다.

주식 연계 채권 투자 포인트

첫째, 금감원 전자공시나 경제신문의 공시란을 꼼꼼히 체크하고 투자한다. 주식형 채권의 공모 일정은 공정 공시사항으로 공모 2주일 이전에 정보가 새나가는 경우 공시 위반으로, 반드시 공시란을 통해서만 투자정보를 확인해야 한다.

둘째, 반드시 투자회사의 신용등급을 체크한 후에 투자한다. 주식 연계 채권은 기업이 발행하는 회사채다. 따라서 발행기업이 부도가 나면 투자원금을 날릴 수 있다. 재무상태가 좋지 않아 정상적으로 증권시장에서 자금을 조달하기 어려운 기업 중에는 주식 연계 채권을 이용해 자금을 조달하는 편법을 쓰는 경우가 있다. 실제 재무상태가 안 좋은 코스닥 기업은 은행대출이 어렵고 유상증자가 법으로 금지될 경우 편법으로 주식 연계 채권을 발행한다. 주식 연계 채권 발행기업의 신용등급은 최소한 투자 적격 최소 등급인 BBB-이상은 되어야 한다.

셋째, 주식 연계 채권은 금리보다 옵션권을 행사해 자본이득을 얻는 것이다. 따라서 옵션권을 행사하고 소멸하는 전환 청구기간을 사전에 반드시 알아두어야 한다.

기업의 경영은 대주주, 투자자, 금융권 등의 복잡한 이해관계가 얽혀 있어 특정 경제사안을 단순하게 받아들여서는 안 된다. 기업은 일반사채를 발행하면 되는데도 왜 투자자에게 투자 장점이 큰 주식 연계 채권을 발행하는 걸까? 이 문제 역시 단순하게 보면 주식 연계 채권의 옵션권이 투자자에게 유리한 것처럼 보이지만, 기업과 기업의 대주주 역시 주식 연계 채권의 발행으로 얻는 이점이 상당하다.

이를테면 이런 식이다. 대기업이 신생 계열사를 만들면서 대주주에게 일정 기간이 지난 뒤 주식으로 전환할 수 있는 전환사채를 액면가로 발행하고, 이를 대주주 일가에게 몰아준다. 대기업은 신생 계열사에 기업 관련 매출을 몰아주어 기업 가치를 충분히 높인 후 유가증권 시장에 상장시킨다. 상장 후 기업의 주가는 급등해 액면가 대비 50배 이상 오른다. 그러면 기업의 대주주는 정해진 수순에 따라 옵션권을 행사하고, 이로써 이 기업의 대주주는 막대한 자본이득을 얻게 된다. 대기업의 2, 3세 상속자는 이런 식의 옵션권 행사로 얻은 막대한 자본이득으로 모기업의 지분을 늘려 상속세를 최대한 회피하면서 합법적으로 모기업의 지배권을 확대한다.

이와 관련하여 연되는 기업이 있는가? 삼성, 현대자동차 등 경영

승계가 바로 이 방법으로 이루어졌다는 것을 모르는 사람은 없을 것이다.

이처럼 자본의 대물림으로 주식 연계 채권이 활용되기도 하고, 또 기업의 자금 흐름에 문제가 생겼을 때 투자자의 돈을 끌어들이기 위해 옵션권을 부여한 채권을 발행하기도 한다. 이 경우 주식 연계 채권은 기업이 발행의 모든 위험을 책임지는 회사채의 변종이라는 사실을 잊지 말고 투자 위험을 간과해서는 안 된다. 만약 옵션권을 행사하기도 전에 기업이 파산하면 주식 연계 채권은 바로 휴짓조각이 될 수도 있다.

주식 연계 채권을 메자닌이라 부르는 이유

메자닌(Mezzanine)이란 말은 이탈리아어로 건물 1층과 2층 사이에 있는 라운지 등의 공간을 의미한다. 이 말이 금융용어로 쓰이기 시작하면서 메자닌 금융은 주식과 채권의 중간지대에 위치하면서 그 둘의 장점을 결합한 상품, 다시 말해 채권으로 발행되지만 채권에 주식으로 전환하거나 기업이 보유한 주식으로 교환할 수 있는 옵션이 부여된 채권, 곧 주식 연계 채권을 일반적으로 부르는 용어로 쓰인다.

아래는 메자닌과 관련된 신문기사다.

"짜장면과 짬뽕처럼 주식과 채권은 언제나 투자자에게 선택을 강요한다. 채권은 기업이 망하지 않는다면 미리 정한 이자를 정기적으로 취할 수 있는 안정성이, 주식은 어느 정도 리스크를 감안한다면 대박을 노릴 수 있는 것이 장점이다. 주식 연계 채권(메자닌)은 이자와 주가 차익을 동시에 노릴 수 있는 투자시장의 '짬짜면' 같은 메뉴다. 미리 정해놓은 가격으로 주식을 받을 수 있는 권리인 콜 옵션을 덤으로 얹어주는 회사채로 설명할 수 있다."(〈이투데이〉)

이 기사 내용에서 보듯이 우리가 중국음식점에 가서 짜장면과 짬뽕 사이에서 무엇을 선택할 것인가의 고민을 해결해준 새 메뉴가 짬짜면인 것처럼, 자본시장에서 주식과 채권이라는 양 극단의 상품 중 어느 것을 선택할 것인가 하는 데서 주식투자의 위험은 낮추고 채권투자보다 높은 기대수익률을 원하는 투자자의 요구에 부합하는 상품이 주식 연계 채권, 즉 메자닌이라 불리는 상품이다.

4

금리 1%시대의
주식투자 성공법

1.

초보자도 안전하게
주식에 투자하기

　　　　　　　　주식은 은행권의 금융상품, 확정금리로 발행되는 채권과 비교해 투자위험에 있어 비교조차 안 될 정도로 높다. 그래서 주식투자는 매우 위험하다고 말한다. 그럼에도 우리가 주식투자에서 투자의 대안을 모색해 보는 이유는 다 알다싶이 너무 낮은 금리 탓이다. 주식에 올인하는 것은 절대 피해야하지만 그렇다고 외면만 해서도 안 된다. 주식투자 비중을 낮추면서 안전하게 투자하는 법을 이제는 생각해 볼 때이다.

　주식 투자에 왕도는 없다. 주식이 공부처럼 성적순이라면 왜 이처럼 주식 전문가라고 자처하는 이들이 많겠는가. 인간의 탐욕이 주가를 결정하는 주식시장에서 이른바 펀더멘털은 주가를 결정하는 하나의 도구일 뿐이다.

주식 투자는 과학이라면서도 과학의 법칙대로 투자 결과가 나오지 않는다. 소위 기업의 내재가치를 중심으로 하는 가치 투자를 과학적 주식 투자라고 말하지만, 이것도 웃기는 얘기다. 최근 몇 차례의 금융위기를 겪으면서 그 누가 위기를 예측이나 하였는가. 그리고 기업의 가치라는 것을 아무리 정교하게 계량화하여 주가를 예측한다고해서 이대로 주가가 움직일 거라고 믿는 사람이 과연 몇이나 되겠는가.

인간의 탐욕이 지배하는 자본시장 가운데서도 그 정점이 바로 주식 투자 시장이다. 인간의 탐욕이 이성을 지배하는 주식시장에서는 많이 안다고 해서 투자 성적이 좋은 게 아니다. 실제 인터넷 정보 이용도가 가장 높고 이를 투자에 적극 활용하는 30대의 투자 레코드가 50대보다도 낮다. 왜 그럴까? 50대는 자신의 경험자본 활용도에서 30대보다 앞선다. 이런 경험을 거치면서 수많은 실패를 통해 주식 투자에서 원칙이 얼마나 중요한지를 깨달은 결과일지도 모른다.

저금리가 주식 투자의 저변을 넓히고 있다. 왜 안 그렇겠는가. 상당수 사람이 은행권이나 보험사의 저축 상품, 연금으로 노후를 준비하고 있다. 그러나 이들 상품으로는 노후 준비는 고사하고 구조적으로 가처분소득이 줄게 되어 있다. 그러니 연령 불문하고 주식 투자 인구가 늘고 있는 것이다. 이런 상황에서 주식 투자는 매우 위험하니 무조건 하지 말라고 하는 것도 능사는 아니다. 그렇다고 소위 기관에 간접 투자하라는 말도 대안은 아니다. 왜냐하면 기관의 운용수익률이 시장평균에도 미치지 못하기 때문이다.

주식 투자 경험이 없다고 두려워할 필요는 없다. 오히려 투자 습관을 초기에 잘 길들여놓으면 더 안정적으로 투자할 수 있다.

주식투자에는 정답이 없다. 그러나 지금까지 보고 겪으면서 '주식을 해보니 이렇게 하는 것이 그나마 위험은 줄이고 수익이 안정적으로 발생하더라' 정도의 말은 할 수 있다고 여겨 이 글을 쓴다.

주식투자의 변동성은 예측할 수 없기 때문에 두려운 것이다. 또 주식투자는 심리적 게임이기도 하다. 금융위기 또는 외부의 돌발적 변수에 의해서 발생하는 위험이상으로 주가가 급락하기도 한다. 위험이 실제보다 부풀려지고 심리적으로 집단동조화에 빠져 중심을 잃기 때문에 발생하는 현상이다.

최근에도 브렉시트(Brexit, 영국의 EU 탈퇴) 쇼크로 주가는 급폭락한 적이 있다. 브렉시트에 대한 투표결과가 탈퇴로 결정이 난 2016년 6월 24일 코스피지수는 전일주가보다 3.09%(61.47포인트) 폭락했다. 브렉시트가 탈퇴로 결정이나도 완전히 문제가 해결되기 위해서는 EU 회원국 전부 개별협상을 통해 동의를 구해야 하는 등 7년이상의 시간이 요구된다. 당장 위험이 구체화되지 않았고 거시경제지표, 펀더멘털에도 변화도 없다.

그런데 투표결과가 탈퇴로 알려지면서 주가가 폭락했다. 크고 작던 금융위기가 벌어지면 이같은 현상이 반복된다. 이 시기에 평정심을 유지해야 한다고 아무리 떠들어도 집단동조화라는 최면에 빠져 투매하기 바쁘다. 이런 상황에서 후해지표에 불과한 기술적 분석이 무슨 의미가 있겠는가? 이런 면에서 주식투자는 과학이 아니다. 언론이 공포를 만들고 증폭시킨다. 항상 위험은 부풀려진다. 역설적으

로 주식투자에서 성공하는 길은 초심을 잃지 않고 투자의 원칙과 상
식을 지키면 된다.

2

저축하듯이
주식을 사라

주식 전문가를 자처하는 사람들 역시 주가는 도무지 예측할 수 없는 것이기에 스스로 무력감을 느낀다. 그들이 주식을 과학이 아니라 도박판의 심리게임과 같은 것이라고 자조하는 이유도, 주식을 알면 알수록 더 미로에 빠지는 한계를 알기 때문이다.

정치 테마주에 투자하는 것은, 기업의 내재가치와 무관한 것으로 투기나 다름없다. 하지만 전문가 그룹에서는 주식을 심리게임이라고 여겨 이것도 주식 투자라고 말한다. 만약 그들이 내재가치가 저평가된 종목을 발굴하고, 장기간 상식과 원칙에 맞게 투자했다면, 그들이 주식 투자에 실패할 가능성은 크게 줄어들었을 것이다. 그러나 그들은 그렇게 하지 못했다. 그들의 주식투자 결과가 롤러

코스터인 것처럼 그들의 인생도 롤러코스터 인생이 된 것이다. 기술적분석으로 주가의 변동성을 극복할 수 있다는 것은 오만한 태도다.

주식 투자는 많이 안다고 해서 성공 하는 것이 아니다. 상식과 원칙을 지키는 사람이 성공한다. 대답해보라. 아는 것으로는 세상의 모든 지식을 스펀지처럼 흡수하는 30대의 투자수익률이 왜 50대보다 떨어지는지를. 시장의 변동성은 너무 끔찍해서 펀더멘털은 하루아침에 달라질 수 있고, 오늘의 호재가 바로 다음날 악재로 변하는 곳이 주식시장이다. 주식투자는 컴퓨터와 멀어질수록, 상식에 충실한 투자를 장기간 할수록 승률이 높아지는 게임이다. 시장의 변수를 극복하는 최고의 방법은 자신이 시간을 지배하는 것이다.

주식은 기업의 실적에 투자하는 것이다. 첨단 IT 기업이라고 해서 미래에 수익을 보장해주지는 않는다. 사업 내용이 너무 어려운 기업에 투자할 필요가 없다. 독점적으로 시장을 지배하고 가격결정권을 갖고 있는 B to C 기업 중에서 투자종목을 물색하는 것이 과학적인 투자다. 적어도 이 종목들은 시장에서의 판매현황을 직접 눈으로 확인할 수 있으니까. 빛의 속도로 변하는 세상에서 누가 감히 미래를 예측하겠는가. 그러니 소비자 반응을 바로 알 수 있는 종목에 투자하는 것이 안정성을 보장받는 투자다.

삼성전자는 불황기에 오히려 유력한 경쟁기업을 탈락시킴으로써 호황기로 전환되면 항상 시장점유율을 높여왔다. 반도체사업은 치킨게임(1950년대 젊은이들 사이에 유행하던 자동차 경주 게임으로, 상대방이 손을 들 때까지 죽음을 향해 질주하던 것에서 유래했다. 시장에서 경쟁기업 중 하나가 사라질 때까지 무한경쟁을 벌이는 것을 말한다. 치킨게임에서 치킨은 진 쪽을 닭에 빗대어 겁쟁이를 의미하는 개념으로 차용되기도 했다) 성격이 강한데, 매번 불황기에 오히려 투자를 늘림으로써 강력한 경쟁기업을 누르고 시장점유율을 늘려온 것이다.

코스피 지수가 처음 생긴 1982년에 100만원으로 주식 투자에 나서서 시장평균 정도의 수익을 얻었다면 그로부터 30년 후 얼마나 벌었을까? 답은 2893만원이다. 코스피 지수는 1983년 1월 4일 122.52포인트에서 2012년 말 1997.05포인트로 상승했다. 30년간 코스피 지수는 1530% 상승했다. 여기에 30년간의 평균 배당소득을 합하면 주식투자 수익률은 2793.2%로 늘어난다. 한마디로, 만약 누군가가 30년 전에 100만원을 주식에 묻어뒀다면 28배에 이르는 수익을 올릴 수가 있었다.

기업의 미래를 누가 알겠는가. 그러나 시장의 트렌드를 읽으면 그 답이 희미하게나마 보인다. 스웨덴의 IT기업이 만든 스마트 앱 '앵그리 버드'가 선풍적 인기를 끌 때, 우리는 게임시장의 트렌드가 PC 기반 온라인 게임에서 스마트 앱으로 그 플랫폼이 바뀌었음을 눈치 챘어야 했다. 그리고 국내 스마트 앱 게임의 강자 컴투스에 먼저 투자했어야 했다.

컴투스는 1999년 국내 최초로 모바일 게임 서비스를 비즈니스 모델화한 기업이다. 국내 3대 이동통신사가 독점하던 시대에 컴투스의 모바일 게임은 당시 게임시장을 지배하던 PC통신 게임업체의 독주에 밀려 맥을 못 췄다. 그러나 스마트폰 등장으로 게임 앱 시장의 파이가 커지면서 컴투스의 모바일 게임은 승승장구하고 있다. 그 결과 2008년 10월 31일 3830원에 불과하던 컴투스의 주가는 2016년 7월 1일 그 40배가 넘는 129만800원까지 올랐다.

SM 주가가 최저점에 있을 때, 나는 SM에 주목했다 SM이 좋은 종목이어서가 아니다. 당시 SM은 방만한 경영으로 재정위기에 봉착하자 계열기업을 처분하고 핵심역량에 집중했다. 기업의 재무 상태는 최악으로 치닫고 있었지만 희망이 보였다. 막 데뷔한 슈퍼주니어, 소녀시대가 선풍적 인기를 끌고 있었고, 동방신기의 일본에서 인기도 정점을 향해 치닫고 있었다.

내가 기업의 미래 비전이나 사업 모델보다 더 중요하게 보는 것이 영업이익이다. 영업이익이 늘고 결산 후 재무상태가 급호전되면 주가는 업종 구분 없이 오르게 되어 있다. SM에서 그 가능성이 보였다. 이 얘기를 내 잘난 친구들에게 말했더니 나한테 돌아온 것은 한물갔다는 핀잔이었다. 하지만 늘 그렇듯이 시장에서 멀리 떨어져 있고 이해관계가 얽혀 있지 않은 사람이 시장을 편견 없이 객관화시켜 볼 수 있다.

그들은 어떻게 한물간 엔터테인먼트 종목에 투자할 생각을 하느냐고, 그것도 문제 많고 대주주에 대한 비난이 쏟아지는 회사에 투자할 생각을 하느냐고 면박을 줬다. 감을 잃었다는 말도 들었다, 그러나 나는 주식투자의 감은 잃었을지 모르지만 시장을 성찰하는 눈은 계속 업그레이드되고 있는 중이다.

오리온을 보라. 멋있고 폼 나는 사업을 다 처분하고 초코파이 등 본래의 제과업에 핵심역량을 집중한 결과 시가총액은 다섯 배 이상이나 늘었다. 기업의 가치는 사업 포트폴리오의 화려함에 있는 것이 아니다. 실적이 말해준다. 아모레퍼시픽 홀딩스도 과거 너저분한 계열사들을 다 처분하고, 화장품 하나에 핵심역량을 집중해 2,000년대 초와 비교해 주가가 40배 이상 상승했다. 거듭 말한다. 주가는 기업의 실적이 말한다. 그런데도 정치 테마주에 '묻지 마' 식 투자가 몰리는 것을 보면 주식 투자에서 상식을 지킨다는 게 얼마나 어려운 일인지를 새삼 실감하게 된다.

어머니들이 왜 점집을 찾는다고 생각하는가. 점쟁이가 미래를 예언하는 능력이 있다고 믿기 때문일까? 아니다. 어머니들도 잘 알고 있다. 그럼에도 점집을 찾는 이유는 앞날을 알 수 없는 이 불안한 인생살이에 점쟁이한테서라도 위로를 받기 위함이다. 점쟁이를 믿어서가 아니다.

우리가 증권방송 전문가들 말에 돈을 주면서까지 귀 기울이는 것은 그들의 예지력을 믿기 때문이 아니다. 그들이 그렇게 능력이 있다면 자기들이 전업으로 투자하면 되지 뭐 하러 컨설팅에 매진하겠는가. 그들도 호구지책으로 하는 일이다. 그들은 대개 후행지표에 불과한 차트 분석을 도구로 해서 컨설팅 한다. 그래야 책임을 모면할 수 있다. 오죽하면 요즘 주식 투자는 개나 소나 그림만 그린다고들 할까. 그들도 주식을 모르기는 마찬가지다. 그들에게 차트 분석은 점쟁이들의 점치는 도구와 같은 것이다.

주식투자, 하라. 그러나 올인 하지는 마라. 그리고 너무 가까이 가지 마라. 저축 가능 금액의 절반이내에서 저축하듯이 소액으로 장기간 투자해 주식투자이 위험은 줄이고 안정적인 수익을 노리는 전략을 구사하라.

주식 투자는 시간을 지배해야 이기는 게임이다. 아무리 잘나가는 종목도 떨어질 때가 있고, 금융위기가 오면 급락할 수도 있다. 이때 신용을 최대한으로 동원해 투자한 사람은 향후 주가가 다시 반등하고 신 고가를 쓸 것이 확실해져도 눈물을 머금고 손절매를 해야 한다.

반면, 내가 가진 돈의 한도 내에서 투자한 사람은 설사 급락하더라도 내수 블루칩은 분명히 다시 반등하리라 믿고 오를 때까지 기다릴 수 있다. 이런 방법으로 스스로 주식 투자의 게임 법칙을 만들고 지켜라. 그래야만 주식 투자는 원칙과 상식이 기술을 이기는, 그나마 공정한 시장이 될 수 있다.

주식투자를 사이버공간에 난무하는 도박 게임으로 알고 일은 내팽겨치고 책상 위의 컴퓨터에 딱 들러붙어서 주가 동향에 일비일희해서는 답이 안 나온다. 주식투자 대박의 꿈을 꾸기 전에 어떻게 위험을 회피해서 투자의 안전성을 확보할 것인가를 먼저 고민하라. 싸움에서 이기는 자는 마지막까지 살아남는 자이다.

3

여유 돈의
30%내에서 투자한다

현재 주식 투자를 둘러싼 환경은 매우 복잡하고 변동성 또한 훨씬 커졌다. 그러나 역설적으로 투자 종목을 고르기는 오히려 쉬워졌다. 다시 말해, 돈 되는 종목과 돈 안 되는 종목의 경계가 뚜렷해졌다.

어느 업종이든 업종 대표주의 시장지배력은 강화되었다. 우리나라 산업의 기업 간 양극화가 뚜렷이 진행되면서 주가 양극화 현상이 가시화되고 있다. 따라서 이에 해당되는 종목들, 이를테면 소위 블루칩이라고 부르는 대형 우량주에 투자하면 주식 투자로 성공할 가능성이 현저히 높아 졌다.

산업동향에 따라 기업의 주가는 언제든지 달라진다. 아주 장기간에 걸쳐 침체를 겪어온 건설주도 분양시장의 호전, 중동특수로 매출이 늘면 주가는 살아난다. 반면 신규 수주절벽, 물동량의 감소로 반면 한 동안 잘나가던 조선업, 해운업은 최악이다. 대기업이라도 개별기업의 주가는 산업동향, 경영실적에 크게 영향받으므로 이 흐름을 놓쳐서는 안 된다.

내수시장 우량종목은 큰 돈을 못벌어줘도 투자시점에 따라 안정적인 수익을 발생시키는 특징이 있다.

"오뚜기의 주가는 200일 장기 이동 평균선의 지지를 받고 거래량도 증가하여 상승 마감했다. 2일 오뚜기 주가는 전일 대비 6.60%(2만 1500원) 상승해 34만7500원에 거래를 마쳤다. 거래량은 4527주로 전 거래일의 3211주에 비해 약 140% 급증했다. 오뚜기 주가는 2013년 4월 30일 최고가 47만7000원을 기록한 후 하락 추세를 이어가고 있다. 이날 주가상승률이 매우 높았음에도 불구하고 최고가 대비 여전히 27% 떨어진 가격이다."(〈컨슈머 타임즈〉 2013년 9월 2일)

이 기사 내용대로 오뚜기 주가는 2013년 4월 30일 47만7000원으로 최고가를 기록한 후 약 27% 떨어진 상태다. 금융위기의 여파가 계속되던 2009년 10월 31일의 오뚜기 종가는 7만9500원이었다. 그 2016년 7월 1일 오뚜기의 종가는 830,000원이다. 위의 기사가 나온 시점으로부터 3년이 채 안 되는 기간 동안 또 주가가 거의 두 배나 올랐다. 2009년 10월 31일 종가기준으로 10배 이상 오른 것이다.

오뚜기처럼 내수시장에서 시장 점유율 높은 B to C 독점기업들은 일시적 불황으로 주가가 떨어질 때가 있더라도 시장이 다시 반등하면 시장지배력은 더 강화되고, 대개의 경우 주가가 반등할 때마다 신 고가를 갱신해나간다. 이것이 내수 관련 독점적 기업의 주가 특성이다.

금융위기가 와서 시장이 공포에 질려 있을 때가 사실은 이 종목들에 투자할 기회였다. 주식 투자의 격언 중에 "남들이 욕심낼 때 두려워하고, 남들이 두려워할 때 욕심내라"라는 말이 있다. 이 격언을 흘려듣지 말기 바란다.

자신의 여유자금만으로 투자한 사람과 신용으로 빚을 내서 투자한 사람 간에는 주가 향방에 따라 명암이 확연하게 갈린다. 내수관련 우량주는 고비가 지나면 반드시 오른다는 판단이 서도 빚내서 투자한 사람은 주가가 조금만 밀려도 주가가 오르는 것을 보지 못하고 손절매 하기에 바쁘다.

주식 투자에서 투자와 투기의 경계를 어떻게 나눌 것인가. 이를 명확하게 말할 수는 없다. 그러나 단기차익을 노리고 빚 내서 주식을 하는 사람은 그가 부인하더라도 투기를 하고 있는 것이다. 주식 투자는 빚 내서 투자하는 순간 그 위험이 크게 증폭된다.

주식 투자의 기대수익률은 개인의 투자성향에 따라 다 다르겠지만 매월 수수료 제외하고 2%의 수익률만 나와도 성공하는 것이다. 물론 수익률을 꾸준히 유지하는 일은 어렵다. 주식 투자는 매월 2%의 수익률만 나와도 수익률이 복리로 체증되는 구조 때문에 연 수익률로 따지면 30%가 넘는다.

수익률에 너무 민감하게 반응하지 말기 바란다. 이 정도의 수익률을 기대하고 투자하는 사람은 과도하게 빚내서 스스로 위험을 자초할 필요가 없다. 주가 양극화가 대세로 자리 잡은 현재 주식시장에서는 대형 우량주를 중심으로 자기 돈으로 장기간 투자하는 사람이 성공 확률을 높일 수 있다. 그러나 어떤 경우든 여유돈의 30%이내에서 투자하라. 현금보유도 주식투자다. 꼭 현물로 주식을 갖고 있어야 한다는 생각은 버려라.

주식투자에서 성공하는 일은 욕심을 버릴수록 커진다. 투자기술보다 사람의 심리가 더 크게 작용하는 것이 주식투자다. 내수관련 우량주라고 해서 모든 종목이 같은 처지에 있는 것은 아니다.

사업포트폴리오의 구성에서 시장이 성장하고 있는 사업 부분에서 경쟁력이 있는 회사에 주목해야 한다.

현재 내수시장에서 성장하고 있는 시장이 편의점, 프리미엄라면, 택배시장 등이다. 현재 이 시장에서 독점적 지위를 갖고 있는 회사가 BGF리테일, 오뚜기, CJ대한통운 등이다. 이 회사들의 주가 추이를 보면 시장의 성장과 비례해 주가가 오르는 것을 볼 수 있다. 무조건 투자해서는 안 된다. 이 안에서도 선장의 과실을 누리는 회사가 있고 경쟁에 뒤쳐져서 오히려 주가가 떨어지는 종목도 있기 때문이다.

4.

시장지배력이
강한 기업

앞서 얘기했듯이 시장에서 독점적 지위를 누리는 기업이라고 해서 무조건 주가가 오르는 것은 아니다.

시장지배력이 강한 독점기업이라도 성장하는 산업군에 속해 있어야 한다. 편의점시장은 계속해서 성장하고 있다. 사업장리뉴얼을 통해 이 시장에서 독점적지배력을 갖고 있는 BGF리테일의 주가는 2위 기업 GS리테일의 약 4배다(2016년 6.24일 기준).

그럼에도 우리가 독점적 기업, 특히 고객을 직접 상대하는 소위 B to C 기업에 주목해야 하는 이유는, 이 기업들은 자신의 독점적 지위를 이용한 상품의 가격결정권을 갖고 있어 상품 가격 인상이 기업실적 개선으로 이어져 주가가 오르는 경우가 일반적이기 때문이다.

여기서 말하고 있는 B to C 기업의 대표적 업종은 식음료 업종이다. 이 시장은 과거부터 지금까지 업계의 터줏대감 노릇을 하는 몇 개 기업이 시장을 독점해왔다. 그럼에도 소득수준 향상으로 시장의 파이가 계속 커져왔다. 이 기업들의 주가 역시 10년 전과 비교해 코스피 평균보다 대체로 4~5배 이상 올랐다. 이런 흐름은 지금도 계속되고 있다.

이들 기업은 시장을 독점적으로 지배하기 때문에 시장이 아닌 자기들 스스로 가격결정권을 주도한다. 그 덕분에 거의 영구적으로 이익구조가 보장된다. 이들 기업의 독과점 카르텔을 정부가 적극적으로 통제하지 않는 한 이런 흐름은 멈추지 않는다. 앞에서도 언급했듯이 과거 10년 동안 이들 기업은 코스피 지수의 등락과 무관하게 주가가 계속 상승해왔다. 이들 기업은 불황기에 오히려 주가가 상승했다. 장기 투자자에게 이런 종목들이 효자 종목이다.

이들 종목은 침체기에 주가가 빠지는 경우는 있어도, 다시 호황기가 오면 예외 없이 신 고가를 갱신해왔다. 즉, 이들 기업은 침체기에조차 다른 종목과 비교해 주가의 하방 경직성이 강한 특징을 갖고 있다.

이 논리를 많은 이들이 부정할 것이다. 그들은 또 이렇게도 말할 것이다. 주식 투자가 당신 말처럼 그리 간단치 않다고. 그렇다면 나는 이렇게 반문할 것이다. 그래, 당신들의 그 잘난 투자 비법은 무엇인가? 그리고 통계적으로 당신들이 말한 그 잘난 추천 종목들의 투자 성적은 지금 어떠한가?

경험으로 말하건대, 주식 투자는 단순하게 할수록, 그리고 상식에 맞게 할수록 승률이 높은 게임이다.

B to C를 수익모델로 하는 독점적 기업은 시장의 권력자다. 자신들이 만든 제품의 가격을 자신들이 주도해 결정하고, 그 가격으로 치고나오는 신생 기업이 존재할 수 없을 정도로 유통구조를 꽉 쥐고 있다. 롯데 음료를 좋아서 사먹는 사람이 얼마나 되나. 어느 곳에나 롯데 제품이 진열장을 죄다 채우고 있는 상황에서 소비자의 선택권은 제약받을 수밖에 없다. '울며 겨자 먹기' 식으로 롯데칠성의 음료수를 사먹을 수밖에 없다.

쌀과 과일을 매개로 하는 음료를 출시해서 시장에서 선풍적인 인기를 끌던 웅진식품의 야심작들은 이제는 가게 진열장에서 찾아보기조차 힘들다. 이 상품들은 다 어디로 사라졌는가. 대기업 음료 회사들이 하청업체에게 카피 제품을 만들게 하고 막강한 유통망을 이용해 도매상 공급가를 후려치면 신생업체는 견뎌낼 수가 없다. 이것이 비정한 시장의 논리다.

2013년 초 밀가루 가격이 크게 오른 적이 있었다. 밀가루 가격 인상을 주도한 회사는 밀가루 시장을 독점하고 있는 CJ였다. CJ는 밀가루 가격을 평균 8~9% 인상한 결과 매출액이 400억원이나 늘었다. 가격 인상으로 매출액이 증가하면 영업이익도 늘게 된다. 밀가루 시장에서 CJ제일제당과 같이 시장을 독점적으로 지배하는 동아원, 대한제분의 주가도 CJ와 같이 밀가루 가격 인상의 수혜를 누렸다.

이런 예는 밀가루 시장에만 해당되는 것이 아니다. 소주 출고가를 8.19% 올린 하이트진로와 8.5% 인상한 무학소주는 출고가를 인상한 후부터 영업이익이 크게 늘었다. 이는 소주 출고가를 올린 해의 연말 결산 재무제표에 다 나와 있는 팩트다. 음식료 시장에서 독점적 시장 지배력을 갖추고 있는 회사는 자사 판매상품의 가격 인상이 영업이익 증대와 주가 상승으로 이어진다.

소위 기업을 대상으로 하는 B to B 기업들은 원청기업의 경영전략에 따라 납품가가 얼마든지 떨어질 수 있다. 아무리 뛰어난 기술력을 갖고 있어도 매출액과 영업이익이 원청기업의 이해에 따라 결정된다. 한때 잘나가던 현대자동차 납품기업은 현대자동차가 아무리 잘나가도 그 이익을 공유하는 데에는 한계가 있다. 이미 글로벌기업으로 성장한 현대자동차가 세계화 전략의 일환으로 현지 기업으로 납품 선을 교체하면 영업실적이 곤두박질할 수밖에 없다.

음식료 업종은 그나마 우리가 해당 회사의 영업 실적을 페이퍼가 아니라 눈으로 확인할 수 있는 업종이다. 동네에서 장사하는 슈퍼마켓과 소매 할인점만 가도 어떤 제품이 잘 팔리고 안 팔리는지를 바로 알 수 있다. 좋은 기업이라는 게 별것 없다. 사람들이 좋아하고 많이 구매하는 제품을 만드는 회사가 좋은 기업이다.

이에 견주어 B to B 기업의 영업현황은 실시간으로 알기 어렵다. 현대자동차가 잘나간다고 해서 현대자동차에 납품하는 기업이 잘나가는 것은 아니기 때문이다. 삼성전자에 납품하는 기업도 마찬가지다. 삼성의 최신 폰들 상당수는 중국에서의 생산량 비중이 계속 늘어나고 있다. 삼성의 최신 스마트폰, 태블릿 PC 제품이 시장점유율을 계속 확장해나간다고 해서 삼성의 국내 외주기업 주가도 비례해서 오를 것이라는 생각은 위험한 발상이다.

위험이 높은 투자 상품은 위험변수를 최소한으로 줄여서 투자해야 길게 갈 수 있다. 요즘의 투자환경 특성은 위험은 증가하는 데 반해 수익률은 더 줄고 있다는 것이다. 앞에서도 말했듯이 투자 원칙 중에 '하이 리스크 하이 일드' 라는 말이 있다. 높은 위험에는 이를 감수할 정도의 수익률이 있다는 말이다. 과연 지금 투자시장에서 이를 믿을 사람이 얼마나 될까?

5

문어발 기업은 피한다

　　　　　　　　　　　　　　　예전에는 증권시장이 미흡해
서 증권시장을 통해 주식·채권을 발행해서 자금을 조달하는 일에
한계가 있었다. 그리고 대기업의 내부거래에 대한 법의 손길이 미
치지 못했다. 따라서 대기업들은 선단식경영으로 계열기업을 계속
늘렸고, 계열기업간의 법인보증의 방법으로 대출을 받아 자금을 조
달하는 비중이 높았다. 나름대로 경제적으로 타당한 이유가 있었
다. 그러나 지금은 시대가 변했다.

　국내 재벌 기업들은 한 분야에서 성공하면 문어발식으로 계열사
를 늘리는 일에 몰두한다. 그러면서 이렇게 하는 것이 한 가지 사업
에 집중할 때 야기되는 사업의 위험을 줄이고 수익을 강화시키는
포트폴리오 전략이라고 그럴듯한 명분을 갖다 붙인다. 하지만 현재

명품기업으로 평가받는 기업은 그들과 달리 갖고 있던 계열사를 모두 처분하고 핵심사업에 그룹 역량을 집중 시켰다. 그럼에도 영업이익은 크게 늘고 주가는 10배 이상 뛰었다.

오리온이 주요 계열사인 바이더웨이, 메가박스, 온미디어, 와이즈온 등의 계열사를 팔아치우자 주식시장에서는 오리온이 자금경색으로 인해 미래 성장 동력인 사업 분야를 파는 것이라고 우려했다. 그런 우려는 실제로 주가 하락으로 나타났다. 우려가 현실이 된 것이다. 계열사를 팔아치우기 전인 2006년 말 30만원에 가깝던 오리온의 주가는 2008년 말 12만원까지 떨어지는 곤욕을 치렀다. 하지만 이런 시장 반응에도 불구하고 오리온은 시장의 동요에 무덤덤하게 대응하며 뚝심 있게 본래의 핵심사업에 역량을 집중하는 전략을 고수했다. 그 결과 오리온 주가는 2013년 2월 12일 종가를 기준으로 99만4000원으로 한 주당 주가가 100만원에 가까운 명품 귀족주가 됐다. 당시에 한 개당 200원도 안하는 초코파이가 이 모든 변화의 중심이었다.

내 기억 속에 아모레퍼시픽의 모태였던 태평양그룹은 계열사만 많았지 재무역량은 형편없었다. 1990년대의 아모레퍼시픽의 모체 태평양그룹은 재무역량은 형편없었으나 재벌놀이에 흠뻑 빠져 있었다. 그룹의 재무역량을 볼 때 계열사를 늘리는 것은 더 큰 위험에 빠지는 일이었음에도 건설, 증권, 저축은행, 제약 등 온갖 잡다한 계열사가 30개에 이르렀다. 그러나 모기업인 태평양화학의 한 주당 주가는 1만원도 되지 않았다. 기업의 사업성과를 높이고 수익성을 강화하기 위해 만든 계열사가 오히려 부실해지는 바람에 모기업의 정상적인 경영에 피해를 주는, 개의 꼬리가 몸통을 흔드는 결과를 초래한 것이다.

그러나 태평양그룹은 세대교체 이후 거의 모든 계열사를 정리하고 본래 핵심 업종이었던 화장품 사업에 역량을 집중한 결과 2000년대 중반까지만 해도 2~3만원 대에 불과하던 태평양화학의 주가가 10년이 지난 지금은 수십 배 이상이나 올랐다. 2013년 종가 기준으로 아모레퍼시픽 주가는 101만 2,000원이었다. (태평양화학은 ㈜태평양으로 상호가 변경됐고 2007년 1월 지주회사로 전환됐으며 2011년 3월에는 아모레퍼시픽그룹으로 상호가 다시 변경됐다.)

그룹 매출이 아모레퍼시픽의 10배가 넘고 계열사만 수십 곳에 이르는 그룹 내 상장기업의 시가총액을 합한 것보다 아모레퍼시픽의 시가총액이 훨씬 높다. 고용 창출이라는 측면에서 국가적으로 아쉬운 점이 없는 건 아니지만 투자자 입장에서는 이보다 좋은 기업이 없다.

우리가 주식 투자에 희망을 거는 것은, 지금은 저평가되어 있지만 실적 개선이 가시화되기 전에 남보다 먼저 투자해 대박의 꿈을 이루는 것이다. 이는 로또와 비교해 현실성이 훨씬 높다. 아니, 내 의지로 이룰 수 있는 꿈이다.

아무리 주식 투자가 심리게임일 뿐이라고 극단적으로 평가하는 사람이 있다고 해도 분명한 것은, 스스로 원칙과 상식에 따라 투자하면 위험은 사라지고 높은 수익률을 기대할 수 있다는 점이다. 이런 면에서 주식 투자는 합리성을 갖고 있다.

나는 개인적으로 소위 특정세력이 주도하는 작전주나 테마주에 대한 투자도 주식 투자라고 생각하는 사람이다. 그러나 이 방법은 우리에게 돈을 벌어다주지는 못한다. 결과가 빤한 정치 테마주나 특정세력이 주가를 띄우는 것이 분명한 종목에 투자하는 것은 스스로 주식 투자를 돈 놓고 돈 먹기 식의 투전판으로 생각하는 것이다. 이것은 스스로 불구덩이에 뛰어드는 것과 다를 바 없다. 우리가 주식 투자에 실패하는 데에는 분명히 이유가 있는 것처럼 성공하는 사람에게도 반드시 그럴만한 이유가 있다. 그것을 우리는 배우고 따라 해야 한다.

6

금융위기에는
주식을 사라

　　　　　　　　　　　　우리가 역사를 배워야 하는
것은 역사 속에 살아 있는 삶의 지혜가 살아 숨 쉬고 있기 때문이
다. 본래 탐욕 앞에서 인간의 지혜라는 것은 찰나에 불과하고, 탐욕
에 굴복하는 것이 반복되는 게 세상의 이치라고 해도 말이다.

　저금리의 모기지론이 야기한 정크채권('junk'는 쓰레기란 뜻으
로 위험이 높은 기업이 발행한 채권을 말함)이 원인이 되어 발생한
서브 프라임 모기지론 사태가 터지자 사람들은 공포에 휩쌓여 우량
주식마저 앞다퉈 투매에 나섰다. 금융위기의 실체는 유동성의 위기
로부터 발생한 것인데도 앞 · 뒤 따져보지도 않고 투매에 나선 것이
다. 항상 미디어는 공포를 과장하고 증폭시키는 존재이다. 속지 말
아야한다.

이런 상황에 놓이면 순간적으로 느끼는 공포감은 상상 이상이다. 여기에 언론까지 나서 공포를 조장하고 있으니 그래도 주식시장에서는 흔들리는 갈대 같은 존재인 개인은 멘붕에 빠질 수 밖에 없게 된다. 아무리 강심장의 소유자라도 과연 눈물을 머금고 손절매에 나서야 할지 아니면 계속 쥐고 있어야 할지에 대해 판단이 서지 않는다. 그런 절박한 상황에서도 그들에게 자문하던 이른바 전문가들은 침묵했고, 어떤 책임지는 말도 하지 않았다.

참 속 터지는 일이 아닐 수 없다. 금융위기는 우리 산업의 펀더멘털 때문에 일어난 게 아니라 금융자본의 탐욕이 일으킨 일시적 현상이다. 따라서 금융위기가 극복되면 대형 우량주 기업들은 경쟁자를 밀어내고 오히려 시장점유율을 늘릴 수 있다.

금융위기는 실물경제의 펀더멘털과 관계없이 탐욕적인 월가의 메가 뱅크들에 의해서 발생한 것이다. 그 후 이것이 반면교사가 되어 서브 프라임 모기지론 사태가 불러온 금융위기보다도 더 심각한 유로존 국가들의 재정위기 당시에는 상대적으로 주가의 낙폭이 작았다.

금융위기에 쫄지 않을 사람이 누가 있으랴. 그러나 그 금융위기를 기회로 활용하여 대형 우량주를 헐값에 살 수도 있다. 싼 가격에 사서 높은 가격에 파는 것처럼 훌륭한 주식 투자 방법은 세상에 없다. 금융위기가 닥쳐서 주가가 떨어지는 것은 어쩔 수 없는 일이다. 그러나 이를 어떻게 받아들이고 대응하느냐에 따라 그 결과는 얼마든지 달라진다.

앞에서도 언급했듯이 주식 투자의 격언 중에 "남들이 욕심낼 때

두려워하고 남들이 두려워할 때 욕심내라"는 말이 있다. 주식 투자에 부분적으로 심리적 요소가 작용한다면 아마도 이 말을 두고 하는 말일 것이다.

펀더멘털과 무관하게 주가가 급락하는 것은 본질이 아니다. 이때가 오히려 업종 대표기업에게는 강력한 경쟁자를 도태시켜 시장점유율을 높이는 기회가 된다. 우리는 국내 대표기업들이 두 번의 금융위기를 거치면서 기업 위상이 한 단계 업그레이드됐다는 것을 알아야 한다.

IMF 외환위기 당시 국가경제는 파탄이 났다. 그런데 당시 금융권에 몸담고 있던 사람들 중에는 평생 벌 돈을 한 번에 다 본 사람들이 많이 있다. 그 당시 기업이 발행하는 회사채는 거의다 보증사채였다. 그럼에도 최고 우량등급의 대기업 발행회사채까지 똥값으로 떨어졌다. 결과론적인 얘기가 되겠지만 아무튼 그 혼돈의 아중에서 우량기업이 발행한 회사채 우량 주식을 헐값으로 주워 담았던 사람들은 지금 만나면 그때 평생 벌 돈을 다 벌었다고 무용담처럼 말한다. 시장과 역행하는 투자를 한다는 것이 얼마나 두려운 일인가? 그들은 그 두려움을 감당했기에 성공할 수 있었던 것이다.

다시 금융위기가 찾아올 경우 이렇게까지는 못하더라도 시장 분위기에 동조하여 무조건 투매하는 잘못된 투자는 하지마라. 주식이 그나마 도박과 다른 것은 나름의 규칙성과 합리성이 존재하고 있기 때문 아니던가.

7

초등생이 어떻게 주식으로
돈 벌었을까

지금부터 내가 하는 말은 주식투자를 희화화시켜서 얘기하는 게 아니다. 초등학생에게 물어보고 주식 투자를 하라고 말하는 이유는 당연히 초등학생이 지식이 많아서가 아니다. 초등학생은 어느 연령대보다 자신이 보고 느낀 것에 진실하게 반응하기 때문이다. 쉽게 말해서 이들은 '세상의 때'가 덜 묻었다. 아는 것도 적다. 물론 이들은 주식을 모른다. 그러나 이들이 그들이 아는 지식만 가지고 주식 투자를 한다고 가정하면 전문가 이상의 수익률을 올릴 가능성이 높다. 실제로 이에 대한 보고서가 있다.

뉴욕의 한 초등학교 선생님이 자신이 맡고 있는 학급 학생들에게 실물경제를 교육시키는 방편으로 가상의 모의 주식 투자 펀드

아그네스를 만들어 학생들이 직접 종목을 고르고 투자를 하게 했다. 그 결과는 어땠을까? 미국 내 수천 개의 뮤추얼 펀드 평균수익률보다 훨씬 좋은 결과를 얻었다. 어떻게 이런 결과가 나왔을까? 결과적으로 말하면, 초등학생들은 전적으로 내재가치 중심의 투자를 했다. 그들은 그렇게 할 수밖에 없었을 것이다.

아이들이 아는 종목이라고는 동네 슈퍼마켓에서 파는 자신의 눈에 익숙한 상품을 만드는 회사뿐이다. 아이들은 그중에서도 자신들이 가장 많이 사먹는 제품을 중심으로 포트폴리오를 구성했다. 아주 단순하고 상식적인 투자를 한 것이다. 그러나 이런 투자 방법이야말로 매우 과학적인 것이다. 왜냐하면 초등학생들이 기업 재무제표를 보고 투자한 것은 아니지만, 그들이 고른 종목들은 동종업계의 경쟁기업보다 영업이익이 많이 나는 기업들이었다.

사행성 오락사업 시장의 파이가 급성장하면서 당첨 확률을 컨설팅하는 사업의 수요도 급증했다. 그러나 로또처럼 경우의 수가 복잡한 복권을 제 아무리 첨단 통계지식과 최신 컴퓨터로 무장한들 이겨낼 수는 없다. 어쩌면 주식 투자는 생각하기에 따라서는 더 복잡할 수도 있다. 주식 투자는 시장 참여자의 심리적 요인이 큰 비중을 차지하기에 이성과 논리로 극복하기 어려운 간극이 엄연히 존재하기 때문에 그렇다.

다시 말하지만 사람들이 미아리 점집을 찾는 이유가 무엇이라고 생각하는가? 그들이 내 운명을 족집게처럼 맞추어서인가? 아니다. 우리 인생사가 너무도 불안하고 예측할 수 없기 때문에 그들을 통해서라도 위로받기를 원하기 때문이다. 그들이 우리의 미래를 진짜로 예언하는 능력이 있다고 믿어서가 아니다.

요즘 주식 투자는 주식을 보지 않고 그림만 그린다고 한다. 후행 지표에 불과한 각종 차트 분석에 열을 올리고 있는 것이 최근 주식 시장에서 일상적으로 보는 광경이다. 특히 전문가라고 자처하는 이들일수록 차트 분석에 더 큰 열성을 쏟는다. 왜 그럴까? 그들도 주가 예측에 한계가 있다는 사실을 스스로 잘 알고 있기 때문에, 자신의 논리를 합리화하기 위해 각종 분석도구를 이용해 주가를 설명하는 게 아닐까? 그래야 주가가 떨어져도 빠져나갈 수 있는 변명이라도 할 수 있기 때문이다.

점쟁이들도 각자가 점괘를 뽑아내는 다양한 도구들을 갖추고 있다. 점쟁이들이 점을 치는 데 도구를 이용하는 것과 주식 전문가들이 주가를 예측하는 데 각종 차트 분석을 이용하는 것과 무엇이 다른가.

주식 투자는 단순할수록, 상식을 지킬수록 위험은 작아지고 수익은 커진다. 탐욕을 부려 상식에서 벗어난 투자를 할수록 위험이 커지는 것이 주식 투자다. 시장에서 천덕꾸러기에 불과했던 종목이 어느 날 정치 테마주로 둔갑하면서 주가가 급등하고, 싸이의 아버지가 대주주로 있다는 사실만으로 주가가 제한 폭까지 오르는 것이 상식 측면에서 올바른 일인가. 우리가 이런 종목에 손대는 것은 스스로 주식 투자를 투자수단이 아닌 사행성 도박으로 전락시키는 일이다.

싸이의 공연 매출 증가로 그의 소속사 YG의 주가가 오르는 것은 상식적인 주가 흐름이다. 물론 그 한계치를 어느 정도로 생각하느냐 하는 것은 각자가 판단할 문제다. 그러나 안철수가 다시 정치를 시작했다고 소위 안철수 테마주의 주가가 꿈틀대는 것은 정상적인 현상이 아니다. 사실 안랩은 핵심적인 기술을 가지고 업계를 선도하는 기업이 아니다. 기존의 보안 솔루션에 그룹웨어를 갖다 붙인, 이제는 범용에 불과한 프로그램을 가지고 공기업 수주에 목을 매는 기업이다. 이런 기업의 주가가 이렇게 높은 다른 이유를 찾기 어렵다. 정치적 버블을 걷어내면 안랩의 주가는 너무 과분한 것이다.

안철수의 정치적 행보에 따라 안랩의 주가가 오르고 내리는 것은 아직도 우리 주식시장이 후진적이라는 것을 역설적으로 증명하는 모습이다. 이런 종목에 투자하고도 주식 투자로 성공하기를 바라는가? 일찌감치 꿈 깨라.

8

환율변동에
웃고 웃는 기업

환율변동에 따라 울고 웃는
것이 기업이다. 왜 안 그렇겠는가. 환율이 10원만 올라도 삼성전자
같은 글로벌 기업은 수천억원의 영업이익이 왔다 갔다 한다. 이명
박 정부때 국내 대기업이 근래에 사상 최대의 영업이익을 달성한
것은 고환율 정책에 힘입은 바가 크다. 삼성전자는 이 기간에 고환
율, 법인세 실질감면 혜택으로 세계시장에서 강력한 경쟁기업 제품
보다 30%의 가격우위를 확보할 수 있었던 덕분에 사상 최대의 영
업이익을 올리는 게 가능했다.

물론 삼성전자가 사상 최대 실적을 거둔 것을 놓고 전적으로 고
환율 때문이라고 할 수는 없을 것이다. 우수한 노동력 확보, 메카트
로닉스(기계공학과 전기전자공학의 합성어)의 잘 갖춰진 대량생산

시스템, 내부혁신, 선도적 마케팅 등 기업 내부적 노력과 헌신을 무시할 수 없다. 그러나 이런 노력은 세계시장에서 경쟁하는 글로벌 기업이라면 모두 하는 것들이다. 삼성전자가 주가가 폭등할 정도의 압도적 순이익을 낸 배경에 정부의 고환율 정책이 있었다는 건 부인하기 어렵다.

환율변동에 울고 웃는 것이 어디 기업뿐이겠는가. 물류와 사람의 이동이 완전하게 자유로워진 소위 세계화 시대를 살고 있는 요즘에는 개인도 환율변동 때문에 많이들 웃고 운다. 외국인을 대상으로 장사하는 사람, 외국에 자녀를 유학 보낸 사람, 해외펀드에 투자하는 사람 등등.

불과 얼마 전까지만 해도 명동 상권을 가득 채웠던 외국인은 중국인과 그만큼의 비중을 차지하는 일본인 관광객이었다. 그런데 어느 날 명동에서 쇼핑하던 일본 관광객이 하나씩 둘씩 떠나기 시작하더니 이제 명동에서는 중국 사람들이 떠드는 소리만 들린다. 왜 일본 관광객은 사라졌을까? 이 또한 환율변동 때문이다. 일본 엔화가 70엔에서 100엔까지 단시간에 치솟으면서 한국에서 하는 쇼핑의 경제적 이점이 사라졌다. 엔화 상승(엔화의 가치하락으로 평가절하) 탓에 똑같은 돈으로 25% 이상 비싸게 물건을 사야 하는 상황에서 일본 관광객의 한국 쇼핑은 메리트가 없다.

환율이 상승하면 원화 가치가 하락해 자녀를 외국에 유학 보낸 사람은 환율이 오른 만큼 더 많은 유학자금을 자녀에게 보내야 하기 때문에 환율상승이 반갑지 않다. 그러나 해외펀드에 투자한 사람은 원화를 달러화로 바꿔 투자하기 때문에 투자한 후 환율이 상승하면 소위 환차익이 발생해 순수 운용수익률보다 더 많은 수익을 얻을 수 있다.

이제 기업은 물론이고 개인도 환율변동에 따라 웃고 우는 세상이 되었다. 환율변동이 이 정도의 영향력을 갖고 있다면 환율에 대해 공부하는 것이 당연하다.

아래 기사는 환율변동이 기업의 영업이익에 얼마나 큰 영향을 미치는지를 단적으로 보여주는 예이다.

"주식시장은 3분기 어닝 시즌에 돌입했다. 삼성전자는 지난 3분기에만 무려 8조원의 매출을 기록했다. 금융정보업체 에프앤가이드에 따르면 삼성전자, 현대차, 기아차 3개 기업의 올해 순이익 추정치 합계가 36조7000억원으로, 시가총액 상위 30대 기업의 올해 추정치 67조5000억원의 55%를 차지하는 것으로 전망됐다.

물론 이들 기업의 품질경영을 위한 각고의 노력, 과감한 글로벌 마케팅, 한발 앞선 시장 개척 등을 폄하할 생각은 없다. 다만 가격경쟁력, 특히 환율 효과에 의한 가격경쟁력이 기반이 됐음을 부인하기 어려울 것이다." (《헤럴드 경제신문》)

"현대 차 영업이익 10.7% 급감 - 엔저 쇼크 현실로
1분기 매출 6% 늘었지만 환율, 노조에 발목 잡혀
포스코는 순이익 반 토막, 엔저 때문에 값도 못 올려

지난해 같은 기간보다 판매량이 9.2% 늘었음에도 엔화 약세와 상대

271

적인 원화 강세로 가격경쟁력에 빨간불이 들어온 탓이다. 특히 유럽
시장이 문제였다.

이 기간 현대차의 유럽연합 시장 판매량은 두 자릿수(10.9%) 이상
급감했다. 버팀목이었던 미국 시장의 판매증가율 역시 0.5%로 사실
상 제자리걸음을 했다. 반면 도요타와 혼다는 이 기간 미국 시장에
서 판매량이 각각 5%, 11% 폭증했다. 현대차 관계자는 "환율변수로
영업부문 비용이 11.3% 증가한 2조8358억원에 달한 것도 영업이익
감소의 한 원인이었다"고 말했다." (〈중앙경제〉)

약 6개월의 시차를 두고 나온 이 두 기사는 서로 상반된 입장을
취하고 있다. 이 기간 동안 국내 수출기업에 무슨 일이 있었던 걸
까. 이 짧은 기간에 이들 기업의 펀더멘털에 큰 변화라도 온 것일
까. 기업의 펀더멘털에는 큰 변화가 없었다. 변화가 있었다면 대외
적인 여건, 그중에서도 환율변동이 컸다. 이 기간 동안 원화는 상승
하고 우리의 강력한 경쟁기업인 일본의 전자 및 자동차회사들은 우
리가 그동안 누려왔던 것처럼 엔화의 급격한 가치하락, 즉 엔화상
승의 덕을 톡톡히 보았다.

이처럼 환율변동이 기업을 웃고 울게 만들고 있다. 환율변동으
로 해당 기업의 영업이익이 감소하면 이는 바로 기업의 주가에 나
쁜 영향을 미쳐 주가도 급락한다. 환율이 우리의 투자에도 깊숙이
자리하고 있는 것이다.

환율이 10원 오르면 삼성전자는 연간 8000억원의 영업이익이 늘
어난다는 보고서도 있다. 한국은행에 따르면 원/달러 환율이 1% 하

락할 경우 경상수지가 연평균 5억2000만달러 줄어든다고 한다. 삼성경제연구소는 환율이 10% 하락하면 수출과 경제성장률이 각각 0.54%, 0.72% 하락한다고 말한다.

환율 절상으로 일본 제품의 가격경쟁력이 높아진 반면 국내 기업의 주요 수출 종목들은 가격경쟁력의 약화돼 영업이익이 급감하고 있다. 외국인 투자자 입장에서도 한국보다 일본이 매력적인 투자처로 부각되는 것은 당연하다. 그러나 고환율 정책은 물가상승 유발로 중산층 시민의 희생을 전제로 하는 정책이다.

"25일 금융정보업체 에프앤가이드에 따르면 지난 23일 기준으로 '한화재팬코아증권투자신탁'의 6개월 수익률이 50.3%에 달한다. 엔화 약세가 본격적으로 시작된 작년 4분기 일본펀드에 가입한 사람들은 반년 만에 원금의 절반만큼의 순수익을 올리게 된 것이다.

그렇지만 일본펀드가 앞으로도 지금과 같은 수익률을 보여줄 수 있을지에 대해서는 부정적인 의견이 더 많다. 엔화 약세가 경제회복 기대감을 높이면서 증시도 부양했지만 실적 발표기간이 지나면 엔화 약세의 밝은 면과 더불어 어두운 면도 부각될 가능성이 있기 때문이다. 이 때문에 일본펀드 투자를 고려하고 있다면 실제 일본 기업들의 실적이 어떻게 나타나는지 확인해볼 필요가 있다는 지적이 나온다.

배성진 현대증권 연구원은 "그간 달러당 엔화가 70엔에서 100엔으로 30% 가량 평가절하되었는데 향후 105~107엔까지 간다고 하면

절하 폭이 10% 남은 것"이라며 "연간 수익률을 10% 안팎으로 보고 접근하는 게 좋다"고 조언했다."(《연합뉴스》)

위에서 소개된 연합뉴스 기사는, 급격한 엔화 상승으로 일본 시장에 투자하는 재팬 코리아 펀드의 수익률이 6개월간 투자원금의 절반에 달하고 있지만 이는 30%에 이르는 엔화의 환율상승에 의한 것으로 향후 엔화의 상승여력이 10% 이내일 것이므로 기대수익률을 낮춰 투자해야 한다고 권고하고 있다. 나는 개인적으로 이 기사 내용보다 더 보수적인 판단을 하라고 말하고 싶다.

펀드의 운용수익률이 아닌 환율변동으로 외화펀드가 금융위기나 환율이 급격하게 변동하는 시기에 높은 수익률을 낸 사례는 수없이 많다. 멀리는 IMF 외환위기 당시 국내판매 뮤추얼 펀드가 그랬고, 비교적 최근에는 환율과 금리가 요동치던 서브 프라임 모기지론으로 인한 금융위기 시절에 그랬다. 문제는 그런 상황이 갑자기 닥친 것처럼 반전도 생각보다 빠른 시기에 이루어지는 게 특징이라는 점이다.

환율의 기초적 이해

환율은 일국 통화에 대한 타국 통화와의 교환비율이다. 예를 들어 원/달러 환율이 1,000원이면 1달러에 대한 원화의 교환비율이 1000원이 되는 것이고, 환율 인상으로 원/달러 환율이 1100원이 되면 1달러에 대한 원화의 교환비율은 1100원이 된다. 여기서 원/달러 환율은 1000원에서 1100원으로 올랐다. 이를 환율인상이라고 하며, 반대의 경우를 환율인하라고 한다.

이에서 보듯이 환율이 인상됐다는 것은 원화 가치가 1000원에서 1100원으로 하락한 것을 말하고, 환율이 인하됐다는 것은 그 반대로 원/달러 환율이 1100원에서 1000원으로 하락한 것으로 달러화에 대한 원화 가치는 상승한 것이 된다. 따라서 환율 상승은 원화 가치가 하락한 것으로 이를 원화의 평가절상이라 하며, 환율 하락은 원화 가치가 상승한 것으로 원화의 평가절상이 된다. 여기까지가 환율변동에 의한 환율 상승(평가절하)과 환율 하락(평가절상)에 대한 설명이다.

환율 상승이 왜 수출하는 기업에 도움이 되는가? 원/달러 환율이 1,000원일 때 1,000만원으로 수출가격이 정해진 자동차가 환율이 1,100원으로 상승하면 기업이 가격경쟁력을 확보하기 위한 어떤 생산활동을 하지 않아도 1,100만원으로 판매하는 결과가 된다. 환율변동만으로 경쟁기업의 동일상품과 비교해 10%의 가격우위 요소가 생기는 것이다.

이로 인해 기업의 영업이익은 크게 늘어난다. 이러한 영업수지 흑자는 기업의 경영실적에 즉시 반영되어 주가도 오르게 된다. 주가가 오르면 해당 기업의 대주주 일가만 돈을 버는 것이 아니라 이 기업에 투자한 기관이나 개인 투자자 모두 이익을 공유한다.

환율 상승으로 기업이 얻는 이익을 환차익이라고 하며, 그 반대의 경우에는 환차손이 발생한다. 환율은 일반 상품의 가격형성 과정과 같이 외화에 대한 수요와 공급의 관계에 따라 변동된다. 따라서 정부 당국이 어떻게 통화정책을 집행하느냐에 따라 환율은 변동되며, 의도적으로 조작될 수도 있다.

왜 환율은 하락하는가

환율 하락은 여러 가지 요인이 복합적으로 작용한 결과의 산물이다. 하지만 그중에서 가장 큰 원인은 미국과 일본의 양적완화 정책이다. 이에 따라 상대적으로 원화 강세가 이뤄지고 있다. 특히 일본의 경우 신 보수우익을 앞세우고 집권한 아베 정부의 등장 이후 무제한 양적완화 발언으로 엔화 하락이 빠르게 진행되고 있다. 최근 일본 관광객이 명동에서 사라지고 있는 것도 엔저 현상으로 인해 상대적으로 강세가된 원화가치로 인해 한국에서의 쇼핑 메리트가 사라졌기 때문이다.

양적완화 정책은 미국의 연방준비은행으로 미국의 중앙은행 역할을 하는 FRB로부터 시작됐다. 양적완화 정책은 기준금리(정책금리) 인하를 통해서도 경기부양 효과가 나타나지 않을 경우, FRB가 은행으로부터 장기국채 매입 등의 방법으로 시중에 달러를 대량으로 풀어(중앙은행이 통상적으로 행하는 통화조작 정책 중에는 시중은행 보유 채권을 담보로 해서 중앙은행이 돈을 푸는 방법이 있다) 소비를 촉진해 경기부양을 이루고자 하는 정책이다.

이런 양적완화 정책으로 미국 달러화 가치가 하락하고, 화폐가치와 이자율이 낮아지는 등의 경제현상이 발생한다. 양적완화는 정부가 채권을 매입해 시장에 돈을 푸는 정책으로, 정부는 세금으로 걷히는 돈보다 많은 지출을 통해 소비가 촉진되고 투자가 늘어 경기가 회복되기를 기대한다.

우리나라가 미국이나 일본처럼 양적완화 정책을 펼치기 어려운 것은, 수출증가 효과는 발생하지만 무역의존도가 매우 높기 때문에 (2009년 기준 우리나라의 수출비중은 43.4%, 수입비중은 38.8%로 일본의 11.1%, 10.8%에 비해 상당히 높다) 자칫 양적완화 정책이 수입물가를 상승시키고 상대국으로부터 보복조치를 당할 가능성이 높기 때문이다. 이런 점이 우리나라가 환율조작 정책을 시행하는 데 한계로 작용한다.

환율 하락으로 덕 보는 기업

지난 수년간 미국은 금융위기를 극복하려고 의도적으로 많은 달러를 공급해왔다. 그 결과 달러화 가치는 계속 떨어져왔다.

투자자 입장에서 환율변동으로 혜택이나 피해를 보는 기업에 투자할 때 가장 경계해야 하는 것은 이분법적 구도다. 단순히 환율변동만이 해당기업의 수혜와 피해에 절대적으로 영향을 미친다고 결론지을 수는 없다. 환율변동은 기업의 지역별 해외매출 비중. 원재료 및 부품의 공급처, 외화부채 비중, 경쟁기업 우위 등에 따라 해당 기업의 경영활동에 유리할 수도 있고 불리할 수도 있다. 즉, 개별 기업에는 복합적 요인이 존재한다.

이명박 정부는 임기 내내 친기업정책을 고수했다. 그 결과 국내 대기업들은 고환율, 법인세 감면(OECD 평균 법인세율 26%, 국내 대기업의 실질 법인세율 16%) 혜택으로 글로벌 시장에서 날개를 달았다.이것이 국내 대기업이 내수경기 침체에도 불구하고 창사 이래 최고 영업이익을 이명박 임기 동안에 계속 갱신한 이유다.

이 정책으로 주가가 급등한 종목은 삼성전자와 현대차만이 아니다. 수출비중이 큰 현대모비스, LG전자 하이닉스, LG디스플레이, 한국타이어 등 거의 모든 대기업의 주력 업종이 혜택을 받았다.

이제 이명박은 떠났고, 원화절상이 가파르게 진행되면서 대기업의 영업이익은 급감하고 있다. 이에 따라 투자시장에서도 역풍이 불고 있다. 이제는 환율 상승으로 덕 보는 기업은 지고, 오히려 환율 하락으로 수혜를 입는 기업에 투자를 해야 할 때다.

표 환율 하락으로 주가 상승이 기대되는 종목

환율 수혜 구분	업종 및 종목
원자재 수입비중이 높은 종목	음식업종(CJ, 제일제당, 빙그레, 오리온, 아원, 농심 등), 유틸리티(한국전력, 한국가스공사)
원화 가치 상승으로 관광수요 증가	여행(하나투어, 모두투어), 항공(대한항공, 아시아나 항공)
외화부채 비중이 큰 기업	포스코, 대한항공, 현대제철

이제 환율변동은 국가의 거시경제 운용, 기업의 세계시장 재무전략뿐만 아니라 개인의 자금 관리와 운용에서도 절대적으로 중요해졌다. 환율을 모르고서는 주식투자를 논할 수 없는 세상이 된 것이다. 그렇다고 걱정할 필요는 없다. 경제라는 것은 우리의 상식을

넘어서지 못한다.

　교과서 내의 경제학은 수치와 그래프로 감히 다가설 수 없게 거대한 성벽을 두르고 있지만, 교과서를 벗어난 현실의 경제는 다 상식 수준에서 이루어진다. 환율변동이 왜 일어나는지 그 기본적인 이치만 알면 경제학을 모르는 당신도 환율의 변동에서 오는 주가의 변화를 주식투자에 얼마든지 이용할 수 있다.

9

금리가
주가를 만든다

금리정보가 경제 흐름을 말한다. 경기가 호황이고 인플레이션이 발생하면 금리가 상승한다. 한국은행은 경기과열의 열기를 식히기 위해 통화조작 정책을 통해 시중자금 환수에 나서게 되고 인위적으로 기준금리를 조작한다. 금리가 상승하면 증권시장에서 유통되는 채권의 금리가 높아진다. 이렇듯 금리변동은 주요 상품의 가격 결정에 큰 영향을 미친다. 주식도 마찬가지다. 주식시장에서 가장 큰 장은 금융장세라는 말이 있다. 이 말은 금리 하락으로 채권 금리가 떨어지면 채권시장, 은행권에서 이탈한 자금이 증시로 몰려 소위 펀더멘털과 무관하게 주가가 올라가는 것을 가리킨다. 그래서 금리가 개인의 투자를 말한다고 해도 지나친 것이 아니다.

금리의 변화를 알려주는 주도금리에는 무엇이 있을까?

먼저 살펴볼 것은 소위 시장 실세금리의 기준이라고 하는 국고채다. 국고채는 정부를 발행 주체로 하는 채권(국채)을 종합 관리하기 위해 1994년에 신설된 국채관리기금 부담으로 발행되는 채권을 말하며, 시장 실세금리로 발행된다. 국고채는 국고관리기금채권(국관채)로 발행되어오다가 1998년 9월부터 국고채로 바꿔 부르고 있다. 국고채로는 종전의 농지채권, 농어촌 발전채권, 국민주택기금 채권, 철도채권 등이 통합 발행되고 있다. 국고채는 각각 1년, 3년, 5년 만기 채권이 정기 발행되고 있다. 이 가운데 3년 만기 국고채가 유통량이 가장 많아 대표적 시장 실세금리 지표로 활용되고 있다.

CD(Certificate of Deposit)는 시장에서 양도 가능한 정기예금 증서를 말한다. 일반적으로 양도성 예금증서라고 한다. CD는 은행이 자금조달을 위해 발행하고, 투자자는 투자를 목적으로 CD를 매입한다. CD는 다른 정기예금 증서와 달리 매입한 CD를 만기 이전에 다른 투자자에게 매매할 수 있다. CD는 만기가 30일 이상이며 주로 91일물(3개월)이나 181일물(6개월)이 거래된다.

콜금리는 금융회사 간의 초단기 자금 거래 시 기준이 되는 금리다. 일시적으로 자금이 부족한 금융회사가 자금이 남는 다른 곳에 자금을 빌려 달라고 요청하는 것이 콜(call)이며, 이런 금융회사 간에 발생한 과부족 자금을 거래하는 시장이 콜(call)시장이다. 돈을 빌려주는 금융회사는 콜론(call loan), 자금을 빌리는 금융회사는 콜머니(call money)라 한다. 이것에 적용되는 금리가 바로 콜금리다.

지표금리란 시장의 실세 이자율을 가장 잘 반영하는 금리로, 우리나라에서는 국고채(3년물),우량 회사채 금리를 지표금리로 사용한다. 국고채 3년물을 지표금리로 삼는 이유는, 국고채는 표준화와 전산화가 어려워 장외거래로 주로 거래되는 다른 채권과 달리 반복적이고 통일적으로 발행되기에 전산화시켜 거래하기도 쉽고 실제 거래물량도 가장 많기 때문이다.

한국은행이 발표하는 기준금리는 금리체계의 기준이 되는 정책(중심)금리다. 한 나라의 금리를 대표하고, 금융시장의 흐름을 반영해 표준적으로 변동하며, 금융시장에의 여타 각종 금리를 지배하는 것이 기준금리다. 기준금리는 한국은행 안의 금융통화위원회에서 회의를 거쳐 결정한다. 기준금리는 한국은행의 환매 조건부 채권 매매, 단기 대여성 자금, 수신 등의 금융회사 간 거래기준이 되는 금리를 의미한다.

금리변동에 대응하는 투자를 하라

"9월말 금융시장의 '블랙 먼데이'로 시작한 한국 경제가 위기에 직면해 있다. 이른바 외환 부족으로 인한 9월 위기설이 나오는 가운데 각종 금융시장 지표들이 급속도로 악화되고 있다. 이제 원/달러 환율은 27원이나 폭등한 1116원을 기록, 3년 10개월 만에 원화 값이 최저로 떨어졌다. 주식시장의 코스피 지수는 58.81포인트(4.06%) 떨어진 1,414.43으로 마감했다. 1년 6개월 만에 최저치다. 환율 급등과 기업 자금난 악화설로 채권금리도 급등했다. 지표물인 5년 만기 국고

채 금리가 0.11포인트 오른 연 5.97%를 기록했다."(〈디지털 타임즈〉 2008년 9월 2일)

이 기사는 서브 프라임 모기지 사태로 발생한 금융위기가 본격화되기 전에 나온 것이다. 그럼에도 시장 실세금리 역할을 하는 국고채 금리가 급등하고 있음을 알려주고 있다. 그 후 시장금리가 계속 급등했고 환율이 요동쳤던 것을 여러분은 기억할 것이다.

여기서 반드시 생각해봐야 할 문제가 있다. 과연 금융위기는 투자자에게 재앙이 될 뿐인가, 아니면 기회인가의 문제가 그것이다. 이는 투자자 각자가 처한 현실에 따라 다를 수 있다. 그러나 공통점 하나는, 각자의 현실이 어떻든 간에 금융위기를 어떻게 보고 대응할지에 대한 깊은 성찰이 필요하다는 것이다. 금융위기를 마냥 위기로만 보고 이를 두려워만 한다면 투자로 얻을 것이 없다. 왜냐하면 현재의 금융 시스템이 파괴되고 재창조되기 전까지는 금융위기는 반복적으로, 수시로 찾아올 것이기 때문이다.

금융위기는 기회다. 이렇게 보고 대응하는 것이 맞다. 실제 투자 결과도 그렇게 말하고 있다. 금융위기 당시 폭등한 금리를 이용해 채권에 투자한 사람은 금융위기 다음해인 2009년도에 다른 곳에 투자한 사람과 비교해 압도적인 평균 투자수익률을 올렸다.

우리가 대출받을 때 항상 고민하는 문제가 변동금리로 할 것인가, 아니면 고정금리로 할 것인가이다. 지금과 같은 초저금리 시대에는 대출금리도 함께 낮아지기 때문에 자기 신용관리를 잘해온 사람은 변동금리로 대출을 받거나 고정금리로 대출을 받거나 간에 별 차이가 없다. 오히려 변동금리로 하면 금리가 약간 올라도 금융회사가 경영여건에 따라 임의로 금리를 시장금리 상승 이상으로 높게 올려 받는 일이 비일비재하기 때문에 금융회사에 '코를 꿰는' 일을 당할 수 있다.

금리와 환율변동을 투자에 활용하는 것은 바람직하다. 그러나 그 정도가 지나쳐 투자 변수가 큰 옵션이 첨부된 상품에 투자하는 것은 자제해야 한다. 금리가 투자의 모든 것을 말한다고 해도 결코 과장이 아닌 것이, 실제 금리변동에 따라 주요 투자 상품의 경제적 가치가 크게 달라지기 때문이다.

금융정보 공급의 큰손인 은행 PB들은 저금리의 대안으로 금융회사의 무위험 수익상품인 펀드 투자를 권한다. 그러나 지금처럼 파생금융이 덕지덕지 결합되어 위험이 측정되지 않는 하이 일드 펀드에 투자하는 것은 한 방에 엄청난 손해를 보는 길이다.

우리는 예전에 야심만만하게 출범한 미래에셋의 인사이트 펀드가 현재 어떤 처지에 놓였는지를 생각해봐야 한다. 인사이트 펀드는 오랫동안 투자원금의 30% 이상 까먹는 고통을 투자자에게 안겨주었다. 그럼에도 불구하고 미래에셋 대주주는 막대한 이득을 올렸다. 그 이유는, 펀드는 투자의 모든 결과를 투자자에게 돌리는 매우 불공정한 상품이기 때문이다.

그런데도 저금리의 대안이 펀드라고? 이런 얘기는 도저히 이성적으로 받아들일 수 없다. 저금리 시대일수록 PB들의 세치 혀에 놀아나지 말고 자신이 계획한 대로 뚜벅뚜벅 무소의 뿔처럼 소신 있는 투자를 해야 한다.

10

보이지 않는
금융의 손

그림자 금융은 영어로 'shadow banking'이다. 보통 '그림자 금융' 또는 '그림자 은행'으로 번역한다. 이 책에서는 편의상 '그림자 금융'으로 통일한다. 그림자 금융은 영어의 말뜻 그대로 '보이지 않는 금융'이다. 이 말에는 최근의 은행계정이 '보이는' 금융인 일반 예금·대출시장을 벗어나 '보이지 않는' 금융, 즉 그림자 금융이 은행 본업을 위협하는 수준에 이른 상황을 경고하는 뜻이 담겨 있다.

그림자 금융을 대표하는 상품이 자산 유동화 증권이라 부르는 ABS(Assert Backed Securities)다. 그리고 ABS의 대표적 상품이 주택 저당권 유동화 증권이라 부르는 MBS와 후순위 채권이다. 이 상품들은 은행의 고유계정 상품이 아니다. 은행은 자산 유동화 증권을 발행하기 위해 일종의 페이퍼 컴퍼니인 SPC라는 특수목적법인을 설립하는데, 이 상품들은 이 회사가 발행해 시중에 유통시키는 것이다. 이런 그림자 금융 가운데 최근 우리 사회에 큰 문제를 일으킨 것이 바로 저축은행이 특수목적법인을 설립해 발행한 후순위 채권이다. 그림자 금융의 폐해는 이미 우리의 금융거래를 위협하고 있다.

"한국은행이 지난해 내놓은 '우리나라 그림자 금융 현황과 잠재 리스크 분석' 보고서에 따르면 2011년 말 기준 국내 그림자 금융 규모는 1268조원으로 집계됐다. 사실 국내 그림자 금융의 절대적인 규모는 금융 선진국과 비교할 때 아직은 작은 수준이다. 국내총생산 대비 미국의 그림자 금융 규모는 2010년 기준으로 160%를 상회한다. 한은은 보고서를 통해 그림자 금융의 신용증가율이 경기상승기에는 예금취급기관을 웃돌 수 있지만 경기가 나쁠 때는 급격하게 하강한다는 점을 지적하며 "규제의 사각지대가 발생할 가능성도 있다"고 지적했다."(〈이데일리〉)

그림자 금융이란, 고수익을 위해 은행의 기능을 넘어 구조화 채권 매매를 통해 새로운 유동성을 창출하고, 이를 활용해 은행이익을 늘리는 금융 시스템을 말한다. 경제전문지 〈이코노미스트〉가 2008년 9월 22일자 기사에서 처음으로 쓰면서 유행하기 시작했다.

그림자 금융은 은행이 자신들의 고유계정상품이 아닌, 은행법의 규제를 벗어난 고수익 고위험 파생상품인 유동화 증권에 투자하기 위해 구조화 투자회사(SIV, Structured Investment Vehicle. 이것은 특수목적법인 SPC 중의 하나다)를 설립해, 이 회사가 투자할 자금을 조달하기 위해 단기 금융 채권을 발행하고, 이렇게 조달한 자금으로 서브 프라임 모기지론과 연계된 자산 유동화 증권(MBS), 부채 담보부 채권(COD) 등에 투자한다.

SIV는 은행과 분리된 별도 회사로, SIV의 자산운용 내역은 모회사(은행)의 재무제표에 영향을 미치지 않는다. 모회사 역시 SIV의 손실을 파악하기 어렵다. 이처럼 위험이 언제 터질지 모르는 ㅏ회사 운영시스템은 대공황 이후 최대 금융위기라는 서브 프라임 모기지론 부실로 인한 금융위기 사태의 본질이었다.

그림자 금융은 비은행권 금융이다. 그림자 금융을 주도하는 SIV는 기업 간 인수합병, 선물, 옵션 등의 파생상품, 헤지펀드, 사모펀드에 규제를 받지 않고 투자해 유동성을 확대하고, 그 유동성 확대에 비례해서 위험도 증폭시킨다. 문제는 그 누구도 이런 문제의 실태를 정확하게 파악하지 못한다는 점이다.

은행은 본업은 내팽개친 채 그림자 금융을 이용해 돈을 더 벌려고 금융당국의 감시망을 벗어난 파생상품을 개발하고, 여기에 한탕주의 식으로 '다 걸기'를 하다가 결국 몰락하고 말았다. 시티은행과 AIG 몰락이 바로 그림자 금융을 이용해 무한이익을 추구하는 과정에서 발생했다.

이들 회사의 최고경영자들은 은행의 본업인 고유계정의 판매와 방카슈랑스만으로는 더 많은 연봉을 받는 데 한계가 있음을 알고서, BIS 비율(자기자본 비율) 같은 감시와 통제의 사각지대에서 벗어나 한 방에 고수익을 노렸다. 그 결과가 그림자 금융이다. 하지만 그들은 그렇게 그림자 금융에 열중하다가 결국 본업 자체마저 위기에 빠뜨리고 말았다.

이들도 처음에는 쾌재를 불렀다. 2000년대 초부터 불어 닥친 세계적 경기호황으로 SIV가 투자한 자산 담보부 증권, 파생상품의 가격이 거침없이 상승했기 때문이다. 그러나 2007년부터 시작된 부동산 가격 폭락, 이로 인한 서브 프라임 모기지론을 담보로 발행된 MBS의 부실화 등으로 인해 위기는 걷잡을 수 없을 정도로 확대되었다.

엎친 데 덮친 격으로 은행 보유 주식과 채권, 자산 담보부 증권의 가격 폭락으로 은행은 위기 극복에 필요한 자금조달의 길마저 막혔다. 그 뒤 미국 국민의 혈세로 만들어진 공적자금 투입이 이어졌다. 이것이 그림자 금융이 보이지 않는 곳에 있다가 위기로 인해 수면으로 떠오르면서 발생한 금융위기의 본질이다.

그럼에도 여전히 그림자 금융을 통제할 규제책은 나오지 않고 있고, 메가 뱅크들 또한 문제의 금융기법을 고수하고 있다. 이러니 금융위기는 계속될 수밖에 없고, 위기가 반복될 수밖에 없다고 말하는 것이다.

누군가가 눈에 안 띄는 곳에서 횡재를 노린다면 감시를 철저히 하고 본업을 잊은 기업에 대해서는 위험한 외도를 절제하도록 칸막이를 높여야 한다. 아울러 또 다른 금융위기를 피하려면 상업은행과 투자은행(증권업)을 분리해야만 한다. 은행이 자산운용사, 증권사, 저축은행들을 줄줄이 거느리고 헤지펀드, 사모펀드까지 계열사를 통해 운용하는 것은 철저히 규제하고 통제할 필요가 있다.

그림자 금융은 엄격한 통제 아래에 있는 은행과 비교해 거의 규제의 사각지대에 있는 비은행 금융기관 또는 이런 금융기관이 취급하는 비은행권 금융상품이다. 그래서 그림자 금융은 은행권 상품과 비교해 위험이 높다. 은행의 고유 상품은 대부분 거의 100% 원금이 보장된다. 그러나 그림자 금융은 기대수익률은 높지만 이에 따라 위험 또한 높아 원금손실 가능성이 크다.

보통 은행의 금융 업무는 은행-예금자-대출자의 연결고리를 이루고 있어 자금운용 결과에 대한 책임이 명확하게 규정된다. 그러나 그림자 금융은 그림자 금융-투자자-운용회사 또는 SPC-투자상품(ABS)의 4단계로 이루어지는데, 금융상품이 부실화될 경우 그 위험은 투자자에게 귀결된다. 게다가 그림자 금융은 자금의 이동경로가 복잡한 탓에 손실과 이익의 분석이 명확하지 않다.

'그림자'라는 수식어가 붙은 데에는 눈에 보이지 않는 특징, 즉 규제의 사각지대에 있는 금융이라는 의미가 담겨 있다. 그림자 금융은 투명성이 낮아 손실을 파악하기가 어렵다. 2009년 글로벌 금융위기 당시 미국의 메가 뱅크들은 그림자 금융으로 조달한 자산을 재무제표에 제대로 반영하지 않아 파산 직전까지도 관련 손실이 드러나지 않았다.

재무제표에 자산이나 부채로 기록되지 않는 거래를 부외거래라고 한다. 과거에는 상당수 그림자 금융 상품이 부외거래였다. 그러나 금융위기 이후 국제적으로 부외거래 항목들을 투명하게 감시하려는 노력이 계속되고 있다.

그림자 금융은 야누스의 두 얼굴을 가지고 있다. 그림자 금융으로 부풀려진 버블이 금융위기의 주범이었으나, 투자자에게는 그림자 금융이 저금리의 대안이 되고 있기 때문이다. 그림자 금융의 대표적 상품인 자산 유동화 증권은 최근에도 저금리를 돌파하는 고금리 상품이 되고 있다.

11

정부가 돈을 풀면
주가는 오를 까

"신제윤 금융위원장은 2일 미국 연방공개시장위원회(FOMC)의 양적완화 축소에 따른 단기적 시장 충격이 크지는 않겠지만 파장이 예상보다 클 수도 있다고 말했다.

그는 "최근 국제통화기금(IMF)은 미국의 양적완화 축소에 따른 적극적인 대응책 마련을 신흥국에 주문했고, 주요 글로벌 투자은행(IB)들도 일부 신흥국 등에게 미칠 출구전략의 영향을 우려한다"고 설명했다. 이어 "우리나라는 다른 취약 신흥국과 차별화되는 모습을 보여줬지만 취약 신흥국의 금융위기에 따른 2차 충격에 전염될 가능성이 있고, 국제 투자자들의 시각은 한순간에 돌변할 수 있다는 1997년과 2008년의 교훈을 되새겨야 한다"고 강조했다.

그러면서 예상치 못한 외부충격으로부터 한국 경제를 지켜내기 위해서는 양호한 펀더멘털을 더욱 견고하게 유지하는 한편 가계부채 연착륙 대책의 차질 없는 추진, 양호한 외화건전성 기조 유지, 일부 기업의 부실 확산 차단 등 취약부문에 대한 보완과 대비를 철저히 하도록 노력해야 한다고 덧붙였다." (〈연합뉴스〉 2014년 2월 2일)

  외환위기 이후 한 시대를 풍미했던 말이 "미국 증시가 기침을 하면 한국 증시는 감기에 걸린다"는 것이었다. 그만큼 한국 증시에 큰 영향을 미치는 외국인 세력을 대표하는 것이 월가의 다국적 펀드로, 이들의 글로벌 포트폴리오는 미국 증시의 흐름에 따라 달라질 수밖에 없다는 의미다. 그러나 이제 이 말은 이렇게 바뀌고 있다. "미국의 양적완화 정책에 따라 한국경제가 요동친다"라고.

  그렇다면 양적완화가 무엇이길래 이토록 우리 경제에 미치는 영향이 크다고 말하는 걸까? 양적완화란 쉽게 말해서 중앙은행이 경기회복을 위해 시중 통화량을 인위적으로 늘리는 정책이다. 즉 중앙은행이 시행하는 통화조작 정책이라고 이해하면 된다.

  중앙은행이 금리를 낮추면 은행 예금은 감소한다. 은행 예금고가 줄어드는 만큼 시중 통화량은 늘어나게 된다. 반대로 중앙은행이 시중에 있는 국채를 매입해도 시중 통화량은 늘어나게 된다. 참고로, 양적완화의 상대적 개념으로 '테이퍼링(Tapering)'이란 게 있다. 테이퍼링은 양적완화의 반대 개념으로 중앙은행이 양적완화를 축소하는 정책을 말한다.

  미국의 양적완화 정책은 연방공개시장위원회라고 불리는 FOMC에서 결정한다. FOMC는 미국의 경제 흐름을 평가 · 분석해

통화량과 금리를 조정하고 결정하는 일을 한다. FOMC의 결정이 세계 금융시장, 나아가 세계경제에 미치는 영향이 절대적으로 크기 때문에 FOMC가 어떤 결정을 내리면 세계의 이목이 집중된다.

FOMC가 양적완화 정책을 펴는 이유는 경기회복을 위해서다. FOMC에 의해 달러화 공급이 늘어나고 금리가 떨어지면 달러화 가치는 하락하게 되고, 이에 따라 미국 기업들의 제품은 세계시장에서 가격경쟁력이 높아지게 된다. 물론 이것은 이론상 그렇다는 얘기로, 지금처럼 복잡한 경제 흐름에서는 꼭 그렇게 되는 것은 아니다.

그렇다면 이제부터 우리가 생각해볼 문제는 과연 미국의 양적완화 정책이 우리 경제에 어떤 영향을 미치는가 하는 점이다. 우리는 우선, 미국 기업에 좋은 것이 반드시 우리에게도 좋은 것은 아니라는 사실을 상기할 필요가 있다. 미국은 양적완화 장책으로 당장 장기금리가 하락하고, 이에 따른 주가 및 집값 상승으로 내수가 촉진되고 그 결과 소비 지출이 증가하는 효과를 볼 것이다. 통화량 증가로 인한 달러화 가치의 하락(고환율)으로 미국 기업이 생산한 제품의 가격경쟁력 역시 상승한다. 따라서 제조업 가동률이 높아지고 실업률이 낮아지는 효과를 거둘 수 있다.

그러나 이는 전적으로 미국에게만 좋은 일이다. 미국의 양적완화 정책으로 세계시장에서는 환율전쟁이 벌어지고 원유와 원자재 가격이 상승한다. 그리고 달러화 통화량 증가는 인플레이션을 발생시키는 원인이 된다. 미국의 양적완화 정책으로 우리 경제는 환차익을 노린 외화자금의 유입이 늘고, 이는 주가 상승으로 이어질 수도 있다. 또한 달러화 가치 하락은 상대적으로 원화의 가치 상승을 불러오고, 이는 국산제품의 가격경쟁력을 약화시키는 원인이 될 수 있다.

결론적으로 말하면, 미국의 양적완화 정책은 그들의 이익이 되는 한에서는 그 효과가 크다. 하지만 우리 입장에서는 다르다. 달러화는 세계 자본시장의 기축통화다. 따라서 달러화 가치가 하락하면 달러화를 바탕으로 경제가 돌아가는 무역거래에서 우리나라 상품의 가격경쟁력은 약화되고, 수입제품의 가격인상 요인으로 작용해 물가상승으로 이어진다.

한편, 양적완화의 반대 개념인 테이퍼링이 실시되면 소위 이머징 마켓으로 불리는 신흥시장에 투자된 외화자금이 이탈하게 되어 신흥국가 자본시장의 불안정성이 크게 증가한다. 2013년 12월 말에 불거진 신흥시장의 금융 불안도 미국이 양적완화를 축소한 결과에 따른 것이었다.

물론 우리나라는 이머징 마켓으로 분류되는 아르헨티나, 터키, 인도네시아 등과 비교할 때 미국의 양적완화 정책에 영향을 덜 받는다. 그들과 비교해 상대적으로 충분한 외화자금을 보유하고 있고, 단기외채 비중도 전채 외화부채의 30% 정도로 안정되어 있기 때문이다.

미국이 양적완화 축소를 뜻하는 테이퍼링을 하는 것은 역설적으로 미국 경제가 연착륙하고 있다는 반증으로, 달러화가 강세를 띠면 원화는 상승(평가절하)하는 결과를 낳기 국내 기업의 경쟁력은 그만큼 높아진다고 볼 수 있다. 우리가 무역거래 대금결제에 사용되는 기축통화는 달러화다. 따라서 달러화 가치 변동에 따라 수출 기업들은 큰 영향을 받을 수밖에 없다.

그런데, 세계시장에서 경쟁하는 기업 모두의 이해가 걸린 달러화 가치를 미국이 인위적으로 결정한다는 것은 또 다른 의미의 '팍스 아메리카나'의 오만불손을 보여주는 것이라고 할 수 있다. 사실 현재 세계경제에서 미국이 차지하는 비중은 점차 줄고 있는데도 여전히 세계 기축통화를 그들의 손에 맡겨두는 것은 부당한 일이다. 그래서 지금은 세계 모든 국가가 달러화의 인위적 조작으로 인해 더는 피해를 보지 않기 위해서라도 새로운 기축통화가 절실한 시점이다.

미국의 양적완화 정책은 기존에 중앙은행이 시장에 개입해 인위적으로 통화량을 조작하는 것에서 더 나아간 것으로, 미국이 말하는 자유시장, 자유경쟁의 가치에 어긋나는 것이다. 그리고 미국의 달러화는 한 나라만 사용하는 통화가 아니라 세계의 기축통화라는 점에서, 미국 중앙은행이 과도하게 시장에 개입해 달러화 가치를 조작하는 것은 어떤 측면에서는 또 하나의 폭력이다.

이제 세계경제의 중심축은 미국이 아니다. 따라서 미국 정부의 양적완화 정책에 우리가 너무 민감하게 반응할 필요는 없다.

서른 살이 재테크에
성공의 길을 묻다

2016년 7월 26일 초판 인쇄
2016년 7월 29일 초판 발행

지은이 | 박연수
펴낸곳 | 도서출판 청연

주소 | 서울시 금천구 시흥대로 484 (2F)
등록번호 | 제 18-75호
전화 | (02)851-8643 · 팩스 | (02)851-8644

ISBN 979-11-957227-0-9 (03320)